U0948732

高等职业教育“十二五”规划教材

高职高专旅游类教材系列

旅游服务礼仪

（第二版）

王明景　主　编

范恒君　吴新红　副主编

科学出版社

北　京

内 容 简 介

本书结合旅游服务行业的需要，简单介绍了旅游服务礼仪基本理论和基础知识，详细阐述了旅游接待服务人员在形象塑造、社交、宴请、涉外交往等方面的共性化礼仪规范与要求；结合不同旅游企业的特点，具体进行了个性化礼仪规范、程序等方面诸如酒店、旅行社、旅游定点商场、会展等的讲解，并配有大量形象而生动的图解，具有很强的实用性和可操作性。全书最后还简单介绍了不同宗教、不同国家与地区、不同民族的礼仪习俗。

本书适合高职高专院校旅游服务类专业的师生使用，也可作为应用型本科院校旅游服务类专业的教材，还可供旅游行业从业人员培训时参考。

图书在版编目(CIP)数据

旅游服务礼仪/王明景主编. —2版. —北京：科学出版社，2011.6
（高等职业教育“十二五”规划教材·高职高专旅游类教材系列）
ISBN 978-7-03-031669-1

Ⅰ. 旅… Ⅱ. ①王… Ⅲ. ①旅游服务-礼仪-高等职业教育-教材
Ⅳ. ①F590.63

中国版本图书馆CIP数据核字（2011）第117719号

责任编辑：王彦刚/责任校对：耿 耘
责任印制：吕春珉/封面设计：耕者设计工作室

科学出版社 出版
北京东黄城根北街16号
邮政编码：100717
http://www.sciencep.com

北京中科印刷有限公司 印刷

科学出版社发行 各地新华书店经销

*

2006年8月第 一 版 开本：B5（720×1000）
2011年6月第 二 版 印张：17 3/4
2021年9月第二十一次印刷 字数：335 000

定价：43.00元

（如有印装质量问题，我社负责调换〈中科〉）
销售部电话 010-62134988 编辑部电话 010-62138978-8305（VF02）

第二版前言

有“礼”走遍天下，无“礼”寸步难行。礼是人们工作、社交、生活的润滑剂。

根据马斯洛的需求层次论原理，当人们的生理、安全、社交需求满足后，接下来是尊重的需求。要取得他人的尊重，必先尊重他人，尊重自己。礼仪帮助人们通过一定的形式来表达尊重之心，最终赢得他人对自己的尊重。

旅游服务礼仪主要介绍旅游行业从业人员在工作岗位、社交等不同场合应该遵循的礼仪规范与程序，是一门实用性、技能性极强的行为学科。旅游服务业是劳动密集型行业，要求员工面对面地待客服务，让客人充分感受到被尊重。旅游行业从业人员了解和掌握旅游服务礼仪，并直接运用于待客服务过程中，是提高服务质量的重要方面。

然而，在不少的大学院校，礼仪课程内容的组织与教学仍处于传统的基本性理论讲授、重视理论知识点的掌握，缺乏专业的针对性，缺乏操作与训练，学员课堂上所掌握的理论知识难以在工作或社交中直接、自然地运用。

如何结合旅游服务行业的需要，有效地提高学员的专业素养，如何有序组织操作，在短的时间内达到训练效果，帮助学员学以致用，这是本书力求达到的目标。

本书在以下几方面做了一定的有益探索。

1）突出专业的针对性。在结构的设计、内容的组织以及具体的要求介绍上，体现了旅游服务行业的个性化需求。当今会展业被誉为我国的朝阳产业，会展旅游已成热门话题，本书安排了集会礼仪，并重点介绍了会议礼仪、展览会礼仪，以及仪容、仪表、仪态部分最新内容，较好地与旅游行业不同岗位、不同场合的实际要求结合起来。

2）操作指导性强。特别强调操作训练，并力求对教师的“训”、学员的“学”起到真正有效的指导作用。如在仪态训练环节，不仅有具体的动作要领，同时配有大量的图片展示，直观性强；专门设计有操作训练内容，总结了训练的目的、基本要求、注意要点、教学方法等，这是作者长期以来指导操作经验的积累，并经过实践的检验，取得了较好的效果。

3）在本书结尾提供有课程教学方面的一些建议，供教师教学参考。另外还配有电子教学课件，需要者请登录 www. abook. cn 网站下载。

本书编写具体分工如下，第 1、2 章由王明景编写，第 3、5 章由吴新红编写，

第4、9章由范恒君编写，第6章由曾兰君编写，第7章由林红梅编写，第8、10章由杨佳编写，全书由王明景提出编写大纲、启兼和定稿。

本书在编写过程中参阅了大量国内外学者的著作及相关书刊资料，在此一并致谢！

由于学识水平有限，书中问题在所难免，敬请读者批评指正。

最后，让我们以先哲的话共勉：人无礼则不生，事无礼则不成，国无礼则不宁。

王明景

2011年3月28日

关于本课程教学方法及说明

旅游服务礼仪是一门技能性极强的行为课程，在高职院校教学中一般共设 32 学时，周学时 2 节，建议在一年级开设，以使学生尽早树立职业意识以及懂礼、知礼、行礼的意识，形成良好的职业素养，帮助学生尽早关注并塑造自身形象，以良好的精神面貌、自信和得体的言谈举止进入社会。

一、教学思路

1. 总体构思

（1）理论够用，注重操作

本课程的教学不仅让学生掌握旅游从业人员在不同的工作岗位、社交场合应遵循的约定俗成的行为规范、准则与程序，而且要帮助学生在掌握一些动作要领的基础上达到一定的实操效果，使学生在实际工作、生活、社交中直接、自然地运用。因此，在课堂内以理论知识讲授为主的传统的教学方法明显达不到目的，需要教师组织、指导学生进行操作训练，而这样课时会显得相对紧张。编者建议以理论够用、注重操作为原则，采取以下相应对策：

一是科学安排课堂内容。如在坐姿教学过程中同时进行表情训练，女生学化淡妆的同时，男生则通过看影碟学习系领带的技巧等。

二是通过动力与压力教学鼓励学生课后练习。仅靠课堂内的操作训练远不能达到效果，鼓励学生以宿舍为单位课后集体组织训练。如化妆课时安排 2 节，可要求学生在化妆课后的每次课前化淡妆来上课，教师利用休息时间进行点评和指导，这样迫使学生每周至少练习一次化妆技能。

三是合理处理教材内容。第 8~10 章的教学内容通俗易懂，可有计划地安排学生自学，但应列为考试内容。而第 6 章的旅游行业岗位接待礼仪，可根据专业课程教学的内容适当略讲。

（2）教师榜样

礼仪是通过一定的形式表达对他人的尊重。而礼仪老师自身的礼仪意识与行为，会对学生产生潜移默化的影响。教师在教学过程中，应自始至终在言行举止方面严格要求自己，以职业化的要求修饰自己，在与学生的沟通中注重细节，严格遵循礼仪规范，力求起到榜样示范作用，这样可增强学生学用礼仪的信心。

（3）学以致用

礼仪来源于工作、生活与社交，同时也具体运用于工作、生活与社交。学以

致用的观点应贯穿于教学过程的始终。礼仪更多的是关注细节，而细节的掌握却往往容易被忽视。无知者无畏，如果不懂礼仪，可能在许多场合也自然一些，但如果学习了礼仪，却不注重运用，当意识到自己没有具体做到时，个人当时的情绪与自信会受影响，可能还不如不学更从容。所以说学习礼仪好似“上贼船”，回头也没有岸。

2. 教学程序设计

（1）理论部分

准备案例导入→提出问题→带思考进入当次课的主题→精讲→回到案例中的问题→总结。

（2）技能操作部分

训练途径、方式、方法：

讲授基本要领→教师示范→学生训练（分组进行，各组自选组长）→模拟场景，学生演示→集体评价，纠正偏差→课后以寝室为单位自觉训练→总结、表扬优秀，榜样示范。

场所及教学条件：形体房，配有落地镜、背景音乐。

3. 教法设计

讲授、提问、案例、录像、讨论、演示、操作、角色扮演、情境模拟、图片展示。

4. 教学手段的选用

多媒体教学为主，黑板板书为辅。

二、学生情况分析及采取的对策

学生对于礼仪的内容与要求已有一定的感性认识，对礼仪课有较高的期待。这是礼仪课程教学的有利条件，但仍面临一定的问题。

一是传统礼仪习俗与国际遵循惯例的矛盾。如介绍礼、握手礼、座次礼、馈赠礼等，学生受传统习俗的影响，对国际通行的礼仪规范难以理解。可采取的相应对策是：礼出于俗，联系中西方文化差异分析，帮助学生理解和认同国际通行惯例。

二是规范性与灵活性的矛盾。礼仪讲求规范但并不教条，通过形式既表达对他人的尊重，更要令对方舒适。但学生在具体运用时往往容易教条。可采取的相应对策是：树立“礼从于俗，入乡随俗，客随主便”的观念，因场合、对象、目的灵活运用规范的礼仪。

三、课程考核

考核性质：考查。

考核方式：开卷。

平时成绩占20%，包括上课答问、训练纪律、情景模拟演示等平时综合表现的评分。

操作内容逐项考核，成绩占总分30%，具体内容包括仪表修饰、女士化淡妆技巧、男士系领带技巧、站姿、走姿、坐姿、表情、引领动作等。

理论知识部分期末开卷考试，成绩占总分50%。

四、课时安排

序号	内容	课堂讲授	技能训练	小计
1	礼仪发展概论	2		2
2	旅游服务行业员工的形象塑造	2	8	10
3	旅游从业人员的社交礼仪	2	4	6
4	宴请礼仪	4		4
5	会议礼仪	4		4
6	旅游接待与服务礼仪	2		4
7	涉外礼仪	2		2
8	宗教礼仪		自学	
9	主要客源国和地区礼仪及习俗		自学	
10	我国主要少数民族礼仪及习俗		自学	
11	考试			2
合　计		18	12	32

目　　录

第 1 章

礼仪发展概论

［本章导读］

- 掌握礼、礼貌、礼节、礼宾等概念。
- 了解中国古代礼仪演变的阶段。
- 掌握现代礼仪的原则与特征。
- 了解旅游服务礼仪的功能。

我国素有礼仪之邦的美名。礼仪文化源远流长，几千年来它哺育着华夏儿女，也影响着周邦邻国，甚至影响于世界，成为人类共有的文化瑰宝。本章就礼仪的基本概念，礼仪的起源与发展，礼仪的原则、特点、作用等问题进行讨论，引导学生了解、理解并掌握礼仪的内涵与外延。

1.1 礼的基本概念

1.1.1 礼的含义

礼是人们在长期的社会生活实践中约定成俗成的行为规范。礼的含义比较丰富，一般来讲，有四层含义：一是指敬意。礼的繁体字为“禮”。《辞海》中对礼的解释是：本谓敬神，引申为表示敬意的通称。二是指仪式，即为表示敬意和隆重而举行的仪式。三是泛指社会交往中的礼貌和礼节。四是特指规范，即奴隶社会或封建社会等级森严的社会规范和道德规范。比如孔子所说的“齐之以礼”中的“礼”就是品节制度之意。

1.1.2　礼貌

1. 礼貌

礼貌是人与人之间在接触交往中相互表示敬重和友好的行为准则，它体现了时代的风貌与道德品质，反映人们的文化层次和文明程度。礼貌是一个人在待人接物时的外在表现，它通过语言、动作等来表示对交往对象的尊重。

2. 礼貌的一般表现形式

礼貌分为礼貌行动和礼貌语言两部分。

礼貌行动是一种无声的语言，如微笑、点头、欠身、鞠躬、握手、双手合十、拥抱、接吻等。

礼貌语言是一种有声的行动。如使用“女士”、“先生”等敬语，“恭候光临”、“我能为您做点什么”等谦语，“哪一位”、“不新鲜”、“有异味”、“哪里可以方便”等雅语。

我国历来十分重视“言”与“礼”的关系，有许多关于礼貌的语言至今仍为人们所沿用。如“己所不欲，勿施于人”、“礼尚往来”、“来而无往非礼也”等。过去常说的“温良恭俭让”，即做人要温和、善良、恭敬、节俭，忍让，也是我国古代衡量礼貌周全与否的准则之一。今天我们正在提倡的礼貌语言为五声十个字，即“您好”、“请”、“谢谢”、“对不起”、“再见”，充分体现了语言文明的基本形式。

礼貌的一般表现形式，即仪容、仪表、仪态、语言、谈吐、着装、服饰、发型、面部表情、姿势、待人接物、为人处世的方式和态度。

3. 礼貌的具体要求

在不同的国家和民族，处于不同的时代以及不同的行为环境中，礼貌表达的形式和要求虽然不同，但其基本要求是一致的，即相互尊重与友好相处，待人接物时应做到诚恳、谦恭、和善和有分寸，因此，礼貌的具体要求表现为五个方面，即严于律己、宽厚待人、热情友好、尊重他人、待人接物落落大方、不卑不亢、办事慎重而不推诿、行为举止有教养、符合职业素质要求。

讲究礼貌是人类社会发展的客观要求，是维持社会生活正常秩序的起码条件。人们在日常生活工作、学习和生活中，总是难免产生这样或那样的矛盾，如果能够讲究礼貌，相互谅解，相互尊重，矛盾就比较容易得到化解而不致升级激化。

讲究礼貌是一个人良好道德品质的体现，对人的尊重友好必须是发自内心，以诚相待的。表面的客套不是礼貌，它往往是不真诚的，故作姿态，表里相悖的，讲究礼貌应把握分寸，不卑不亢，落落大方，热情有度，既不失礼，又讲原则，而不应放弃原则，过分殷勤，低声下气，甚至卑躬屈膝。

1.1.3 礼节

1. 礼节

礼节是人们在日常生活特别是在交际场合相互表示尊敬、祝颂、致意、问候、慰问以及给予必要协助和照料的惯用形式。礼节是关于他人态度的外在行为规则，是礼貌在语言、行为、仪态等方面的具体表现。礼节与礼貌之间的关系是：没有礼节，就无所谓礼貌，有了礼貌，就必然伴有相应的礼节。

2. 礼节的一般表现形式

各国各民族都有自己的礼节，然而礼节也是随着时代的进步而发生变化的。由于当代国际交往的频繁，各国的礼节既表现出互相融通的趋势，又体现出许多具有鲜明特色的礼节形式。如中国古代的作揖、跪拜，当今世界各国通行的点头、握手，南亚诸国的双手合十，欧美国家的拥抱、亲吻，少数国家和地区的吻手、吻脚、拍肚皮、碰鼻子等，都是不同国家礼节的表现形式，因此，在相互的交往中，熟知和尊重各国、各民族的礼节和风俗习惯，就显得十分必要了。

1.1.4 礼仪

1. 礼仪

礼仪是一个复合词语，包括“礼”和“仪”两部分：“礼”指“事神致福”的形式（即敬神），“仪”指“法度标准”。在礼学体系中，礼仪是有形的，它存在于社会的一切交往活动中，其基本形式受物质水平、历史传统、文化心态、民族习俗等众多因素的影响，并随着时代的发展而发展变化。

礼仪，从广义上讲，指的是一个时代的典章制度，狭义上讲，指的是人们在社会交往中由于受历史传统、风俗习惯、宗教信仰、时代潮流等因素的影响而形成的，既为人们所认同，又为人们所遵守，以建立和谐关系为目的的各种符合礼的精神用要求的行为准则或规范的总和。

礼仪的上述涵义主要表达了以下三层意思：首先，礼仪是一种行为准则或规范。其次，礼仪准则或规范是一定社会的人们约定成俗，共同认可的。再次，在现代社会，礼仪可以有效地展现施礼者和受礼者的教养、风度与魅力。它体现着一个人对他人和社会的认知水平、尊重程度，是一个人的学识，修养和价值的外在表现。遵守礼仪是人获得成功的重要手段和途径之一。第四，礼仪是对礼节、仪式的统称。礼貌是礼仪的基础，礼节是礼仪的基本组成部分，换言之，礼仪在层次上要高于礼貌、礼节，其内涵更深、更广，礼仪，实际上是由一系列的、具体的、表现礼貌的礼节所构成的，是一个表示礼貌的系统和完整的过程。

礼仪可以从不同的角度进行解释。

从个人修养的角度来看，礼仪是一个人的内在修养和素质的外在表现，也就是说，礼仪即教养，素质体现于对礼仪的认知和应用。

从道德的角度来看，礼仪是为人处世的行为规范，或标准做法、行为准则。

从交际的角度来看，礼仪是人际交往中适用的一种艺术，也可以说是一种交际方式。

从民俗的角度来看，礼仪是在人际交往中必须遵守的律己敬人的习惯形式，也可以说是在人际交往中约定成俗以尊重、友好的习惯做法，简言之，礼仪是待人接物的一种惯例。

从传播的角度来看，礼仪是一种在人际关系中进行相互沟通的技巧。

从审美的角度来看，礼仪是一种形式美，它是人的心灵美的必然的外化。

2.礼仪的表现形式

依照运用对象、适用范围及使用目的的不同，礼仪有以下10种表现形式。

（1）个人礼仪

个人礼仪是社会个体的行为规范与待人处事的准则，是个人仪表、仪容、言谈、举止、服饰等方面的有关规定，个人礼仪以个体为支点，以修养为基础，以尊敬为原则，以维护社会文明为目标和基本尺度，是个人道德、品质、文化素质、教养良和等精神内涵的外在表现。

（2）家庭礼仪

礼仪是家庭及亲友交往范围内的运用是家庭礼仪，它包括家庭称谓、问候、祝贺与庆贺、赠礼、家宴及家庭应酬等礼仪的规范。

（3）公务礼仪

公务礼仪是人们在公务活动过程中所应遵循的礼仪规范。它存在着自身的特殊性。在礼仪的一般原则指导下，把握公务活动过程中特殊的礼仪规范，可以提高公务活动的效率和成功率。公务礼仪通常包括工作礼仪，如工作汇报、办公室礼仪、会议礼仪、公文礼仪、公务迎送礼仪、颁奖礼仪。

（4）社交礼仪

从家庭走向社会，进行社会交往，是礼仪行为向大社会的拓展。社交礼仪通常包括见面与介绍的礼仪、拜访与接待的礼仪、交谈与交往的礼仪、宴请与馈赠的礼仪、舞会与沙龙的礼仪、社交禁忌等。

（5）商务礼仪

商务礼仪与一般的人际交往礼仪不同，它体现在商务活动的各个环节之中。对于商业企业来说，从商品采购到销售，从商品销售到售后服务等，每一个环节都与本企业的形象息息相关。因此，商业企业及其每一个成员，如果能够时时按照商务礼仪的要求去开展工作，对塑造商业企业的良好形象、促进商品销售，将会起到极其重要的作用。商务礼仪主要包括柜台待客礼仪、商业洽谈礼仪、推销礼仪、商业仪式、签字礼仪等。

(6) 习俗礼仪

不同的国家、不同的民族存在着不同的风俗习惯，充分了解这些风俗习惯，并在社交往来中自觉尊重这些风俗习惯，有助于促进交往的成功。习俗礼仪的内容主要包括日常生活礼仪、岁时节令礼仪、人生礼仪（如婚嫁礼仪和丧葬礼仪）等。

(7) 宗教礼仪

宗教礼仪是宗教活动的重要组成部分，是宗教信徒在长期活动中形成的体现宗教内容的行为规范和习俗，不同的宗教有着不同的礼仪形式。

(8) 礼仪文书

礼仪文书是人们在日常交往过程中，用书信和其他文字方式表达情感的礼仪形式，通过礼仪文书，可以达到彼此交流思想、互通信息、加深友谊的目的。常用的礼仪文书有礼仪书信，如邀请信、贺信、感谢信等，礼仪电报、请柬、名片、贺年片、题词、讣告、唁电、碑文等。

(9) 服务礼仪

服务礼仪是指服务行业的从业人员，在自己的工作岗位上，向服务对象提供服务时所应遵守的礼仪规范，服务礼仪主要以服务人员的仪容规范、仪态规范、服饰规范、语言规范和岗位规范为基本内容。在具体操作中，服务礼仪有着较为完整且详细的规定和特殊要求。

(10) 涉外礼仪

涉外礼仪通常被称为国际礼仪，是指在国际交往中，与外国人打交道时所应遵守的礼仪。其基本内容是国际交往惯例，即国际通则。

1.2 礼仪的起源与发展

1.2.1 礼仪的起源

中国是人类文明的发祥地之一，文化传统源远流长。礼仪作为中华民族文化的渊源和基础，作为中华民族文明的标志，也有着悠久的历史，礼仪是人类文明的产物，它的产生伴随着人类的成长，它的发展则伴随着社会的进步，礼仪使人类逐步摆脱了原始的蒙昧状态而进化发展到物质文明与精神文明高度发达的今天，人类发展史证明，社会在一定阶段上的高速发展时期，正是礼仪相对完善时期，而礼仪的完善则使社会能够得以不断地延续和进步，作为人类社会的调节器，礼仪将伴随人类直至永远。

1. 中国古代礼仪的起源

礼是怎样产生的？人们一直进行着种种论述和探讨。归纳起来，大体上有五种起源说：一是天神生礼仪，二是礼为天地人的统一体，三是礼产生于人的自然本性，四是礼为人性和环境矛盾的产物，五是礼生于理，起源于俗。

从历史唯物主义的观点来看，礼属于上层建筑，是与社会经济基础相适应的，作为一种文化现象，最早产生于人与人的交往之中。在原始社会时期，同一民族的成员在共同的采集、狩猎、饮食生活中所形成的习惯性语言、动作，构成了“礼”的最初萌芽，在原始社会中，人们常常有意无意地用一些象征性动作来表示他们的意向、感情，这些动作，有的后来成为社会生活的习惯，并常常被用作维护社会秩序，巩固社会组织和加强部落之间的联系的手段，进入阶级社会以后，统治阶级利用其中的某些习惯加以改变和发展，逐渐形成各种正规的“礼”。

仪又源起何时何处呢？现代人类学、考古学的研究成果表明，仪起源于人类最原始的两大信仰，一是天地信仰，二是祖先信仰，礼字左边是“示”字旁，表示祭祀的容器，右边加上一个“豊”字，从礼字的造字结构可以看出，礼的本意是敬奉神明的，在原始社会，生产力极其低下，人类尚处于愚昧无知的状态，对于千变万化的自然现象充满神秘不可知的敬畏和祈求，他们对自然现象充满了神秘感，充满了敬畏和恐惧，于是把自然的力量神秘化、人格化，按照人的形象想像出各种神灵作为崇拜的偶像，各种宗教、原始崇拜便由此而生，如拜物教、图腾崇拜、祖先崇拜等。对于原始人来说，生存繁衍是他们最强烈的企盼，而粮食丰收则是他们赖以生存的物质基础，所以他们祭祀天地神明，保佑风调雨顺，祈祷祖先显灵，以求降福免灾，这种敬神拜祖的祭祀活动在历史发展中逐渐完善了相应的规范和制度，正式成为祭祀礼仪，因此，有礼立于教而源于祭之说。

在中国则产生了由崇拜自然物质转而扩展到崇拜人类自身的另一种模式，即由对龙的崇敬扩展到对君主的崇敬。随着人类社会活动的发展，人们表达敬畏，祭祀活动日益频繁，逐步形成种种固定的模式，终于成为正规的礼仪规范。

2. 中国古代礼仪的形成与发展

中国古代礼仪由两部分组成：一是礼制，二为礼俗。礼制是国家的礼仪制度，礼俗是民间习惯形成的礼仪习俗，礼仪在其传承沿袭的过程中不断发生着变革，从历史发展的角度看，其演变可分为四个时期。

(1) 起源时期——夏朝（公元前 21 世纪）以前

此时处于原始社会时期，原始礼仪开始出现，原始的政治礼仪、祭祀礼仪、婚姻礼仪等在这个时期已有了雏形，礼仪已经萌芽，但还不具有阶级性。

(2) 形成时期——夏、商、西周三代(公元前21世纪～前771年)

此时处于奴隶社会时期，在这个阶段，“礼”被打上了阶级的烙印，中国第一次形成了比较完备的国家礼仪与制度，提出了许多极为重要的礼仪概念，如“五礼”(吉礼、凶礼、军礼、宾礼、嘉礼)等，确立了崇古重礼的文化传统。古代的礼制典籍亦多修撰于这一时期，如周朝的《礼仪》、《周礼》、《礼记》等，即为后世称道的“三礼”或“礼学三著作”。三礼的出现标志着“周礼”已达到了系统、完备的阶段，礼仪的内涵也由单纯祭祀天地、鬼神、祖先的形式，跨入了全面制约人们行为的领域。而周公提出的所谓“礼仪三百”、“威仪三千”，则更是将礼仪推崇到高于一切的地步。奴隶社会的礼仪旨在不断地强化人们的尊卑意识，以维护统治阶级的利益，巩固其统治地位，当然，不容否认，“三礼”，特别是《周礼》，对后世治国发邦，施政教化，规范人们的行为，培养人们的人格，起到了不可估量的作用。

(3) 变革和发展时期——春秋战国时期(公元前771年～前221年)

这一时期，学术界百家争鸣，以孔子、孟子为代表的儒家学者系统地阐述了礼的起源、本质和功能，第一次在理论上全面而深刻地论述了社会等级秩序划分及其意义。早在春秋末年，齐景公向孔子请教施政方向时，孔子就简洁明白地回答道“君君，臣臣，父父，子子”，各就各位，各安本分，社会自然会安定下来，有子说：“礼之用，和为贵。”(《论语·学而》)先秦儒家的集大成者荀子说：“礼起于何也？曰：人生而有欲，欲而不得，则不能无求。求而无度量分界则不能不争。争则乱，乱则穷。先王恶其乱也，故制礼义以分之，以养人之欲，给人之求，使欲求必不穷乎物，物必不屈于欲，两者相持而长，是礼之所起也，故礼者，养也。”(《荀子·礼论》)。在荀子看来，古代先王制定礼仪是为了节制贪欲，纠正人类恶劣的天性，以生养人类，礼仪直接关系着人类的生死存亡。

(4) 强化时期——秦汉到清末(公元前221年～公元1911年)

此时处于封建社会，这一时期的重要特点是尊君抑臣，尊夫抑妇，尊父抑子，尊神抑人，在漫长的历史演变过程中，它逐渐成为妨碍人类个性自由发展、阻挠人类平等交往，窒息思想自由的精神枷锁。

秦朝统一的封建国家建立后，秦王自认德高三皇、功盖五帝，通过种种措施，首先确立了至高无上的皇权，表现在称谓上即“朕”、“玺”等成了皇帝的专用词汇；汉武帝时期董仲舒的“罢黜百家，独尊儒术”神学化了儒家思想，标志着礼仪已进入了一个变革的时期。在这一时期，礼仪的明显特征，就是将人们的行为纳入了封建道德的轨道，形成了以儒家学派学说为主导的正统的封建礼教。奴隶社会的尊君观念在这一时期被演绎为“君权神授说”的完整体系，即“惟天子受命于天，天下受命于天子，天不变，道亦不变”，并将这种“道”具体化为“三纲五常”。按照儒家学派的说法，天地万物皆由阴阳合成，“阳”应当总是处于主导地位，而“阴”则总是处于服从地位。君、父、夫是“阳”，臣、子、妻是“阴”；“阴”要永远服从于“阳”，所以必须“君为臣纲”、“父为子纲”、“夫为妻纲”。由此构成了漫长的封建社会中千古不变的“三纲”。“五常”即仁、义、礼、智、信。

这种封建伦理关系的准则，构成了整个封建社会礼仪的核心。封建礼仪中的“君权神授”夸大、神化了帝王的权力，而“三纲五常”则妨碍了人的个性自由发展，阻挠了人类的平等交往，礼仪在这一时期成为了窒息人们思想自由的精神枷锁。

宋代将封建礼仪推向了一个新的高锋，出现了以程颢、程颐和朱熹的理学为代表的天理学，二程的“理”认为自然界天地万物无不体现天理，“理”是天下万物都要遵循的普遍原则，是永恒存在的：“理”不仅是自然的，也是社会的最高原则，而人性的本质就是天理的体现。朱熹继承了二程的“理”，强调天地万物的对立与差别，认为这种对立与差别是不能改变的，即使山河大地都陷了，“理”仍将存在，并将其进一步扩展到人类社会，以此来论证封建等级制度的永恒不变。

“家礼”的兴盛是宋代礼仪的又一特点，道德和行为规范是这一时期封建礼教强调的中心，“三从四德”成为这一时期妇女的道德礼仪标准。“三从”，即在家从父，出嫁从夫，夫死从子。“四德”，是指“德、容、言、功”，即妇女的一切言行要符合忠、孝、节、义；“妇言”，妇女说话要小心谨慎；“妇容”，女子容貌打扮要整齐美观；“妇功”，即出嫁女要把侍奉公婆和丈夫当作最重要的事情来做。按照当时封建统治阶级的设想，只要人人在家尽孝，在社会尽忠，每个妇女对丈夫尽节，那么封建社会各阶级就会“和谐相处”，封建统治自然也就长治久安了。

明、清两朝继承了宋代以来的封建礼仪，并有所发展，家庭礼制更进一步得到完善，更加严明，封建礼仪日臻成熟。

3. 中国古代礼仪的内容及特点

(1) 中国古代礼仪的内容

中国古代礼仪主要有三个方面的内容：

1）礼节仪式。一般来说它包括两个方面，一是生长于中国原始崇拜礼仪以及后来逐渐发展而成，分别用于祭祀、完婚、宾客、军旅、丧葬的“吉”、“嘉”、“宾”、“军”、“凶”等五种礼仪。二是传入中国并扎根于中国的世界三大宗教及道教礼仪。

2）封建国家的典章制度。如国家机关的设置，朝廷命官的称谓等国家制度。

3）封建伦理道德规范。如出现在西汉时期的“三纲五常”和南宋时期的“三从四德”等。

在漫长的封建社会发展中，这些礼制、礼仪都无一例外地通过不同的、固定的礼仪形式表现出来，形成了源远流长的富有中国特色的祭祀、婚、丧、嫁、娶等礼节仪式，有些已构成了中国传统文化的重要组成部分并一直沿用至今。

（2）中国古代礼仪的特点

1）范围广泛。中国古代礼仪可以说涉及到社会生活的方方面面，上至国家制度，下至百姓生活，甚至个人的一举一动，如古代女子以笑不露齿为美，否则，则被视为有失风范，不合礼仪。

2）强调尊君。政治生活中，以维护封建等级制度为中心，强调尊君。秦朝统建之前，孟子曾提出“君末民本”的君民关系，但自秦始皇确立了至高无上的皇权后，西汉武帝时更进一步地将“君”视为“天子”。从此“天子”之下，人分三六九等，尊卑贵贱各不同。

3）重视男权。社会生活中，以维护封建等级制度为中心，重视男权思想，歧视妇女，如果说西汉时期的“三纲五常”开始把妇女置于国家政治生活、社会生活的底层，那么，宋以后的“三从四德”则无疑把妇女推进了吃人礼教的火坑，嫁鸡随鸡，嫁狗随狗，不知道葬送了多少女子原本应该幸福的生活。

4）压制民主，扼杀个性，实行强权统治。

1.2.2 现代礼仪的特征

现代礼仪的基本特征，是时代特征与社会特征的完美结合。它以科学精神、民主思想和现代现实生活为基础，以新颖、实用、简单、灵活的形式体现出高效率、快节奏的时代特点。一般说来，现代礼仪具有四种特性。

1. 国际性

礼作为一种文化现象，是全人类的共同财富。它跨越了国家和地区的界线，为世界各国人民共同拥有。尽管不同的国家、不同的民族、不同的社会制度所构成的礼仪有一定的差异性，但在讲文明、懂礼貌、相互尊重原则基础上形成的完善的礼节形式，已为世界各国人民所接受并共同遵守。

2. 民族性

礼仪作为约定俗成的行为规范，在拥有共性的同时，又表现出一种较为明显的民族差异性。如东方民族的含蓄、深沉；西方民族的直率、开放；东方人见面习惯于拱手、鞠躬；西方人见面习惯于接吻、拥抱。

礼仪的民族差异性，在不同宗教信仰的民族行为方式中表现得最为明显。

3. 继承性

礼仪的形成和完善，是历史发展的产物。它经过一个又一个时代，不断地去粗取精，最后逐渐固定下来。礼仪一旦形成，通常会长期沿袭、经久不衰。特别

是诸如尊老敬贤、父慈子孝、礼尚往来等一些反映民族传统美德的礼仪，一代一代流传至今，并将为子孙后代不断继承和发扬光大。

4. 时代性

礼仪具有时代性，随着时代的发展而发展。随着社会经济的不断发展、人际交往的日益频繁，礼仪已经渗透到了社会生活的各个方面，表现出了较为强烈的时代特色。

1.2.3 现代礼仪应遵循的原则

现代礼仪作为社会交往中行为规范的准则，是由人们共同完善、共同认可的。在人际交往和沟通过程中，在商务活动、旅游接待与服务工作中，人们应当自觉学习和遵守现代礼仪，按章办事；像胡作非为、我行我素的行为，都是违背现代礼仪要求的。

现代礼仪应遵循“尊重”、“遵守”、“适度”、“自律”等原则。

1. “尊重”原则

“尊重”原则，要求在各种类型的人际交往活动中，以相互尊重为前提，要尊重对方，不损害对方利益；同时又要保持自尊。尤其是在国际交往中，要始终注意维护国家的利益和民族的尊严，维护自己的国格和人格，在外国人面前不卑不亢。在社会交往中，人与人之间只有彼此尊重，才能保持和谐、愉快的关系。

2. “遵守”原则

礼仪作为行为的规范、处事的准则，反映了人们共同的利益。每个人都有责任、义务去维护它，共同遵守它。各种类型的人际交往，都应当自觉遵守下列准则：

(1) 遵守社会公德

公德指公共道德。它直接反映出一个社会公民的礼节、礼貌、道德修养程度和水准。其内容包括几个方面：①爱护公物；②遵守公共秩序；③救死扶伤；④尊重老人、妇女；⑤爱护儿童；⑥在邪恶面前主持正义；⑦爱护、保护动物。

(2) 遵时守信

遵守时间、讲求信用，是建立和维护良好社会关系状态的基本前提。人际交往时，遵守规定或约定的时间，不得违时，更不可失约。守信就是要讲信用，千万不可言而无信。限定时间的聚会或社交活动应按照规定的时间稍微提前或按时到达。

(3) 真诚友善

人际交往中的真诚，是赢得对方信任和尊重的前提。真诚坦荡、友善待人，

是人际交往应当遵循的准则。

(4) 谦虚随和

虚心、不摆架子、不自以为是、不固执己见，容易被对方所接受。

3. "适度"原则

现代礼仪强调人之间的交流与沟通一定要把握适度性，不同场合、不同对象，应始终不卑不亢、落落大方，把握好一定的分寸。

4. "自律"原则

交流双方在要求对方尊重自己之前，首先应当检查自己的行为是否符合礼仪规范要求。应当做到严于律己、宽以待人，这样才能赢得别人的尊重和好感。

1.2.4 现代礼仪的功能

礼仪作为人们调整和处理相互间关系的手段，一经形成和巩固，就成了一个民族、一个国家传统文化的重要组成部分，世代继承相传，并且已渗透到人们日常生活的方方面面，发挥着重要的作用。礼仪的功能是多方面的，其中最重要的功能集中表现在以下几个方面：

1. 教育功能

礼仪是现代文明的集中体现。从大的方面讲，它可以衡量一个国家的文明程度和国民素质的高低。而落实到个人，是否讲礼节、懂礼貌，则是衡量其综合素质高低的一个重要标准。礼仪蕴含着丰富的文化内涵，体现着社会的要求与时代的精神。让国民都来接受礼仪教育，可以从整体上提高国民的综合素质。

新加坡的国民素质之高赢得了世界的公认，凡是到过新加坡的人，都对这个美丽的花园岛国留下了深刻的印象。这与新加坡长期在国民中大力开展礼仪教育有很大的关系。20 世纪 70 年代后期，当时的新加坡总理李光耀就提出了要把新加坡建成了一个"富而有礼"的国家。他们在大力抓国民经济建设的同时，将以"礼仪"教育为中心的国民素质教育，提高到一个非常重要的位置，甚至将"忠、孝、仁、爱、礼、义、廉、耻"八种美德列入政府必须贯彻的"治国之纲"。在新加坡礼仪教育是每个公民都必须接受的教育内容之一。为规范国民行为，使之养成良好的礼仪习惯，他们甚至运用了法律手段来强化国民的礼仪意识。这些措施的实施，最终使新加坡在短时间内变成了神话般的现代"礼仪之邦"，提升了新加坡的国际地位。

2. 沟通功能

人们在社会交往过程中发生各种关系，主要有经济关系、政治关系和道德关系，这三者构成了人们的社会关系。在人际交往中，不论体现的是何种关系，维系人之间沟通与交往的礼仪，起着十分重要的“润滑剂”作用。交流双方的行为规范只有符合“礼仪”的要求，人际交流才能得以正常进行和延续，就容易沟通双方之间的感情。热情的问候，友善的目光，亲切的微笑，文雅的谈吐，得体的举止等，可以唤起人们的沟通欲望。彼此建立起好感和信任，可以促成交流的成功和范围的扩大，进而有助于人们所从事的各种事业得到发展。

3. 协调功能

人们受教育的程度不同，成长环境不同，以及个性、职业、年龄、性别等方面的差异，导致了人们在人际交往中不同的角色取向。在人际交往中，为了维护自身利益，人们在行为方式上往往不同程度地带有“利己排他”的倾向。这就必然会使交往双方发生不同程度的矛盾和冲突。礼仪的原则和规范，约束着人们的动机，指导着人们立身处事的行为方式。从一定意义上说，礼仪是人际关系和谐发展的调节器。人们在交往时按礼仪规范去做，有助于加强人们之间互相尊重，友好合作的新型关系，可缓和或避免某些不必要的情感对立与障碍，从而很好地协调人与人之间的关系，人与社会的关系。如家庭生活中的尊老爱幼、夫妻恩爱，兄弟姐妹间情同手足，朋友中的赤诚相见，同事间的无私帮助等都能因礼仪而造就和谐的人事关系、社会关系，而人际关系的不和谐同样可以借助礼仪而进行有效的调节。如聚会、宴会、联谊活动的开展将调节不和谐的人际关系使之和谐，使原本和谐的人际关系得到更健康的发展。

4. 服务功能

在现代社会的旅游与服务行业，优质服务的标准是最大限度地满足客人的需求，尤其是满足客人的精神需求。

在客人的各种需求中，求尊重的需求始终处于第一位，而礼仪的“退让以敬人”的原则，恰好满足了客人的这种需要。所以，在旅游服务行业，礼仪服务是优质服务的主要内容。它通过服务人员良好的仪容、仪表、仪态、规范得体的礼貌服务用语与标准的服务操作程序，亲切的笑脸，耐心的态度，细致而周到的体贴与关怀，将“客人是上帝”这一传统而又全新的服务理念演绎得淋漓尽致。

5. 塑造功能

现代礼仪作为规范和约束人们行为的准则，不仅潜移默化地净化和熏陶着人们的心灵，还从行为美学方面指导着人们不断地充实和完善自我。通过接受良好的礼仪训练，人们的谈吐变得越来越文雅，人们的服饰与装扮变得越来越富有个性，并符合大众的审美原则，人们的仪态变得越来越符合规范，体现出时代的特色和精神风貌。总之，礼仪帮助人们塑造了一个全新的自我，使人们在社交场合，在公众面前更加注意塑造自身良好的形象，充分展示各自的风采。

6. 维护功能

礼仪是整个社会文明发展程度的反映和标志，同时礼仪也反作用于社会，对社会的精神文明产生广泛、持久和深刻的影响。社会的发展与稳定，家庭的和谐与安宁，邻里的和睦，同事之间的信任与合作，都依赖于人们共同遵守礼仪的规范与要求，社会上讲礼仪的人越多，社会便会更加和谐稳定。在维护社会秩序方面，礼仪起着法律所起不到的作用。

1.3 东、西方礼仪比较

1.3.1 东方礼仪及其特点

1. 东方礼仪及其构成

东方的礼仪文化主要是指以中国、日本、朝鲜、韩国、泰国、新加坡等亚洲国家为代表的具有东方民族特点的礼仪文化。

2. 东方礼仪及其特点

古老的东方，是人类历史的发源地之一。它以其富含人情味的传统礼仪向世人展示了悠久的历史文化和无穷的魅力。与西方礼仪相比，东方礼仪具有以下特点：

（1）重视血缘和亲情关系

东方民族尤其信奉“血浓于水”这一传统观念，所以人际关系中最稳定的因素是血缘关系。当多种利益发生矛盾和冲突时，多数人恐怕都会选择维护有血缘关系的家族利益。

“老吾老以及人之老，幼吾幼以及人之幼”，在重视家族和血缘关系的东方，敬老爱幼，古风依然。很多中国传统的大家庭，四世同堂共居一室，家长维系着家庭中各个成员之间的关系，并具有绝对的权威性。家长终生操劳，从养育儿女到孙辈，甚至重孙辈，不仅不以为苦，反而自得乐。庞大的家庭结构虽然也有矛盾重重，但“人丁兴旺、儿孙满堂”就足够了。这在西方人看来简直是不可思议。西方国家的家长，注重培养儿女的独立性和自理能力，儿女一旦成年，理所当然地要依靠自己的能力去求生存。另外，像“父母在，不远游”等传统思想，无不体现出东方人强烈的家庭观念。

（2）表现出谦逊、含蓄的美德

与直率、坦诚的西方人相比，东方人通常显得谦逊和含蓄，以送礼这一较为普遍的社会交往习俗为例，西方人总是对受礼人直截了当地说明：“这是我精心为你挑选的礼物，希望你喜欢”，或者说：“这是最好的礼物”之类的话；受礼方则总是当着送礼者的面将礼物打开，以表示谢意和礼貌。而东方人则不同，中国

人及日本人在送礼时尽管也曾费尽心机，精心挑选，但在受礼者面前却总是谦逊而恭敬地说“微薄之礼不成敬意，请笑纳”之类的话。东方人在受礼时，往往只说“谢谢”而不马上打开礼物，怕礼物过轻或不尽如人意而有失对方的面子，或显得自己重利轻义，有失礼貌。

东方人的谦虚，还表现在面对别人的夸奖所采取的态度。一位英国老妇到中国游览观光，对接待她的导游小姐评价颇高，认为她服务态度好，语言水平也很高，便夸奖导游小姐说：“你的英语讲得好极了！”小姐马上回应说：“我的英语讲得不好。”英国老妇一听就生气了，英语是我的母语，难道我不知道英语怎么说？老妇生气的原因无疑是导游小姐忽视东西方礼仪的差异所到，西方人讲究一是一，二是二，对别人真诚的赞美或赞扬，往往用“谢谢”来表示接受对方的美意。而东方人讲究的是谦虚，凡事不张扬。

（3）满足现状，承认现实

大多数东方人随着年龄的增长，从心态上逐渐趋于平和。这一特点表现在他们对于“老”字的心安理得的认可和怡然自得的心态上，“老”在东方，尤其在中国是褒义，在称呼前面冠之以“老”，是一种尊称，如：经验丰富的技术工人被人称为“老师傅”；有的尽管年龄不老，却被人冠以“老”，而心理却非常“受用”。所以，德高望重的学者被人称为“吴老，赵老”等；即使一般年长者，也都尊称为“老大爷”、“老大娘”；而“姜还是老的辣”、“老当益壮”等词语，则更是对“老”字的一种赞美。这就是东方人对现实和现状的态度。

西方人独立意识强，不愿老，不服老，关于这一点，从着装和化妆方面也同样表现出较为明显的差异。东方人上了一定的年纪，在服装的选择上便逐渐趋于保守，往往不再选择鲜艳、亮丽的色彩，而偏重于中性色，如灰色，深蓝色，黑色等，对鲜艳的红色，黄色，大花系列不敢问津。这种选择并不一定是不喜欢，而是担心别人说自己“老来俏”或“老不正经”等。而老年人在化妆品的使用上则更是慎之又慎，少而又少了。

西方在这方面与东方全然不同，在化妆品的使用上年龄上的倒挂状态。年轻女性崇尚自然美，若不是出席正式场合，她们一般都是“素面朝天”，不施粉黛；倒是那些上了年纪的老太太们，每天都要精心涂抹，将自己装扮一新之后，才愿在街头穿行。在服饰的选择方面她们更是新潮大胆，无论多么亮丽花艳的服装，只要她们喜欢，都敢买来穿在身上。如果以东方人的审美观，用“花枝招展”去评价她们一定也不为过。

（4）强调共性

东方人非常注重共性拥有，国民都有较强的民族感。这一点在日本表现得尤为突出。他们对国家、民族、甚至“集团”的凝聚力非常强。所以日本人为企业做事，有很强的“敬业精神”。很多日本的著名企业，如丰田汽车公司，经营管理充满着家庭式的色彩，富有人情味，人人以为集团谋事出力而感到光荣。西方人提倡个性自由，崇尚个人力量，对孝顺老人、哺养孩子等看得比东方人“淡”得多。他们将责任、义务分得很清楚，责任必须要尽，义务则完全取决于实际的能力，绝不勉为其难。

（5）礼尚往来

礼是联系人际交往的媒介和桥梁。这里的“礼”，主要指礼物，其实礼物本身并不重要，重要的是渗透其中的情感。

“来而不往非礼也”，意思是说，接受了别人的礼物而不懂得回赠，是很不礼貌的行为。

东方人送礼的名目很繁多，除了重要的节日相互拜访需要送礼外，平时的婚、丧、嫁、娶、生日、提职、加薪都可以作为送礼的理由。

西方人则不同，他们一般不轻易送礼物给别人，除非相互间建立了较为稳定的人际关系。另外西方人在送礼的形式上也比东方人简单得多。

1.3.2　西方礼仪及其特点

1. 西方礼仪的构成

西方礼仪主要指以英、法、德、美、意等欧美国家为代表的具有西方民族特点的礼仪。

2. 西方礼仪的特点

西方萌芽于古希腊，形成于17至18世纪的法国，其间深受古希腊、古罗马、法兰西等国文化的影响。西方资产阶级登上历史舞台后，不仅在经济基础，而且在上层建筑各个领域进行了伟大的变革。今天国际上通行的一些外交礼仪礼节，绝大部分都是在这个时期形成并延续下来的，如鸣礼炮的礼仪形式。在西方礼仪文化中，尤其强调规范个人的行为，注重良好的教养，如尊重妇女，绅士风度，淑女风范等。综合起来，西方礼仪具有以下特点：

（1）崇尚个性自由

西方礼仪处处强调个人拥有绝对的自由（在不违反法律的前提下），将个人的尊严看得神圣不可侵犯；在西方，冒犯对方“私人的”所有权，是非常失礼的行为。因为西方人尊重别人的隐私权，同样也要求别人尊重自己的隐私权。

（2）遵时守信

西方人把遵守诺言看得至为金贵，赴约须提前到达，至少要准时，且不应随意改动。迟到、失约、或轻易更改时间均被视为是不可容忍的事情。他们与人约会常将时间精确掌握到分秒不差。

西方人不仅惜时如“金”，而且常将交往对方是否遵守时间，当作判断其工作是否负责，是否值得与其合作的重要依据。在他们看来，这直接反映出一个人的形象和素质。曾经有一家中资公司拟从德国引进一条电子产品生产线，前期的工作进展相当顺利，临近商讨合同条款时，双方约定了谈判的时间。但谈判当天，中方负责人中午参加别人邀请的午宴，并在午宴上不加克制，多饮了几杯，临时让秘书电话通知德国更改谈判时间。德方人员非常生气，决定终止这项合作项目。中方后来一直探寻合作意向失败的原因，结果从翻译那里得到的答复大出所料，德方代表对翻译说："一个连时间都不懂得遵守的合作伙伴，怎能想像他会遵守合同条款呢?"中方代表如果知道德国人苛刻的时间观念，想必就一定会放弃那次并不重要的午宴，而全身心投入谈判了。

遵守社会秩序，养成了西方人严谨的工作作风，办起事来井井有条。西方人工作时间和业余时间区别分明，下班时间、休假时间不打电话谈论工作，甚至在休假期间断绝非生活范畴的交往。

有的人无时间概念，迟到、失约对他们来讲根本不算什么。上班时间忙私事，休息时间忙工作很不科学，西方人的时间观念，值得东方人学习和借鉴。

（3）自由、平等、开放

从古希腊开始，在与自然的抗争中，就形成了独立进取的乐观精神。西方人提倡人人平等，积极参与竞争，漠视家庭血缘关系。这一点刚好与东方人的家庭观念形成了鲜明的对比。

（4）简单实用

西方礼仪，是西方各国人民在长期实践活动中形成的。因此，西方礼仪具有很强的现实性。

1.4 旅游服务礼仪的功能

中国古代的颜无，曾对礼仪作过如下的描述："国尚礼则国昌，家尚礼则家大，身尚礼则身正，心尚礼则心泰。"礼仪作为一种行为规范或行为模式，在人类社会生活的各个方面都发挥着重要的作用。同样，在旅游活动中，旅游礼仪也彰显出它不可替代的功能。

1.4.1 有助于旅游从业人员与旅游者之间的交流与沟通

吃、住、行、游、购、娱是旅游活动的具体表现。旅游本身就是属社交活动，旅游从业人员与旅游者之间需要不断的交流、沟通与协调。从心理学的角度讲，人际交往之初，由于交往的双方还是陌生的，相互之间不十分了解，因此不避免地会彼此产生某种戒备心理或距离感。如果交往双方在交往之初都能做到以礼相待，则可以消解当事人之间的心理隔阂，拉近双方的距离。

1956年，当时的印尼总统苏加诺应邀访华，在他访问北京的行程中，有一站是在清华大学的校园内给大学生做演讲。当天，苏加诺总统由当时的外交部长陈毅陪同，来到清华校园。学生们早已等候在会场，一见到苏加诺一行的到来，都非常激动，队伍的秩序一度有一点骚动。苏加诺不愧是老练的政治家，他面带亲切和善的笑容，走近麦克风，在正式演讲之前，先加了两句题外话。第一句是："我请诸位向前移动几步，我愿意更靠近你们。"学生们一听此言，立刻活跃起来，队伍很快向前移动了几步。苏加诺又接上一句："我请诸位笑一笑，因为我们正面临着一个光辉的未来。"学生们顿时笑起来，气氛也随之轻松。苏加诺这才开始正式的演讲。在人们初次交往时，一个善意的笑容，一句亲切的话语往往就能拉近双方的心理距离，进入沟通与理解的状态。

在旅游活动的交往中，旅游者与旅游从业人员由于不了解，存在着距离感。旅游者是客人，那么相对而言，旅游从业人员就是主人，作为主人，应该首先对客人施之以礼了。当客人来到一个新的环境，听到一句热情的问候，看到一个亲切的微笑，心里顿时会生出浓浓的暖意来。这时，礼仪就像是春风与美酒，滋润着人们的心灵，沟通着人们的情感。旅游工作者通过热情、周到的礼仪服务，向客人表示真诚的尊重和友好，使客人产生亲切感，信任感。基于这种朋友般的亲切与信赖，当客人有特别的旅游需求或在旅游中遇到个人困难时，他们会愿意向工作人员倾诉或咨询，工作人员也能及时了解并解决客人的需要和难处，这样才能真正实现旅游工作人员与旅游者之间的相互了解和沟通。

1.4.2 有助于妥善处理旅游纠纷问题

旅游服务工作面对的客人形形色色，由于职业、年龄、素质、宗教信仰等方面的不同，对服务质量的要求也有个性化的需求，无论服务工作如何出色，都难免出现有纠纷。

纠纷发生，无论是什么原因，也不管是旅游服务方的问题还是旅游者本身的问题，有理有节地进行处理都是解决纠纷的第一原则。如果是旅游服务方存在的问题，要主动向旅游者道歉，并尽快妥善地处理好；如果是旅游者的问题，切不可得理不让人，要先耐心听其讲完，再有礼貌地作解释说明工作。任何情况下与旅游者争吵甚至打斗的言行都只会激化双方之间的矛盾，解决不了问题。

例如某饭店，一位女客人怒气冲冲地找到大堂副理，说她放在房间卫生间的外国名牌洗发液不见了，肯定是让服务员给扔掉了。副理通过调查后了解到，的确是服务员看到洗发液只剩一点点，以为客人没什么用就扔掉了，而客人表示，这最后一点洗发液正是她准备住在这里的最后一晚用的。在这场纠纷中里，服务员的确存在过错。为了打消客人的怒气，使客人满意，副理当即表示："这件事确是我们的过错。给您带来麻烦，实在抱歉。看来这种外国洗发液在本地没有卖的，是否可以这样办，我们照价赔偿，今晚上您就使用本饭店的洗发液吧。其实，我们饭店的洗发液质量是不错的，您试用后或许会喜欢的。”副理的一番话有理又有节，客人见他赔礼道歉，态度诚恳，气也就消了，对饭店的过失完全原谅了。在处理此事过程中，副理礼貌的言语和态度起了重要的作用。可见，旅游礼仪是解决旅游纠纷问题的润滑剂。当由于各种原因与客人发生纠纷时，良好的礼仪服务可以弥补不足，得到客人的谅解。

1.4.3 可以约束旅游从业者的行为

礼仪对于人们的社会行为，特别是非礼的、不道德的行为具有很强的约束作用。在社会生活和活动中，人们很多不文明，不道德的行为，无法通过行政的或法律的手段去干预，经常的、大量的则是靠道德规范作用、社会舆论的导向，来引导和约束人们的这些行为。在旅游服务工作中，从业人员也同样自觉或不自觉地受到旅游礼仪的约束。一方面旅游礼仪中的具体行为准则可以规范和约束从业人员在工作当中的行为表现，另一方面礼仪作为道德的载体也影响着从业人员的工作意识和态度，进而约束他们的行为。

我们的社会讲社会道德，旅游行业也讲究旅游职业道德，职业道德和旅游礼仪是密切相关的。一个从业人员在工作中有时可能会受外界因素或自身主观意识的影响做出一些不文明的行为，这时候，道德标准可以起到约束的作用，让他具有判断是非曲直，辨别善恶美丑的能力。例如，一个具有高尚道德品质，懂得礼仪规范的人就明白破坏集体荣誉，损坏公物的行为会受到鄙视，违反操作规程会受到批评，刁钻耍滑的工作作风会受反对等。明白了孰对孰错，就知道在工作中哪些行为该做，哪些行为不该做，这就是职业道德意识和旅游礼仪规范的力量。

旅游从业者面对的不仅有我国的客人，还有其他国家或地区的客人，从一定意义上来说，他们代表的是我们中华民族的形象和风貌，所以他们的行为是否符合礼仪标准尤为重要。旅游工作中，自觉地接受旅游礼仪约束的人，才是被人们认可，符合旅游业要求的人。如果一个人我行我素，不能遵守礼仪要求，他就会受到人们的谴责和反对，最终被旅游行为甚至社会所淘汰。

1.4.4 可以提高服务质量

在旅游业的竞争中，最根本的是质量的竞争。服务质量是旅游业的生命线，是旅游业的中心工作，它不仅关系着旅游业的经营，效益，声誉，更关系着旅游业的兴旺与发展。为此，服务质量越来越受到行业人士的关注。

服务质量是指旅游业向客人提供的服务，指其产品在使用价值上，在精神上和物质上适合和满足客人需要的程度。由于服务水平的高低在很大程度上是由礼仪服务水平所决定的，因此，礼仪服务也就成为服务质量核心中的核心。这就要求旅游业所有管理者和员工都应该明白“质量就是生命，质量就是效益，质量的关键是服务，服务的核心是礼仪”这个道理。

服务态度是影响服务质量的主要因素之一。态度是一种内在心理的表现，它无法直接观察，只能从当事人的言行中去判断。旅游服务中优质的服务态度是要使客人在感官上，精神上有“亲切感”，有“宾客至上”、“宾至如归”的感觉。这种亲切情绪的体验，往往通过服务人员提供的实质性的服务内容和他们彬彬有礼、得体大方的言行举止，仪表仪容来表达。良好的服务态度表现了旅游企业的管理水平和服务人员个人的修养。良好的服务态度来自于教化，来自于服务人员对所从事的服务工作的正确认识和热爱，来自于对客人的理解和尊重。

服务人员如果能够讲究旅游礼仪，运用自己主动，礼貌的服务态度，服务技巧，使客人了解你，理解你，谅解你，使旅游者在旅游过程中对服务工作有亲切感，温暖感，信任感，对服务工作认可和满意，那么也就达到了他们对服务质量的要求。

典型案例

战国时期的思想家、政治家和教育家孟子，是继孔子之后儒家学派的代表人物，被后世尊奉为仅次于孔子的“亚圣”。孟子有一位集慈爱、严格、智慧于一身的伟大的母亲，孟母经常利用处理家庭生活的琐事去启发、教育孟子，帮助他从各个方面进一步完善人格。

有一次，孟子的妻子在房间里休息，因为是独自一人，便无所顾忌地将两腿叉开坐着。这时，孟子推门进来，一看见妻子这样坐着，十分生气。原来，古人称这种双腿向前叉开坐为箕踞，箕踞向人是非常不礼貌的。孟子一声不吭就走出去，看到孟母，便说：

“我要将妻子休回娘家去。”

孟母问他：“这是为什么呢？”

孟子说：“她既不懂礼貌，又没有什么仪态。”

孟母又问：“因为什么而认为他没有礼貌呢？”

孟子回道：“她双腿叉开坐着，箕踞向人，所以要休她。”

孟母问：“那你又是如何知道的呢？”

孟子便把刚才的一幕说给孟母听，孟母听完后说：

“那么没礼貌的人应该是你，而不是你妻子。难道你忘了《礼记》上是怎么教人的？进屋前，先问一下里面是谁；上厅堂时，要高声说话；为避免看见

别人的隐私，进房后，眼睛向下看。你想想，卧室是休息的地方，你不出声、不低头就闯进去，已经先失了礼，怎么能责备别人没礼貌呢？没礼貌的人是你自己呀！”

一席话说得孟子心服口服，再也没提什么休妻子回娘家的话了。

思考与练习

1. 什么是礼、礼貌、礼节、礼宾、现代礼仪、社会公德、个人修养？

2. 中国古代礼仪演变分为哪几个阶段？

3. 现代礼仪的功能和原则是什么？它有哪些特征？

4. 东方礼仪与西方礼仪相比较有哪些特点？

5. 旅游服务礼仪的功能是什么？

6. 作为大学生，在校园里应该遵循哪些校园礼仪？（可以从不同环境分析，如教室、图书馆、食堂、宿舍等，也可以从交往对象来分析，如教师、同学等）

第 2 章

旅游服务行业员工的形象塑造

[本章导读]

- ▶ 了解仪容、仪表、仪态、气质与风度的基本概念。
- ▶ 了解头发、肌肤护理的基本技巧。
- ▶ 女士掌握化妆的基本程序与技巧。
- ▶ 掌握穿职业套裙、西装的礼仪规范。
- ▶ 掌握仪态动作的基本要领，训练规范、优雅的仪态。

形象，并不是简单的穿衣、发型、化妆的组合概念，而是一个综合的全面素质，一个外表与内在结合的综合评价和判断。形象的内容宽广而丰富，它包括你的着装、言行、举止、修养、生活方式等。形象的综合型和它包含的丰富内容为我们塑造形象提供了很大的空间。

对于职业人士而言，形象是一生的战略问题，高质量的人生＝体力＋智力＋形象力，即

人生重大战略＝健康管理＋知识与能力管理＋形象管理

你的形象告诉了人们什么，如图 2.1 所示。

从图 2.1 中我们可以得出分析，在与人交往的第一印象中外表形象的重要性。而第一印象的作用就是我们通常所提到的首因效应，首因效应也叫首次效应、优先效应或第一印象效应。它是指当人们第一次与某物或某人相接触时会留下深刻印象，个体在社会认知过程中，通过“第一印象”最先输入的信息对客体以后的认知产生的影响作用。第一印象作用最强，持续的时间也长，比以后得到的信息对于事物整个印象产生的作用更强。

当今，很多旅游企业对员工提出了“内强素质，外塑形象”的要求。要求员

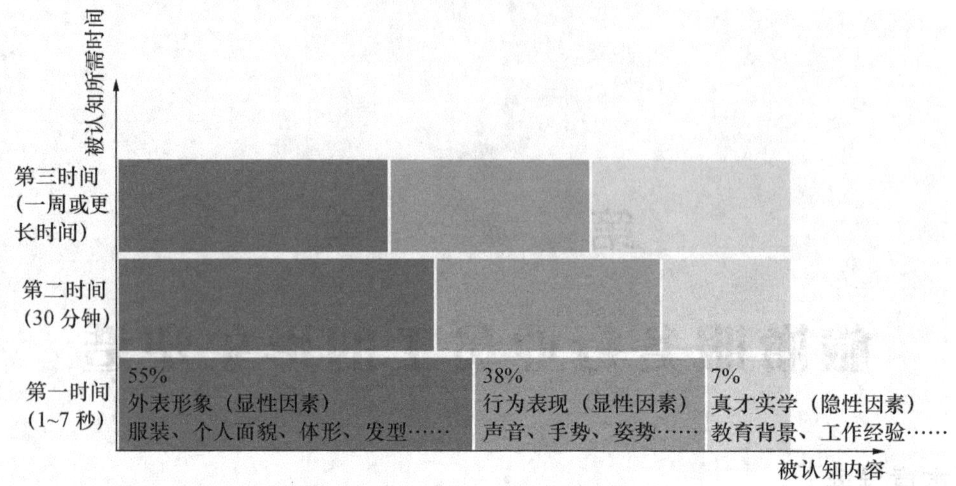

图 2.1 印象认知度分析

工不仅注重内在素质的完善与提高，还要关注外在形象的塑造。员工形象本身也代表着企业的形象。良好的员工形象能增强旅游者对旅游企业以及从业人员的信赖感。旅游者离开常住地，在外享受精神上的愉悦，同时对旅游从业人员的形象塑造也提出了更高的要求。

2.1 仪容礼仪

仪容即人的容貌，由面容、发式以及身体所有未被服饰遮掩的肌肤所构成，是个人仪表的重要组成部分。在对客服务过程中，服务者的仪容会引起旅游者的关注，并将影响到对方对自己的整体评价。如果适当注意仪容修饰，进行必要的、适当的美容化妆，是一种工作的需要，也是对交往对象的礼貌和尊重。就个人来说，仪容是一种美学和艺术行为，它能使人保持良好的精神状态。

仪容美的具体含义主要有三层：

首先，是要求仪容自然美。它是指仪容的先天条件好，天生丽质。尽管以相貌取人不合情理，但先天美好的仪容相貌，无疑会令人赏心悦目，感觉愉快。

其次，是要求仪容修饰美。它是指依照规范与个人条件，对仪容进行必要的修饰，扬其长，避其短，设计塑造出美好的个人形象，增添成功的砝码。

最后，是要求仪容内在美。它是指通过努力学习，不断提高个人的文化修养和思想道德水准，让自己的气质更高雅。

真正意义上的仪容美应当是上述三个方面的高度统一。忽略其中任何一个方面，都会使仪容美失之偏颇。在这三者之间，仪容的内在美是最高的境界，仪容的自然美是人们的心愿，仪容的修饰美则是仪容礼仪关注的重点。

保持仪容美首先要保持良好的心态与充足的睡眠，这有助于人体正常的新陈代谢，使头发、肌肤更有光泽。昔日“伍子胥过昭关，一夜白了头”的故事就是实证；其次，要科学合理饮食，如多饮水、多吃水果蔬菜等美容佳品，不酗酒、不抽烟，并进行适当的户外活动，促进表皮细胞的新陈代谢；最后，要注意修饰仪容，通常包括头发的护理和发型的选择、肌肤的护理、化妆等方面。“三分长相，七分扮相”，“女大十八变”就是此理。

2.1.1　护发与发型选择技巧

头发是人体的制高点，是别人第一眼关注的地方。所以，作为旅游从业人员，个人形象的塑造，一定要“从头做起”。

1. 护发

首先我们要了解自己的头发，我们知道如果生活、工作过度紧张或焦虑急躁、惊恐等不良心态都会造成头发的大量脱落。一般来说，健康的头发从外观和感觉上看，其主要特征是：头发有很好的弹、韧性光泽，头发柔顺、易于梳理，不分叉、不打结，用手轻抚时有润滑的感觉，梳理时无静电，不容易折断。要想保持健康的头发必须经常注意护发。

（1）不同发质的护理

1）干性发质。专家一致认为，除了遗传因素，干枯的头发是长时间缺乏护理和化学品残留的后遗症。当然，精神压力、内分泌的变化以及饮食的平衡与否等等，也会对发质产生或多或少的影响。选用一种配方特别温和的，完全不含或只含少量洗涤剂，但却能有效地补充水分的洗发水是很重要的。洗发无须过于频繁，当然不要忘记使用护发素。为防止发丝内的水分流失，应尽量避免使用电吹风以及卷发器具。如果必须使用，最好事先在头发上涂一层护发品。

2）油性发质。皮脂腺分泌过多的天然油脂，是形成油性发质的根本原因。要改善这种情况，你需要的是一种性质温和的洗发水，并经常清洗头发。强力的洗发水不但对头发无益，反会令油脂分泌更加猖獗。由于头皮已能分泌足够的油脂，护发素只要涂在距离发根数寸的发梢上即可。油性发质比较适合染发，染发剂或多或少地会令头发变得干燥，而较多的油脂正好可以起到中和作用。

3）纤细发质。如果你的头发过于纤细柔软，应该寻找一种能渗入发茎的洗发水，使头发充盈起来。美发造型时，最好使用能营造丰厚发式的喷雾产品。染发也颇适合这种类型的头发，因为在染发过程中，染发会让发茎逐渐膨胀，由此产生更强的质感。

(2) 梳发及按摩

每天早晚用梳子梳理头发，每次 3 分钟，约 100 下左右，有保持头发润泽、柔丽的作用，可以刺激头皮活力，保持发隙通风良好，可防止脱发及头皮屑。

从散乱的毛梢开始，用刷子轻贴头皮，慢慢旋转着梳拢毛梢。用力要均匀，如用力过猛，会刺伤头皮。先从前额的发际向后梳，再从相反方向，沿发际从后向前梳。然后，从左、右耳的上部分别向各自相反的方向进行梳理，最后让头发向头的四周披散开来梳理。

按摩头皮能刺激毛细血管与毛囊，有助于头皮的分泌调节，并对油性和干性皮肤有治疗功效。按摩时，两手的手指张开，以手指在头皮上轻轻揉动，或者将两手呈直角置于头皮上轻轻拍打，可以刺激头皮，提高新陈代谢的效果，如果每天反复做 3 分钟，可促进头发的润滑与光泽。按照头皮血液自然流向心脏的方向，按前额、发际、两鬓、头颈、头后部发际的顺序进行。按摩可以促进油脂分泌，因此，油性头发按摩时用力轻些，干性头发可稍重些。

(3) 头发的特殊护理

1) 头发开叉，建议用柔软的发刷从头皮梳向发端，将头皮的天然油脂带到发端，而平日尽量用阔齿的发梳来梳理头发，同时不要忘记在每次洗发后使用护发素，以避免加剧头发的开叉。另外，切忌用毛巾大力绞擦，脆弱的发丝需要的是温柔摩挲。

2) 头皮屑过多，宜立刻医治，以免头皮屑堵塞头皮毛孔、妨碍毛发的生长，或破坏毛囊组织，演变为皮肤病。头皮屑过多的人，应避免过度用力梳头，也忌用手过度抓搔。因为过度用力地刺激，会把贴在头皮的一部分鳞片弄剥落，露出伤口而滋生细菌，形成恶性循环。应注意饮食，避免摄入过量的糖、淀粉和脂肪。宜多吃一些新鲜蔬菜、水果及瘦肉、鱼等。应经常定期洗头，保持头皮与头发的清洁。有许多治疗头皮屑的药膏、药水、药粉都很有效，还有不少专用去头屑的洗发剂。如果在洗发的水中放入一匙杀菌剂或醋，也很有效。焦躁不安的人头皮屑也会增多，因此，经常保持愉悦的精神状态，对减少头皮屑很重要。

3) 脱发是由于糖果、盐分与动物性脂肪摄取太多，导致血液循环不良而造成的。脱发的种类有很多。按脱发的诱因来划分，有精神性脱发、营养性脱发，药物性脱发、生理性脱发等。为避免脱发，应注意以下几点：

① 消除精神紧张，保持精神愉快。人的精神状态不稳定，焦虑不安，大脑长时间处于紧张、烦恼或用脑过度状态，均可导致头部血液循环不良，头发营养供应不足，导致头发脱落。

② 多进食有益于滋养头发的食物，即富含维生素、矿物质和低脂肪的食物。例如各种新鲜水果、蔬菜、蛋黄、瘦肉、牛奶等。适当进食黑豆、黑芝麻、核桃

等，以补充氨基酸、钙、铁等多种微量元素。而且应多喝冷开水。头发的生长需要体内良好的营养成分，当体内缺乏某些营养和氨基酸时，就会影响新发的生长。

③ 用尼龙梳子梳头，容易起静电反应，头皮与头发产生离合作用，促使毛发脱落。所以，应选用木梳梳头。

④ 定期洗头。长时间不洗头，会影响毛囊的呼吸，从而会出现脱发或加重脱发。洗头次数以每周 3～4 次为宜。

⑤ 要戒除烟酒，避免其对头发产生不良影响；患有脂溢性脱发的人应忌食辛辣食物，否则会加重脱发。

⑥ 不要经常烫发、染发，也尽量避免用化学合成药品来滋润头发，因为由化学原料制成的染发剂、烫发剂、护发剂，对皮肤和毛发都存在着不同程度刺激作用。

2. 发型的选择

发型的选择要适合脸型、发质和体型等。切忌一味模仿他人。

(1) 脸型与发型

1) 三角脸。三角形脸的特征是上窄下宽，所以在选择发型时应平衡上下宽度，可用波浪形发卷增加上部分的分量，也可用头发掩饰较为丰满的下部。不宜将额发向上梳，以免暴露额头太窄的缺陷。分缝可采用中分或侧分。耳旁以下的发式不应再加重分量，也不宜选择双颊两侧贴紧的发型。

2) 方脸型。方脸型的人在留额发时，宜遮掩额部的两角，额发要有倾斜感，使方中见圆。头发的两侧可选择卷曲的波浪发型，以改善方脸的形状。还可利用卷曲的长发部分遮住下颌两侧，转化太宽的下颌线条。由于近年来人们审美标准逐渐改变，方脸型因其极富个性而得到青睐，所以不少女性愿意不加掩饰，选择富于个性的发型。

3) 倒三角脸。与三角脸恰好相反，可以选择掩饰上部、增宽下部的发型。发型要造成大量的蓬松的发卷，并遮掩部分前额。具体选择时，最忌选往上梳的高头型，这样只会突出细小的下巴，使整个脸部更不平衡。可运用领部线条之美，使耳边的头发产生分量，并显出额角，令脸部变得丰满一些。这样的脸型不应选择直的短发和长发等自然款式，这样会使窄小的领部更加单调。刘海可留得美观大方而不全部垂下。面颊旁的头发要梳得蓬松，显得很多，以遮掩较宽的上部分。

4) 椭圆脸。一般认为，椭圆形的脸是东方女性最理想的脸型，所以拥有这种脸型的人梳什么样的发型都不会难看。不过，如果选择中分、左右均衡的发型，更能体现娴静、端庄的美感。若留一袭黑色直发披在肩头，更有飘逸之感。

5) 菱形脸。其特点是棱角突出、下巴稍宽，显得个性倔强，缺乏温柔感。

因而，在选择发型时，宜掩盖太突出的棱角感，使脸部看上去长一些，增加柔和感。可以利用波浪形增加脸部的温柔感。宜将前额和头顶的头发上扬，露出部分额头，但切忌全部露出。

6）圆脸。适宜将头顶部的头发梳高，使脸部视觉拉长，要避免头发遮住额头，相应的，应利用头发遮住两颊，使脸颊宽度减少，另外发分线最好是中分。

7）长脸型。适宜加厚脸部两旁的头发，以增加量感，将前发剪成“刘海儿”，使脸部显得丰满。发分线采用侧分法。

8）大脸型。应使头发自然伏帖遮住两颊，以减少脸的宽度，不可以梳过于蓬松的发型，否则脸会显得更大，宜将头发剪短，全部向后梳，不要分线。

9）小脸型。脸庞较小的人，可选择尽量露出五官的发型，把头发往上、往后。

另外，鼻子过于突出的人，可选择留浓密的刘海或将长发向上梳的发型，以平衡脸部，强调顶部。额头太大的人，可将额发剪成一排刘海。下巴内陷的人，可将头发留长，以使下巴显得丰满起来。

（2）发质与发型

各人的发质不一，不同的发质适合不同的发型。当女性选中了适合自己发质的发型以后，就可以配合理发师把自己的头发打扮得更美丽。

1）自然的卷发。自然卷曲的头发，只要能利用自然的卷发，就能做出各种漂亮的发型。这种发质如果将头发剪短，卷曲度就不太明显，而留长发才能显示出其自然的卷曲美。

2）服帖的头发。这种发质的特点是头发不多不少，非常服帖，只要能巧妙修剪，就能使发根的线条以极美的形态表现出来。这种发质的人，最好将头发剪短，前面和旁边的头发，可以按自己的爱好梳理，而后面则一定要用能显示出发根线条美的设计，才是理想的发型。修剪时，最好能将发根稍微打薄一点，使颈部若隐若现，这样能给人以清新明媚之感。

3）细少的头发。这种发质的人应该留长发，将其梳成发髻才是最理想的，因为这样不但梳起来容易，同时也能比较持久。通常这种发质缺乏质感，可以辅之以假发。如果梳在头顶上，适合正式场合；梳在脑后，是家居式；而梳在后颈上时，则显得高贵典雅。

4）直硬的头发。这种发质要想做出各种各样的发型是不容易的。在做发型以前，最好能用油性烫发剂将头发稍微烫一下，使头发能略带波浪，稍显蓬松。在卷发时最好能用大号发卷，看起来比较自然。由于这种头发很容易修剪得整齐，所以设计发型时最好以修剪技巧为主，同时尽量避免复杂的花样，做出比较简单而且高雅大方的发型来。

5）柔软的头发。这种发质比较容易整理，不论想做任何一种发型，都非常方便。由于柔软的头发比较服帖，因此俏丽的短发比较适合，能充分表现出个性美。

（3）发型与体型

1）高瘦型。该种体型的人容易给人细长、单薄、头部小的感觉。要弥补这些不足，发型要求生动饱满，避免将头发梳得紧贴头皮，或将头发搞得过分蓬松，造成头重脚轻。一般来说，高瘦身材的人比较适宜于留长发、直发。应避免将头发剪得太短、薄，或高盘于头顶上。头发长至下巴与锁骨之间较理想，且要使头发显得厚实、有分量。

2）矮小型。个子矮小的人给人一种小巧玲珑的感觉，在发型选择上要与此特点相适应。发型应以秀气、精致为主，避免粗犷、蓬松，否则会使头部与整个形体的比例失调，给人产生大头小身体的感觉。身材矮小者也不适宜留长发，因为长发会使头显得大，破坏人体比例的协调。烫发时应将花式、块面做得小巧、精致一些。若盘头也有身材增高的错觉。

3）高大型。该体型给人一种力量美，但对女性来说，缺少苗条、纤细的美感。为适当减弱这种高大感，发式上应以大方、简洁为好。一般以直发为好，或者是大波浪卷发。头发不要太蓬松。总的原则是简洁、明快，线条流畅。

4）矮胖型。矮胖者显得健康，要利用这一点造成一种有生气的健康美。譬如选择运动式发型。此外应考虑弥补缺陷。矮胖者一般脖子显短，因此不要留披肩长发，尽可能让头发向高度发展，显露脖子以增加身体高度感。头发应避免过于蓬松或过宽。

（4）发型与服装

1）西装。着西装时，都要将头发梳理得端庄、艳丽、大方，不要过于蓬松，并且可以在头发上适当抹点油，使之有光泽。

2）礼服。着礼服时，可将头发挽在颈后结低发髻，显得庄重、高雅。

3）裙装。着裙装时，可选披肩发、盘发或将长发高束等，可使你倍添风采。

（5）发型与职业

1）酒店从业人员。酒店业的优质服务讲究在标准化、规范化、程序化等“三化”基础上进行个性化服务。酒店管理要求员工统一形象，包括统一着装、统一发型，甚至统一化妆（见图 2.2）。其原因一是员工的统一形象有助于形成客人良好的视觉效果，酒店服务大多在有限的室内空间进行，想象得出在室内空间内面对装扮各异的服务员将会有多么繁杂乃至厌烦的情绪；二是统一形象有助于提升酒店的凝聚力，增强员工对职业的认同感和自豪感；三是有助于向客人提供高效、卫生的服务；四是体现酒店的有效管理，以及员工的自我管理、自我约束力，从而增强顾客对酒店的信赖感。

图 2.2　酒店从业人员统一形象

酒店业要求，男士头发长度前不过眉，侧不过耳尖，后不搭领；女士头发长度不超过肩膀，长发女员工需统一扎发结，将头发用发网网住，高度以发网搭在衣领的位置为宜。不染发（黑色除外）、不挑色。

女士头发要求适用于旅游服务行业所有室内工作的从业人员，包括旅行社的管理员、计调员，旅游购物点的导购员等。

2）导游人员。导游服务更侧重于在客人吃、住、行、游、购、娱等活动过程中提供个性化服务。因此，导游员的形象并不需做统一要求，但头发的发型、发色、长度应为大多数公众所认可，不怪异、不夸张、不影响正常的工作。

2.1.2　肌肤的基本护理

美丽的肌肤需要细心呵护，其前提是了解自身皮肤的类型，掌握科学合理的护理皮肤的方法。

1. 肤质的认识

人的皮肤类型基本分为以下几种：混合型（混合偏干、混合偏油）、干性、油性、中型、敏感性。每个人的皮肤质地不是一成不变的，而是要随着年龄、季节在不停的变化。比如：混合性肌肤在夏季有可能转为油性肌肤，而在冬季则会变为干性肌肤。而年龄导致的皮肤质地变化很多，一个人在 28 岁左右就会发现皮肤的各种问题接踵而来：皮肤转为混合偏干，斑点、皱纹出现。皮肤开始松弛，肤色变暗、发黄，到了 35 岁，皮肤一般就会转为干性肌肤——皮肤进入熟龄。

油性皮肤：如果说干性肌肤的第一根皱纹在 22 岁就会在眼角出现的话，那么油性肌肤要到 28 岁左右才会看到第一根皱纹。但是伴随着也会出现毛孔粗大、容易长痘痘，角质层过厚等现象。

干性肌肤：我国有句俗话：一白遮百丑，干性肌肤一般都比较白皙，毛孔细致。很受欢迎的一种肌肤质地，但是这种肤质容易长皱纹，以及斑点。

混合性：在我国北方地区，混合性肌肤的人数要占到 40%左右，一般表现

为两颊偏干，T型部位偏油，对产品成分的吸收有敏感性。

2. 皮肤的基本护理

了解了自己的皮肤，接下来就是要对皮肤做好护理工作。

（1）去除污垢

化彩妆或使用防晒的乳液后，洁面前一定要进行卸装。对堵塞毛孔的粉底、肌肤表面被氧化的皮脂、老化角质、灰尘等污垢，若置之不理，就会妨碍肌肤的新陈代谢，还可能成为引起青春痘，肤色暗沉的诱因。

（2）洁面

轻轻沾湿面部，在手心将洁面品充分起泡，用泡沫包裹住整个面部后轻柔洗净，这是正确做法。若不加注意，就会在易洗净的两颊用力过度，难洗的鼻翼与额头部分却匆匆掠过，这可能造成肌肤类型向混合型发展，要加以注意。

（3）补充水分

洁面后，保护肌肤表面的皮脂被洗去，肌肤处于水分量与皮脂量急剧下降的状态。若放任不管的话，干燥会加剧，所以洁面后立刻用化妆水补充水分是肌肤护理的规则。不要吝啬化妆水的使用量，请务必足量充分地使用。用化妆棉或手心取化妆水仔细涂抹拍打整个脸部，使水分充分渗透至肌肤，直至肌肤感觉清凉、舒爽。

（4）使用含油化妆品

用完化妆水后一定要用乳液、乳霜、精华油等含油化妆品，这可是肌肤护理的又一条规则。皮脂总是容易给人不好的印象，可事实上它能防止肌肤水分的蒸发，起着极为重要的作用。洁面时失去的皮脂需要一段时间才能恢复原有量，而有的人皮脂分泌量并不足。因此，必须在肌肤护理的最后步骤用化妆品加以补充。

（5）使用防晒液

防晒液可以阻止紫外线的照射。紫外线会加剧肌肤干燥、提早衰老、氧化皮脂、制造有害物质等。一年四季，就连阴雨天紫外线也无处不在，决不可疏忽大意。

3. 肌肤的特殊护理

肌肤的特殊护理就是按摩。按摩最大的效果是提高新陈代谢，加强血液循环。因为夏天强烈的紫外线及户外空气与冷暖气房间的温差所引起的生理机能下降，会引起肤色暗沉、肌肤干燥等有碍肌肤健康的现象。按摩的确是有效的保养法，不但如此，要使化妆品充分融合，按摩是最适度的手段。有些人认为按摩是产生皱纹的主要因素，其实他们所担心的是过度按摩会对肌肤造成负担。在3～5分钟内边放松心情边按摩，将不致给肌肤带来任何副作用。

2.1.3　化妆礼仪

化妆，是一种通过对美容用品的使用，来修饰自己的仪容，美化自我形象的行为。简单地说，化妆就是有意识、有步骤地来为自己美容。化妆一定要适当，要恰如其分。在一般人认为，女士是化妆的专利。其实，男士也有必要进行适当的化妆。

1. 化妆的原则

（1）美化

化妆意在使人变得更加美丽，因此在化妆时要注意适度矫正，修饰得法，使人变得化妆后避短藏拙。在化妆时不要任意发挥，寻求新奇，有意无意让自己老化、丑化、怪异化。

（2）自然

通常，化装既要求美化、生动、具有生命力，更要求真实、自然。化妆的最高境界，是“妆成有却无”。既没有人工美化的痕迹，而好似天然若此的美丽。

(3)得法

化妆虽然讲究个性化，但却必须学习如何化妆。比方说，工作时宜化淡妆，社交时化妆可以稍浓些，香水不宜涂在衣服上和容易出汗的地方，口红与指甲油最好为一色等。

（4）协调

高水平的化妆，强调的是其整体效果。所以在化妆时，应努力使妆面、全身、身份、场合都协调，以体现出自己品味不俗。

2. 化妆的禁忌

1）化妆应事先化好，或是在专用的化妆间进行，若当众进行化妆，则有卖弄表演或吸引异性之嫌，弄巧成拙。

2）勿在异性面前化妆。聪明的人绝不会在异性面前化妆。因为这会使对方发现自己本来的面目。

3）勿使化妆妨碍他人。有人将妆化得过浓、过重，香气四溢，令人窒息。这种过量的化妆，其实对他人造成了妨碍。

4）勿使妆面出现残缺。若妆面出现残缺，应及时避人补妆，若置之不理，会让人觉得自己低俗、懒惰。男士使用化妆品不宜过多，所用色彩已接近原肤色为佳，不要露出化妆痕迹，以免令人生厌。

5）勿借用他人的化妆品。借用他人化妆品不卫生，故应当避免。

6）勿评论他人的化妆。由于民族、文化传统的不同，肤色的差异以及个人审美情趣的不同，化装不可能都一样。化妆系个人之事，没有定式，所以对他人化妆不应自以为是地加以评论或非议。

3. 化妆的基本步骤

旅游服务业是面对客人直接进行服务，员工的面容修饰以淡雅、清爽为原则。很多女士在心理意识上恐惧化妆，认为技巧难度大，偶尔为之，也是将自己的脸交给别人。其实，只要在充分了解自身面容特点的前提下，掌握基本步骤和技巧，勤加练习，很快就能给自己化一个的得体、美丽的妆颜。

(1) 调理皮肤

先洗好脸，用化妆棉沾化妆水轻拍肌肤，待化妆水干后再依序抹上精华液、乳液、霜或隔离霜，定期做好角质管理及按摩，以帮助血液循环良好，好的肤质可让妆容更加亮眼。

用洗面奶洁面的基本步骤与手法要求如图 2.3 所示。

图 2.3　洁面的基本步骤与方法

(2) 上隔离霜及粉底

粉底附有透气、持久、保湿、又控油的功能。打底时最好使用海绵，切勿用手，因为手无法服帖，推出来的妆效会厚薄不均，要使用海绵，才能使粉底在肌肤上薄薄均匀地推开。依肤色选择隔离霜及粉底液颜色，先将两者 1∶1 混合，再将粉霜抹在额头、两颊、鼻梁和下巴，再用海绵由内向外抹匀，特别注意发际、鼻侧、鼻翼下、唇角和眼角。

（3）定妆

打好底妆后，最好再上一层蜜粉或两用粉饼，具有定妆的效果，让肌肤完美如玉。

（4）画眉

上班场合以自然眉型为主，先用细眉笔顺着眉型画出来，再用眉刷将颜色均匀刷开，见图 2.4。

（5）眼影

眼睛是脸上最引人注意的五官，眼影色彩力求清淡，尤其白天或夏天颜色不宜过重，上班时，非特殊节日、不是宴会或 party 更不可浓妆艳抹，最安全的是使用时下最流行的粉嫩色系，如粉蓝、粉红、粉紫，挑选的眼影要搭配衣服的颜色。使用方法：在眼窝处先打底，由内眼角沿睫毛向上向外描绘，以不超过眉角和眼角连线为宜，再在上眼睑三分之一处开始向外画上第二个颜色，宽度以稍微超过眼皮为原则。涂眼影时，以眼球最高处为线涂暗色，越靠眼睑处越深，越向眉毛处越浅，见图 2.5。

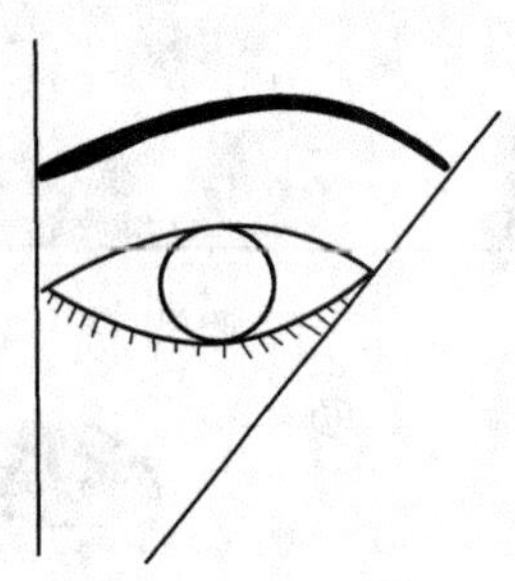

图 2.4　眉型示意图

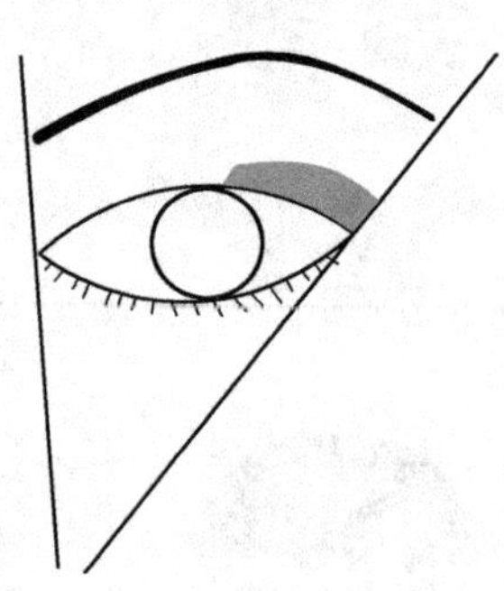

图 2.5　眼影示意图

（6）画眼线

比较特别或正式的场合还可为自己加上流行的眼线，增加立体感及神秘的色彩，用眼线笔勾描上、下眼线。眼线液适合浓妆或晚妆使用，画的方式为最靠近眼睫毛处，由外往内画线，再由内往外划出向上拉、提的线条。

（7）刷睫毛膏

画完眼影记得一定要擦上睫毛膏，不要小看这轻轻的一抹，卷翘浓密的睫毛，除增添双眸神采外，还会让你的眼睛看起来更大、更有精神。平时上班睫毛膏不宜刷得太浓，化晚妆时，则可以稍微浓密一些，睫毛膏刷好后应先不用力眨眼，最好保持固定不动，以免沾染到脸上，睫毛膏快干时可用睫毛梳将多余部分清除，也有定型的效果。

(8) 唇膏

它是最有精神的点缀，也是女性化的象征，女人若是没有口红，就会失去光彩。所以口红一定要擦，颜色选择要搭配服饰和眼影，同样也不能过于艳丽，由于现在流行透明的自然风格，粉嫩色系的口红或者唇蜜，都能为你的美丽加分。使用方法：用唇笔先描好唇形，再顺着唇形涂好唇膏，加上唇蜜显得润泽，更有丰采。唇线画法见图2.6。

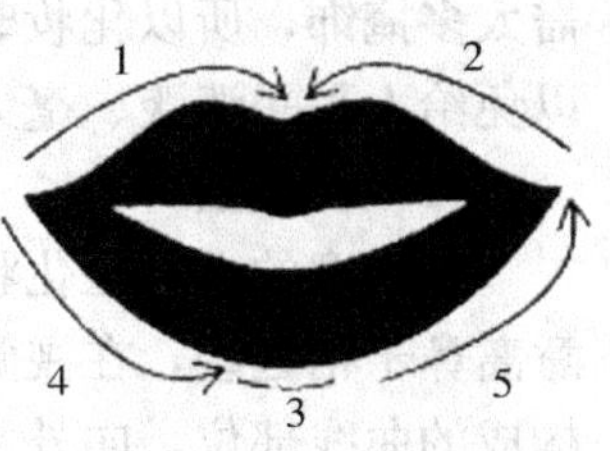

图2.6 唇形示意图

(9) 涂腮红

涂腮红既能调整脸型，又能使面部呈现红润健康和立体感。腮红的颜色要与眼影、口红色彩相对统一。涂腮红时内侧不超过眼睛的中线，外侧不超过耳中线。方法：用大号毛刷从颧骨向鬓发方向刷，颊下侧从鬓发边向颧骨方向刷。腮红不宜涂得太浓，不能看出明显界限，应与眼角处保留一手指宽度。

(10) 检查

整个妆完成后，记得做最后的检查，在光线较明亮的地方看看自己，有没有不均匀的情形，脖子跟脸上的肤色会不会差很多？如果一切完美无瑕，那么，打扮自己的任务已经完成了。

4. 化妆的颜色要与服装颜色相协调

灰、白、黑色服装适合任何化妆颜色。其他常用颜色服饰与化妆颜色的搭配如下：

(1) 蓝紫色系

适合穿深蓝、浅蓝、紫红、玫红、桃红等服装。眼影用色为棕、紫红、深紫、浅蓝色搭配。腮红用粉、粉红色，口红用紫红色系。

(2) 粉红色系

适合穿白、黑、灰、粉红、红等服装。眼影用色为棕、粉红、驼、橘红、灰色搭配。腮红用粉红、红色。口红用红色系。

(3) 棕色系

适合淡棕、深棕、土红、棕红、驼色、米色等服装。眼影用色为棕、驼、灰颜色调和搭配，腮红、口红用红色系。

5. 脸型与化妆

(1) 椭圆脸

椭圆脸可谓公认的理想脸型，化妆时宜注意保持其自然形状，突出其可爱之处，不必通过化妆去改变脸型。胭脂，应涂在颊部颧骨的最高处，再向上向外揉化开去。唇膏，除嘴唇唇形有缺陷外，尽量按自然唇形涂抹。眉毛，可顺着眼睛的轮廓修成弧形，眉头应与内眼角齐，眉尾可稍长于外眼角。正因为椭圆形脸勿需太多掩饰，所以化妆时一定要找出脸部最动人、最美丽的部位，而后突出之，以免给人平平淡淡、毫无特点的印象。

（2）长脸型

长脸型的人，在化妆时力求达到的效果应是：增加面部的宽度。胭脂，应注意离鼻子稍远些，在视觉上拉宽面部。抹时，可沿颧骨的最高处与太阳穴下方所构成的曲线部位，向外、向上抹开去。粉底，若双颊下陷或者额部窄小，应在双颊和额部涂以浅色调的粉底，造成光影，使之变得丰满一些。眉毛修正时应令其成弧形，切不可有棱有角的。眉毛的位置不宜太高，眉毛尾部切忌高翘。

（3）圆脸型

圆脸型人有可爱、玲珑之感，若要修正为椭圆形并不十分困难。胭脂，可从颧骨起始涂至下颌部，注意不能简单地在颧骨凸出部位涂成圆形。唇膏，可在上嘴唇涂成浅浅的弓形，不能涂成圆形的小嘴状，以免有圆上加圆之感。粉底，可用来在两颊造阴影，使圆脸瘦一点。选用暗色调粉底，沿额头靠近发际处起向下窄窄地涂抹，至颧骨部下可加宽涂抹的面积，造成脸部亮度自颧骨以下逐步集中于鼻子、嘴唇、下巴附近部位。眉毛可修成自然的弧形，可有少许弯曲，不可太平直或有棱角，也不可过于弯曲。

（4）方脸型

方脸型的人以双颊骨凸出为特点，因而在化妆时，要设法加以掩蔽，增加柔和感。胭脂，宜涂抹得与眼部平行，切忌涂在颧骨最凸出处。可抹在颧骨稍下处并往外揉开。粉底，可用暗色调在颧骨最宽处造成阴影，令其方正感减弱。下颚部宜用大面积的暗色调粉底造阴影，以改变面部轮廓。唇膏，可涂丰满一些，强调柔和感。眉毛应修得稍宽一些，眉形可稍带弯曲，不宜有角。

（5）三角脸型

三角脸的特点是额部较窄而两腮较阔，整个脸部呈上小下宽状。化妆时应将下部宽角“削”去，把脸型变为椭圆状。胭脂，可由外眼角处起始，向下抹涂，令脸部上半部分拉宽一些。粉底，可用较深色调的粉底在两腮部位涂抹、掩饰。眉毛宜保持自然状态，不可太平直或太弯曲。

（6）倒三角脸型

倒三角脸型的特点是额部较宽大而两腮较窄小，呈上阔下窄状。人们常说的“瓜子脸”、“心形脸”，即指这种脸型。化妆时，掌握的诀窍恰恰与三角脸相似，需要修饰部分则正好相反。胭脂，应涂在颧骨最突出处，而后向上、向外揉开。粉底，可用较深色调的粉底涂在过宽的额头两侧，而用较浅的粉底涂抹在两腮及下巴处，造成掩饰上部、突出下部的效果。唇膏，宜用稍亮些的唇膏以加强柔和感，唇形宜稍宽厚些。眉毛应顺着眼部轮廓修成自然的眉形，眉尾不可上翘，描

时从眉心到眉尾宜由深渐浅。

6. 职业与化妆

1）酒店从业人员。酒店业要求女员工统一着淡妆上岗，既有助于塑造自身形象，又表示对客人的尊重，也有助于自身保持良好的精神面貌。因为是面对客直接服务，员工着妆宜淡，脸上着色宜协调。在我国南方地区，炎热气候持续时间长，女士在白天面部不方便做复杂的修饰，可重点关注两个环节即可。一是眉毛，要求修出合适眉型，再描好合适的眉毛；二是口红，当前流行的唇彩颜色过淡，尽量之前先涂口红，以粉红、桃红色为宜。注意避免深玫瑰色、大红色以及紫色、黑色等另类的颜色，因为这些颜色难以让客人产生亲切感。

旅游服务行业所有室内工作的从业人员都可参照上述方法进行淡妆的处理。

2）导游人员。导游人员在户外活动的时间较长，体力耗费大，出汗多，不适宜化浓妆。但应该保持清爽、卫生的面容。可随身携带吸油纸适时清洁面部的油脂，并且注意保护皮肤，加强防晒处理。

2.2　仪表礼仪

仪表通常是指人的外表，包括人的仪容、姿态、身材、体型、服饰、装饰等。

仪表美包含三个层次的含义。其一，指先天的心理因素，包括人的容貌、形体、体态的协调优美；其二，指经过修饰打扮以及后天环境的影响形成的美；其三，指一个人淳朴、高尚的内心世界和蓬勃向上的生命活力的外在表现，这是仪表美的本质。真正的仪表美是内在美与外在美的和谐统一。在这里我们将仪表的外延局限为服饰、装饰两个方面。

服饰是一种文化，它反映一个国家、民族的经济水平、文化素养、精神与物质文明发展的程度。服饰还是一种语言，它能表达一个人的社会地位、文化品位、审美意识以及生活态度等。因此，旅游从业人员应当注重着装，根据自身特点以及特定场合的需要，选择得体的服饰，在中外游客面前展示良好的形象，同时有助于自身工作的顺利开展。

2.2.1　着装原则

1. 搭配得体原则

要求着装的各个部分相互呼应，精心搭配，特别是要恪守服装本身及与鞋帽之间约定俗成的搭配，在整体上尽可能做到完美、和谐，展现着装的整体之美。服饰的整体美构成因素是多方面的，包括：人的体形和内在气质、服装饰物的款式、色彩、质地、加工技术乃至着装的环境等。正如培根所说："美不在部分而在整体。"着装的整体美是由内在美与外在美构成的。外在美指人的形体及服饰的外在表现；内在美指人的内在精神、气质、修养及服装本身所具有的"神韵"。穿着是外在的，若能不断充实自己的内涵，培养自己优雅的风度及高雅的气质，着装上才会是成功的。

2. 符合"社会角色"原则

人们的社会生活是多方面、多层次的，在不同的社会场合，扮演不同的社会角色。在社会活动中，人们的仪表、言行只有符合他的身份、地位、社会角色，才能被人理解，被人接受。人们对商务人员的期望形象是：热情有礼，服装整洁，洒脱端庄，精明练达，富有责任心。因此，合适得体的着装，可以满足他人对自己社会角色的期待，促成社交的成功。

3. 和谐得体原则

和谐得体，是指人们的服饰必须与自己的年龄、形体、肤色、脸型相协调。只有充分地认识与考虑自身的具体条件，一切从实际出发来进行穿着打扮，才能真正达到扬长避短、美化自己的目的。

（1）年龄

年龄是人们成熟程度的标尺，也是选择服饰的重要"参照物"。不同年龄层次的人，只有穿着与其年龄相适应的服饰，才算得体。

（2）体形

树无同形，人各有异。人们的体形千差万别，而且往往难以尽善尽美。但如掌握一些有关服装造型的知识，根据自己的身材选择服装，就能达到扬长避短、显美隐丑的效果。比如身材富态的人不应穿横条纹的服装，以避免产生体型增宽的视错觉；身材高而瘦的人如穿上竖条纹的服装，就会越发显得"纤细"；身材矮小的人，穿上同质同色的套装，可以产生整体加长的效果；身材高大的人则适合穿不同颜色的上衣和下装。

（3）肤色

人的肌肤颜色是与生俱来而难以改变的。人们选择服饰时，就应使服饰的颜色与自己的肤色相般配，以产生良好的着装效果。一般认为，面色偏黄的人适宜穿蓝色或浅蓝色上装，将偏黄的肤色衬托得洁白娇美，而不适合穿品蓝、群青、莲紫色上衣，这会使皮肤显得更黄。肤色偏黑的人适宜穿浅色调、明亮些的衣服，如浅黄、浅粉、月白等色彩的衣服，这样可衬托出肤色的明亮感，而不宜穿深色服装，最好不要穿黑色服装。皮肤白皙者选择的颜色范围较广，但不宜穿近似于皮肤色彩的服装，而适宜穿颜色较深的服装。

（4）脸型

面孔是人们视线最集中的部位。服饰审美的选择，首先考虑的就是如何有效地烘托和陪衬人的面孔，而最接近面孔的衣领造型就显得特别重要。衣领类型繁多，男女有别。领型适当，可以衬托面孔的匀称，给人以美感；反之，如果领型与面孔失调，则会有损于人的视觉形象。所以，衣领的造型一定要与脸型相配。比如面孔小的人，就不宜穿着领口开得太大的无领衫，否则会使面孔显得更小。而面孔大的人，通常脖子也比较粗，所以领口不能开得太小，否则会给人勒紧的感觉。这种人如果穿V型领的服装，使面部和脖子有一体感，效果会好得多。

4. 穿着的TPO原则

TPO是国际通行的着装原则，分别是时间（time）、地点（place）、目的（object）。

（1）时间原则

时间原则要求人们着装时考虑时间因素，做到随“时”更衣。通常，早晨人们在家中或进行户外活动，着装应方便、随意，可以选择运动服、便装、休闲服装。工作时间的着装，应根据工作特点和性质，以服务于工作、庄重大方为原则。晚间的宴请、舞会、音乐会之类的正式社会活动居多。人们的交往距离相对缩小，服饰给予人们视觉和心理上的感受程度相对增强。因此，晚间穿着应讲究一些，以晚礼服为宜。许多西方国家明文规定，人们去歌剧院观赏歌剧一类的演出时，男士一律着深色的夜礼服，女士着装也应该端庄、雅致，以裙装为主，否则，是不能入场的。

服饰应当随着一年四季的变化而更替变换，不宜标新立异、打破常规。夏季以凉爽、轻柔、简洁为着装格调，在使自己凉爽舒服的同时，让服饰色彩与款式给予他人视觉和心理上良好的感受。夏天，色彩浓重的服饰不仅使人燥热难耐，而且一旦出汗就会影响女士面部的化妆效果。冬季应以保暖、轻便为着装原则，避免臃肿不堪，也要避免要风度不要温度，为形体美观而着装太单薄。应该注意，即使同是裙装，在夏天，面料应是轻薄型的，冬天要穿面料厚的裙子。春秋两季可选择范围更大一些。

（2）地点原则

地点原则代表地方、场所、位置不同，着装应有所区别，特定的环境应配以与之相适应、相协调的服饰，才能获得视觉和心理上的和谐美感。与环境不相协调的服装，会给人以身份与穿着不符或华而不实、呆板怪异的感觉，避免它的最好办法是“入乡随俗”，穿着与环境地点相适合的服装。一位女推销员在美国北部工作，一直都穿着深色套装，提着一个男性化的公文包。后来她调到阳光普照的南加州，她仍然以同样的装束去推销商品，结果成绩不够理想。后来她改穿色彩淡的套装和洋装，换一个女性化一点的皮包，使自己有亲切感，着装的这一变

化，使她的业绩提高了25%。

不同的场合有不同的服饰要求，只有与特定场合的气氛相一致，相融洽的服饰，才能产生和谐的审美效果，实现人景相融的最佳效应。在宴会等喜庆场合，服饰可以鲜艳明快、潇洒时尚一些。一般说来，在正式的喜庆场合，男性服装均以深色为宜，单色、条纹、暗小格都可以。女性不论在什么喜庆场合，都可以选择适合自己穿着的色彩鲜艳的服装。至于服装款式，男士在正式的商务场合，以中山装、西装为主，而女性则以裙装为主。

香港立法会一次例行会议上，前特首董建华先生拒绝回答新当选的一位立法委员的问题，也不与他讨论问题。为什么？因为这位委员穿着一件T恤、牛仔裤之类的休闲打扮。这显然有悖于讨论严肃和重大问题的气氛和行为准则，从信德的角度看，这位委员缺乏最基本的尊重和礼貌，还有和委员之间相互信任、平等讨论重大和严肃问题的基础。

（3）目的原则

着装选择应考虑沟通交往的目的。如果希望向交往对象推销自己的产品，则应事先了解对方的性格特点、着装风格，并尽量使自己的着装风格趋同于对方，帮助自己得到对方的认可。对方认可了自己，也就为认可自己的产品和信息做了良好的铺垫。有位女职员是财税专家，她有很好的学历背景，常能为客户提供很好的建议，在公司里的表现一直很出色。但当她到客户的公司提供服务时，对方主管却不太注重她的建议，她所能发挥才能的机会也就不大了。一位时装大师发现这位财税专家在着装方面有明显的缺憾：她26岁，身高147厘米、体重43公斤，看起来机敏可爱，喜爱着童装，像16岁的小女孩，其外表与她所从事的工作相距甚远，所以客户对于她所提出的建议缺少安全感、依赖感，所以她难以实现她的创意。这位时装大师建议她用服装来强调出学者专家的气势，用深色的套装，对比色的上衣、丝巾、镶边帽子来搭配，甚至戴上重黑边的眼镜。女财税专家照办了，结果，客户的态度有了较大的转变。很快，她成为公司的董事之一。

2.2.2 男士西装礼仪

目前在男装中，尤其是商务男士的着装中，最普遍的是西装。西装以其设计造型美观、线条简洁流畅、立体感强、适应性广等特点而越来越深受人们青睐。西装七分在做，三分在穿。

1. 西装的选择和搭配

西装的选择和搭配是很有讲究的。西装被认作是男士的脸面，因此男士在穿西装时要符合下列礼仪要求：

（1）选好面料与颜色

西装面料与颜色，是最引人注目的方面。就面料而言，鉴于西装在商务活动中往往作为正装穿着，因此面料的选择应力求高档，纯毛面料列为首选，高比例含毛的混纺面料也可以，化纤料子则尽量不用。就颜色而言，适合于在商务交往中穿着的西装首推藏蓝色。此外，还可以选灰色或棕色的西装。黑色是礼服西装的颜色，更适合于庄重而肃穆的礼仪性活动时穿着，平日上班时穿，未免太郑重其事，有小题大做之嫌。其他“杂色”或有格子、条纹等图案的西装，在多数情况下与商界人士无缘。在非正式场合，着休闲西装可另当别论。

（2）穿着合体

穿西装后之所以使人显得精干、潇洒，是因为西装的裁剪合体、制作精良。西装领子的选择应注意，一般长脸型应选用短驳头；圆脸型、方脸型宜选用长驳头。西装领子应紧贴衬衫领口，上衣长度宜在垂下手臂时与虎口相平，袖长至手腕，胸围以穿一件“V”字领羊绒衫后松紧度适宜为好。

西裤要求与上装互相协调，以构成和谐的整体。裤长以裤脚盖住脚背 2/3 部分最为适合。西裤穿着时，要烫出裤线，裤扣要扣好，拉锁全部拉严。西裤的腰带首选黑色，宽度在 2.5～3 厘米较为美观，腰带系好后留有皮带头的长度一般为 12 厘米左右，过长或过短都不合美学要求。

（3）穿好衬衫

穿西服，衬衫是个重点，颇有讲究。一般来说，与西服配套的衬衫首选白色，尤其是在正规的商务应酬中，白色是唯一选择。此外，蓝色、灰色、棕色等也可考虑。其他单色或花色皆不可取。穿着硬领衬衫，领口必须挺括、整洁、无皱。领围以合领后可以伸入一个手指为宜。既不能紧卡脖子，又不可松松垮垮。西装穿好后，衬衫领应高出西装领口 1～2 厘米；衬衫袖长应比西装袖长出 0.5～1 厘米。这样可以避免西装领口、袖口受到过多的磨损，而且能用白衬衫衬托西装的美观，显得更干净、洒脱。衬衫的下摆必须扎在西裤里，袖口扣好，不可卷起。不系领带时，衬衫领口可以敞开。按标准要求，衬衫里面不应穿内衣，若特殊原因需穿时，内衣领和袖口不能外露，否则不伦不类，很不得体。

（4）系好领带

领带被誉为西服的“灵魂”，在西装的穿着中起画龙点睛的作用。一般在正式场合，都应系领带。领带的质地，以丝、毛为好，化纤为次。领带的色彩可以根据西装的色彩搭配，以单色为好；图案以圆点、条纹、方格等几何图形为宜，以达到相映生辉的效果。在用时需保证领带绝对干净、平整，因为系领带是为了进一步表明精神、尊严和责任。领带结是系领带最重要的部分，各种不同的系法可以得到不同大小形状的领带结，可视衬衫领子的角度选择适合的领带系扎方法。系好的领带结要饱满，与衬衫的领口吻合要紧凑领带系好后，两端都应自然下垂，上面宽的一片必须略长于底下窄的一片。长度以大箭头正好垂到皮带扣为标准。如有西装背心相配，领带应置于背心之内，领带尖亦不可露于背心之外。

领带夹包括领带棒、领带夹、领带针、领带别针等，有各种型号，主要功能是固定领带，不应突出其装饰功能。领带夹除作为企业标志时使用外，其他情况下最好不用。佩戴时领带夹的位置不能太靠上，以从上往下数衬衫的第三粒与第四粒或第四粒与第五粒纽扣之间为宜。西装上衣系好扣子后，领带夹是不应被看见的。

领带常见 5 种打法：

1）平结。平结为最多男士选用的领结打法之一，几乎适用于各种材质的领带。要诀：领结下方所形成的凹洞需让两边均匀且对称，如图 2.7 所示。

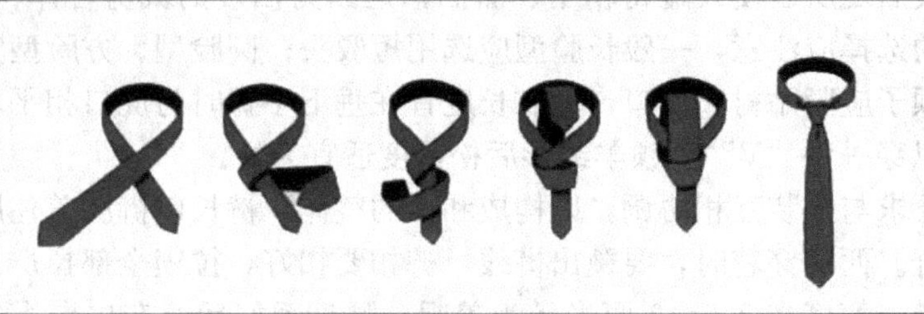

图 2.7　平结

2）交叉结。对于单色素雅质料且较薄领带适合选用的领结，对于喜欢展现流行感的男士不妨多使用“交叉结”，如图 2.8 所示。

图 2.8　交叉结

3）双环结。一条质地细致的领带再搭配上双环结颇能营造时尚感，适合年轻的上班族选用。该领结完成的特色就是第一圈会稍露出于第二圈之外，可别刻意给盖住了，如图 2.9 所示。

图 2.9　双环结

4）温莎结。温莎结适合用于宽领型的衬衫，该领结应多往横向发展。应避免材质过厚也勿打得过大，如图 2.10 所示。

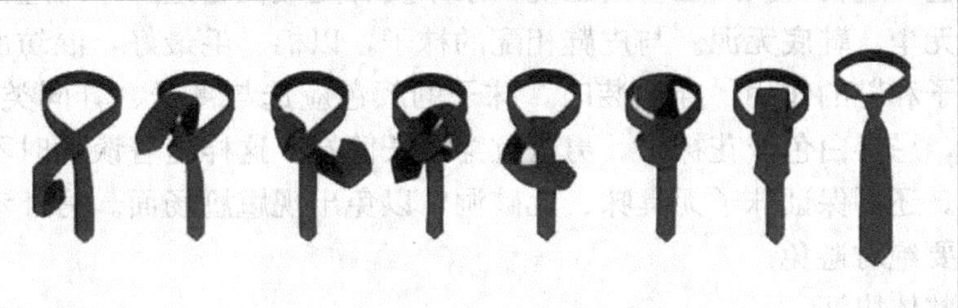

图 2.10 温莎结

5）双交叉结。这样的领结很容易让人有种高雅且隆重的感觉，适合正式之活动场合选用。该领结应多运用在素色且丝质领带上，若搭配大翻领的衬衫不但适合且有种尊贵感，如图 2.11 所示。

图 2.11 双交叉结

（5）系好纽扣

西装纽扣除实用功能外，还有很重要的装饰作用。西装有单排扣和双排扣之分，双排扣一般要求把扣全部系好。单排扣西装，一粒扣可扣可不扣，二粒扣扣上不扣下，三粒扣的可系中间一粒，或者系上面两粒，而最后一粒不系。在外国人眼中，二粒扣只系上扣是正统，只系下扣是流气，两粒都系是土气，全部不系是潇洒。坐下时西装扣可全部解开，避免衣服束缚身体和出褶皱。

（6）用好口袋

西装口袋的整理十分重要，上衣两侧的两个衣袋不可装东西，只作为装饰用，不然会使上衣变型。西装上衣胸部的衣袋可以装折叠好花式的手帕，其他东西亦不可装入。装饰手帕式样很多，如三角形、三尖峰形、任意形和 V 形等，使用得当能起到锦上添花的效果。有些物品可以装在西装上衣内侧衣袋里，左胸内侧衣袋可以装名片夹和笔，右胸内侧衣袋可以装票夹和手机。西裤口袋也不可装物，以求臀围合适，裤型美观。裤子后兜可以装零用钱。

（7）穿好鞋袜

穿西装一定要配皮鞋，而不能穿旅游鞋、轻便鞋、布鞋及露脚趾的凉鞋。皮鞋应为黑色牛皮鞋，款式庄重而正统，系带皮鞋是最佳之选。穿时应保证鞋内无味、鞋面无尘、鞋底无泥。与皮鞋相配的袜子，以棉、毛最好，混纺次之。袜子起衔接裤子和鞋的作用，穿西装时，袜子的颜色应选与裤子、鞋同类色的颜色，单色为好，忌穿白色或花袜子。男士宜穿中长筒袜，这样坐着谈话时不会露出较重的腿毛。还要保证袜子无臭味、无破洞，以免出现尴尬场面。另外赤脚穿皮鞋的情况也要绝对避免。

（8）整体协调

正确选用西装、衬衫和领带后，尤应注意三者间的和谐搭配。整体协调更会使人风度翩翩，格外优雅。一般来说，单色西服应配单色衬衫；杂色西装，配以色调相同或近似的衬衫，效果也可以。但有条文的西装不可配方格的衬衫，反之亦然。衬衫、领带和西装在色调上要成对比，西装颜色越深，衬衫、领带越要明快；而西装的色调朴实淡雅，领带则应华丽而明亮。另外应注意的是，穿着西装时，西装的袖口和裤边不能卷起，西装袖口上的商标一定要拆掉，否则有伤大雅。

（9）注意场合

西装有单件上装和套装之分，套装又分两件套和三件套。如果是三件套西装，在很正式的场合不可脱下外衣。一般非正式场合，如旅游、参观、一般性聚会等，可穿单件上装配以各种西裤，也可视需要和爱好，配以牛仔等时装裤。半正式场合，如一般性会谈、访问、较高级会议和白天举行的比较隆重的活动时，应着套装，但也可视场合气氛在服装色彩图案上大胆一些，花格呢、粗条文、淡色的套装都不失为恰到好处的选择。但在正式场合，如宴会、正式会谈、典礼及特定的晚间社交活动时，必须穿着颜色素雅的套装，以深色、单色最为适宜，花格、五彩图案的选择是不合时宜的。按照惯例，在正式的外交场合应穿黑色礼服，以示庄重。

2. 职业男士必备的基本服饰

下面是“职业男士必备的基本服饰”。一般说来，这些服饰职业男士应该具备，若还没有，应根据行业和职位高低、工作特质，决定自己购买的必要，如表 2.1 所示。

表 2.1　配套服饰

一套藏蓝色西装	五至八条单色、条纹图案的真丝领带
一套铁灰色或灰色西装	两条黑皮带
一套藏蓝色西装	一双黑色系带皮鞋
六件白色长袖棉衬衫	一双黑色无带扣皮鞋

2.2.3　女士职业装礼仪

旅游行业从业人员中，很多女性要在工作单位和社会之中参与激烈的竞争，合体、合意的服饰将增添女士的自信。女性的服装比男性更具有个性特色，但是有一些礼仪规则却是所有女士都应遵守的。

1. 女士着装礼仪

(1) 穿着要合体

女士穿着要能突出女性的体型美，不要过松过大，放松度要恰到好处。例如：高大丰满的女性穿一套长度过腰的上衣、裙子长度及膝的裙装比较合体；矮个女孩可以传上下色调统一的套装。

(2) 重质不重量

好布料很重要，西装面料要选挺括、舒适、柔软的纯毛或化纤面料。上、下装不一定颜色相同。例如：浅色上衣配深色裙子或裤子，马甲、裙子可根据季节配穿。

(3) 女性穿职业装应该考虑到年龄、职业、体型、肤色、气质等特点

年龄较大、较胖者可穿一般款式的职业装，颜色要略深一些。肤色较深的人不适合穿蓝、绿、黑三色。而奇异服装则是服装模特和求新的年轻人的专利。

(4) 女士身着职业装还应注重配饰与服装的和谐

女士在穿高领毛衣时，可佩戴领花；在穿衬衣时，可选领口带有花边点缀的、或是有飘带领子的有颜色衬衣。衬衣颜色很多，如白色、黄白色或者米色都可。丝绸是最好的面料，缺点是比较昂贵，纯棉必须浆过并且熨烫平整。此外配件也很重要，鞋子、手提包、首饰、袜子、围巾、等饰物配件都应和职业装的颜色相搭配，再衬以优美大方的发型，就会产生整体的美感。在这里我们将重点谈一下鞋子和袜子在着装中的作用：

1) 鞋子在整体着装中具有重要地位。一双得体的鞋子，不仅能映衬出服装的整体品位，还能增加人体的挺拔俊美。着套裙或旗袍时，皮鞋的颜色、款式应与服饰相协调。一般来说，鞋的颜色应与衣服的颜色一致或略深一些，以形成浑然一体的搭配；鞋的款式则以浅口中、高跟牛皮鞋为宜。不应与凉鞋、靴子等款式相配。

2) 袜子被称作“腿部时装”。在正式场合，女性着肉色长筒丝袜，配套裙、旗袍最为得体。浅肉色可以使皮肤罩上一层光泽，显得细腻娇嫩；深肉色可以给人一种修长健美的感觉。长筒袜的长度一定要高于套裙、旗袍开衩部位的边缘，且留有较大余地，否则一走动就露出一截腿来，极为不雅。另外，穿短袜配裙装或不穿袜子、穿有洞的袜子都是不礼貌的。因此，商务女士应在办公室备几双袜

子，以备钩破时换用。外出工作时，包里也应备有袜子，尤其是与日本客人打交道时更应如此，因为在进日式的餐厅小间时，要脱去鞋子换上拖鞋。若此时，袜子有破洞或不整洁，就会很尴尬，也是失礼的表现。

2. 女士职业装的类型

（1）裙装

裙装最能体现女性的体态美，它是女性的标志。在一般的社交场合，女性可以穿连衣裙或穿中式上衣配长裙。穿长裤不符合礼仪规范，被认为过于随便。超短裙和牛仔裤在社交场合不宜穿着。西服套裙是女性的标准职业装，分两种：上衣与裙子同色同料；上衣与裙子存有差异。职业套裙以黑色、藏蓝色、灰褐色、灰色和暗红色为上选颜色，也可以接受精美的方格、印花和条纹图案。套裙的面料，可选择半毛织品或者亚麻制品，后者最好混有人造纤维，否则，很容易出现褶子。连衣裙可以单独穿戴。对于职业女性来说，她可以选用灰色、藏青色、暗红色、米色、黄褐色、红色和玫瑰红颜色的布料。女士裙装有三个忌讳：

1）不能穿黑皮裙。

2）正式场合不能光腿，要穿双包鞋把易磨的前后都包住。

3）不能在裙子下加健美裤，不能穿半截的袜子，弄出三节腿。

（2）西装

著名设计师韦斯特任德说："职业套装更能体现女性高雅气质和独特魅力。"女性西装更体现了女性的高雅气质与魅力。西装的肩要平直、对称，领是直线V字型，高低适中，腰围和腰身都不要有紧绷感。挑选西装时，选择基本色最好，不需要流行的颜色，黑、褐灰或者条纹、碎点的图案比较好。面料质地要讲究质量。不过女性的正式服装一直是裙装，而裤装则是便装。作为职业女性，其工作场所的着装有别于其他场合的着装，尤其代表着一个组织形象时，更要追求大方、简洁、纯净、素雅的风格。

（3）礼服

妇女的礼服分为常礼服、小礼服和大礼服。在我国正式场合的礼服是旗袍，它最能体现东方女性的朴素典雅。其面料可选择棉布、丝绸、麻纱等，冬季可选择锦丝绒的面料。为了体现女性的端庄，旗袍的长度最好是长至脚面，开衩的高度，应在膝盖以上，大腿中部以下。穿无袖式旗袍，冬天可配以披肩，但不适合戴手套和帽子。着旗袍可配穿高跟皮鞋或面料高级、制作考究的布鞋或绣花鞋；应配精致小巧挎在手腕上的坤包，小步慢行；而不能肩背大挎包，大步流星地急走，更不可快跑，以免有失端庄文雅的风度。

3. 女士职业装必备的基本服饰

表2.2是职业女性需要的配套的基本服饰。

表 2.2　配套的基本服饰

黑色或灰色西装套裙	含套裙颜色的围巾（可选）
藏青色西装套裙	黑色女鞋
三套互相搭配的上衣和裙子	藏青色或灰褐色鞋
连衣裙或两件套裙	黑色、藏青色或灰褐色皮包

2.2.4　商务休闲装

商务休闲装源于便装星期五（casual Friday），现代商业公司的穿衣法则，即在周五可以选择以便装上班。便装星期五最早源于美国企业自发组织的大范围职场活动，后来成为约定俗成的职场传统。便装星期五让工作氛围更轻松。

20 世纪 90 年代，随着 Internet 型公司的强势发展，为了营造更好的工作氛围，美国的大型企业开始自发地组织便装星期五活动。很多企业认为，正式职业服装给人们强烈的心理暗示，束缚了思想和创意的同时，更制造了冷漠疏离的人际关系。

可口可乐公司就为员工举办过“剪领带日”party，男员工们带来淘汰的领带，女同事们则拿起剪刀“咔嚓、咔嚓”将其剪破，破领带挂在茶水间中，员工们在嬉笑中将一周的压力释放。在经历了这样的 party 之后，可口可乐公司的员工开始有意识地用轻松得体的商务休闲服装让职场的紧张气氛降低。

便装星期五风格的服装方便了现代社会中“空中飞人”类职场精英的穿着需要，长时间的飞行，穿着传统正装不仅带给身体上的束缚，还容易弄褶皱，无形中损坏了严谨形象，而商务休闲服装则会省去这些烦恼，让白领们时刻都以得体的装束应对职场需要。便装潮流迅速蔓延，甚至在某些网络公司中已打破传统正装的穿着要求，商务休闲装成为一周服饰的主打。服装品牌也热于推广具有这样风格的服装，靳羽西在《中国绅士》一书中就曾提到：美国著名的 BrooksBrother 在他们的邮购目录里有一整页的“星期五衬衫”可以选择。由此可见，星期五风格服装的发展也有服装品牌的推波助澜。

虽然星期五穿便装，但这个“便”并非随便。我们所说的商务休闲装，即 smart casual 或 business casual 才是正解。具体的穿衣法则：可以棉质格纹、条纹以及印花的扣结领衬衫搭配棉质无褶皱长裤；亚麻或棉质的自由主义西装搭配不同色系的休闲西裤。此随便只是穿衣感觉上的随便，职场精神是不能随便丢弃的。星期五着装时休闲，而非运动，将运动类服装穿进办公室仍是职场大忌。

对襟开衫做主打，在商务休闲装中，以开衫为主打款式比较容易上手。需要注意的是开衫尽量要选择羊绒的，这样才能减少厚度提升利落的感觉，内搭的衬

衫、休闲衫要反差大，比较容易搭出质感。

衣领领带变化营造精致感，扣结领是“周五风格”衬衫的一大主题，在2010年秋冬某品牌服装在衬衫领上做了文章：以针织材质取代传统衣领，而与之相应的领带也略带针织元素，以细节营造精致感。

条绒西装显轻松，既有职场的规矩又有个性的表达，条绒、法兰绒质地的休闲款西装最为贴切。可以如图所示以高领的绒衫打底，窄版领带或直接敞开领口都可以表达轻松却不是严谨的感觉。

拼接夹克显露刚毅一面，皮棉拼接的夹克，不仅具有极高的保暖作用，更是以材质的撞击体现职场男性果敢刚毅的一面。由于选择了夹克，本身已经缺失了利落的直线感，因此下装尽量选择西裤。

2.2.5 饰物与仪表

为了使个人的形象更加完美，配饰是个不错的选择。有些配饰的实用价值不是很强，甚至毫无实用价值，配饰给服装起着辅助、美化的作用。服饰的佩戴要有品位，佩戴得当，能向他人传递某种不可言传的美妙，也显示了佩戴者的爱好与修养，对此虽然不必完全循规蹈矩，但在商务场合中不可不慎。我们应该时刻注意自己的衣着和配饰，并分清场合。对于配饰，宜少不宜多，否则给人一种张扬、压抑、零乱、不稳重的感觉。

1. 常见配饰的佩戴

常见的配饰有丝巾、帽子、手套、腰带、包、首饰等。

(1) 丝巾

丝巾是女士的钟爱。不管什么场合，利用飘逸柔媚的丝巾稍作点缀，一下就能让穿着更有味道。挑选丝巾重点是丝巾的颜色、图案、质地和垂坠感。可以用丝巾调节脸部气息，如红色系可映得面颊红润；或是突出整体打扮，如衣深巾浅、衣冷色巾暖色、衣素巾艳。但佩带丝巾要注意：如果脸色偏黄，不宜选用深红、绿、蓝、黄色丝巾；脸色偏黑，不宜选用白色、有鲜艳大红图案的丝巾。

(2) 帽子、手套

一般来说，男士进入房间就应该摘掉帽子，挂在衣架上，也可以拿在手里。女士的限制少一些，在公共场所也可以不脱帽。但当自己作为主人在家里宴请别人时就不能戴帽子了。无论男女在致敬或哀悼的礼仪场合，必须脱帽。

男士无论在什么场合握手都要脱手套；女士握手，有时不用脱手套，摘掉手套显得更加礼貌；进屋以后，一般要马上摘下手套；吃饭的时候，手套必须摘下。

（3）腰带

男士的腰带一般比较单一，质地大多是皮革的，没有太多的装饰。穿西服时，都要扎腰带；而其他的服装（如运动、休闲服装）可以不扎。夏季只穿衬衫并把衬衫扎到裤子里去的时候，也要系上腰带。

女士腰带更重要的是装饰作用。女士的腰带很丰富，质地有皮革的、编织物的、其他纺织品的。纯装饰性的场合更多，款式也多种多样。女士使用腰带要注意这样几原则：

1）和服装的协调搭配。

2）和体型搭配。

3）和社交场合协调。

（4）包

男士的包比较单，一般都是公文包。公文包的面料应该是牛皮、羊皮制品，而且黑色、棕色最正统。如果从色彩搭配的角度来说，公文包的色彩和皮鞋的色彩一致，看上去就显得完美而和谐。除商标外，公文包在外表上不要带有任何图案、文字，包括真皮标志，否则是有失身份的。手提式的长方形公文包是最标准的。

一般女士会用不同的包来搭配衣服或心情。要考虑三种选择，第一个是大而结实一点的包，上下班和工作时间用，必须实用，甚至可以放文件；第二个包是中等大小的；第三个是一个小巧的手包，里面只放少量的化妆品、钥匙、钱等东西，可以在穿上晚礼服，出席正式场合时用。选择时要考虑到颜色，要和平时穿着的大部分衣服的色彩相配。

2. 常见首饰的佩戴

最常见的首饰有戒指、项链、耳环、耳钉、手链、手镯、胸针等。自己选戴首饰时，要对不同的品种，进行不同的对待。

（1）首饰的六条使用规则

首饰已经成为大多数人在社交场合经常使用的饰物。如果对首饰礼仪一无所知，难免会弄巧成拙，招人笑话。

1）数量以少为好。在必要时，可以不用佩戴首饰。如果想同时佩戴多种首饰，最好不要超过三种。

2）同色最好。如果同时佩戴两件或两件以上的首饰，要求色彩一致。

3）符合身份。选戴首饰时，不仅要照顾个人爱好，更应当服从自己的身份，要和自己的性别、年龄、职业、工作环境保持基本一致，而不要相差太多。

4）符合体型。选择首饰时，应充分正视自身的形体特点，努力使首饰的佩戴为自己扬长避短。

5）和季节相吻合。金色、深色首饰适合冷季佩戴，银色、艳色首饰适合暖

季佩戴。

6）和服饰协调。要兼顾服装的质地、色彩、款式，并努力让它在搭配、风格上相互般配。

(2) 具体的佩戴

1）戒指。同样款式的戒指戴在不同的手指上，会产生不同的印象和不同的效果。一般中指和食指给人较“男性化”、“中性化”印象，所以适合较小及富有个性的戒指；相对地，无名指和小指给人“女性化”印象，适合华丽、正统造型的戒指。在戴戒指前我们有必要了解一些戒指语言。

拇指通常不戴戒指，其余四指戴戒指的寓意是：食指表示求爱或求婚；中指表示正在热恋中；无名指表示已婚；小拇指表示是单身或独身主义者。

一个手指头不要戴多枚戒指，一只手不要戴两只以上的戒指。想在两只手指上戴戒指，最好选择相邻的两只手指，否则就像在中间隔着一座山似的。

戴薄纱手套时戴戒指，应戴在手套里面，只有新娘可以戴在手套外面。戒指的粗细，应该和手指的粗细成正比。表示已婚的结婚戒指，一般戴在左手无名指上。结婚戒指可以自己选择，也可以用前辈传下来的。世界公认钻戒是最正规的结婚戒指。

在和别人谈话的时候，不要抚弄着自己的戒指。否则，别人会认为你不是心不在焉，就是有意展示自己的戒指。现在有人在拇指上戴上一个大大的“戒指”。其实，这种戴法只是在张扬一种个性，没有什么其他特殊含义。

2）项链。有的项链下端往往带有某种形状的挂件，也就是链坠。男女都可以使用，但男士所戴的项链一般不要外露。

项链的粗细，应该和脖子的粗细成正比。一般短项链大概的长度是40厘米，适合搭配低领上装，中长的项链大概是50厘米，可以广泛使用。60厘米的项链适合女士在社交场合使用。

选择链坠时要力求和项链在整体上协调一致。正式场合不要选用过分怪异的图形、文字的链坠，也不要同时使用两个以上的链坠。

3）耳饰、手镯、手链。耳饰有耳环、耳链、耳钉、耳坠等款式，仅限女性所用，并且讲究成对使用，也就是说每只耳朵上均佩戴一只。工作场合，不要一只耳朵上戴多只耳环。另外佩戴耳环，应兼顾脸型，不要选择和脸型相似形状的耳环，使脸型的短处被强调夸大。耳饰中的耳钉小巧而含蓄。所以，做服务人员工作中女性可以佩戴。

手镯和手链都是佩戴于手腕上的饰物。但佩戴方法有所不同。一般情况下，手镯可以戴一只，也可同时戴上两只。戴一只时，通常戴在左手上，表明佩带者已经结婚；戴在右手上，表明佩带者是自由而不受约束的。戴两只时，可一只手戴一只，也可同时戴在左手上。在工作场所通常是不戴手镯的，尤其是窗口行业，如民航售票处、商店、餐饮业等的服务人员。戴手镯既不方便工作，又与所处的身份不相符。

手链男女均可佩戴，但仅限戴一条且戴于左手。一只手上同时戴两条手链，双手同时戴手链，手镯手链同时佩戴，都是不适宜的。另外，手表与手镯、手链也不能同戴在一只手上。

4）胸针、手表。胸针男女都可以佩戴。当穿西装的时候，应别在左侧领上。穿无领上衣时，应别在左侧胸前。发型偏左时，胸针应当居右。发型偏右时，胸针应当偏左。具体高度应在从上往下数的第一粒、第二粒纽扣间。在工作中如果要求佩戴身份牌或本单位证章、徽记上岗的话，就不适合再同时佩戴胸针。

佩戴手表，通常意味着时间观念强、作风严谨。在正规的社交场合，手表往往被看作首饰。它也是一个人地位、身份、财富状况的体现。所以男士的手表，往往引人注目。在正式场合佩戴的手表，在造型上要庄重、保守，避免怪异、新潮，尤其是尊者、年长者更要注意。另外，在和别人交谈时，不要有意无意地看表。否则对方会认为你对交谈心不在焉、不耐烦，想结束谈话。

2.3　仪态礼仪

仪态是指人在行为中身体呈现的各种形态，也就是指人的站、坐、走、蹲以及其他细节动作的姿势。良好仪态是良好气质与风度的外在表现因素。

所谓气质，是指人的相对稳定的个性特点，是表现在人的情感、人事、语言和行为中比较典型、稳定的动态方面的心理特征。气质美首先表现在有丰富的内心世界，具有远大理想与追求；其次要有优美的举止动作；再次具有高雅的兴趣以及较高的文化素养和语言修辞能力。

风度是指人的言谈、举止、神情、姿态、仪表等方面的表现和风貌，即人的思想、文化、修养、性格、气质等的外在表现。风度是一个综合的概念，是人的全部生活姿态所提供给人们的综合印象。

如果你天生丽质，那么你是幸运的，那是父母所给予的。但是随着时光的流逝，天生容颜逐渐变老，伴随终身的是气质和风度。气质和风度是可以塑造的，一个人无法对自己的容貌做出选择，但在成长发展过程中，可以通过后天的学习、磨炼，塑造美的风度，形成美的个人形象。

2.3.1　体姿仪态

中国人讲究“站有站相，坐有坐相”，温文尔雅、从容大方、彬彬有礼已成为现代人的一种文明标志。仪态作为一种姿态语言，可帮助人们传递不同的信息

信号。旅游从业人员具有良好的仪态，可向游客、领导以及同事传递精力充沛、精神饱满，以极高地热情投入工作的状态信息。

1. 站姿

常言说："站如松"，就是说，站立应像松树那样端正挺拔。站姿是静力造型动作，显现的是静态美。站姿又是训练其他优美体态的基础，是表现不同姿态美的起始点。

正确的站姿和过硬的站功是旅游服务人员必备的专业素质之一。

（1）规范站姿的要求

1）头正。两眼平视前方，嘴微闭，收颌梗颈，表情自然，稍带微笑。

2）肩平。两肩平正，微微放松，稍向后下沉。

3）臂垂。两肩平整，两臂自然下垂，中指对准裤缝。

4）躯挺。胸部挺起、腹部往里收，腰部正直，臀部向内向上收紧。

5）腿并。两腿立直，贴紧，脚跟靠拢，两脚夹角成60°。

这种规范的礼仪站姿，同部队战士的立正是有区别的。礼仪的站姿较立正多了些自然、亲近和柔美。

（2）几种常见站姿

男士的站姿有两种：

1）在服务行业，要求男员工双脚拉开成肩宽，双手在腹部，见图2.16，或身后交叉相握，见图2.17，即右手搭在左手上。

图2.16　站姿一

图2.17　站姿二

2）在商务场合，要求男士两膝并严，脚跟靠紧，脚掌分开呈"V"字形，双手放置裤缝处，见图2.18。

女士的站姿一般也为两种：

1）在服务行业，要求女员工两膝并严，脚跟靠紧，脚掌分开呈“V”字形双手在腹前交叉，即右手搭在左手上，置于腹部，见图 2.19。

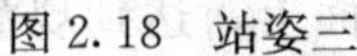

图 2.18 站姿三

图 2.19 站姿四

2）在商务场合，女士右手搭在左手上，轻贴腹前，两脚尖向外略展开，右腿（左脚）在前，将右脚跟（左脚跟）靠于左脚（右脚）内侧（脚弓处），形成左丁字步或右丁字步，见图 2.20。

双手交叉相握应注意的是，从正面的视觉效果来看，看不见双手的大拇指，正确方法见图 2.21。

图 2.20 站姿五

图 2.21 手的姿势

（3）站姿禁忌

旅游从业人员在站立时，应避免以下几种站姿：

1）全身不够端正。

2）站立时头歪、斜肩、臂曲、胸凹、肚凸、背弓、撅臀、屈膝等均为不良姿态。

3）双腿叉开过大。在他人面前禁止双腿叉开过大，女士尤其应当谨记。

4）双脚随意乱动。人在站立时，双脚不可肆意乱动。例如，脚尖乱点乱划，双脚踢来踢去，蹦蹦跳跳，用脚蹭痒痒，脱下鞋子或半脱不脱，脚后跟踩在鞋帮上，脚一半在鞋里一半在鞋外。

5）表现自由散漫。站立时随意扶、拉、倚、靠、趴、踩、蹬、跨等，显得无精打采，自由散漫。

（4）站姿的训练

训练环节一：背靠墙训练。

1）训练目的。背靠墙训练是站姿训练的基本环节，容易使训练者体会规范站姿的标准，并且身体挺直，整个背面在一个平面上，达到规范站姿要求。

2）训练要求。训练者身体贴墙站立，后脑、双肩、臀部及脚后跟紧贴墙面，双手自然下垂。头正、颈部稍向后靠，有力支撑头部，双肩打开下沉，挺胸、立腰，女士收腹，女士臀部向内夹紧向上提（此法难度较大可不做要求），双膝并拢，双脚呈45°。

此站姿会形成身体的两对对抗力量，教师提示训练者体会这两对对抗力量：一是头部上悬的力量与双肩下沉的力量，此对对抗力量可拉长颈部并使颈部有力、挺直地支撑头部；二是臀部向上的力量与脚掌向下的力量，此对对抗力量可使双腿直立，有力支撑身体。另外，站立时，脚掌应该像猫爪抓地似的，脚趾弯曲紧贴地面，而不是放松着平铺于地面。

3）注意要点。长头发的女士，头发不宜扎高发结训练，也就是指发结应不触到墙面或是头发散开，否则练出的效果颈部容易向前倾。

颈部与双肩是女士优雅站姿的关键，但容易被忽视，这两部位的训练难度不大但效果明显，教师应反复强调；尤其我国广东地区，大多女士颈部细长，颈部规范姿态特别重要。否则“白天鹅”会变成“长颈鹿”。

女士收腹时，应注意是深呼气收紧腹部，避免深吸气收紧腹部而使身体上吸。收腹是女士形成挺拔姿态的关键，且训练难度较大，需教师不断鼓励、督促，包括后面陆续进行的姿态训练环节。

扩胸（即胸部打开）、立腰是男士站姿的关键，男士应特别强调这两部位的

训练。

4）训练方法。站姿训练非常枯燥，初学的训练者有时会放不开或不太接受，而且一般是以班级为单位进行，场面控制难度大，这需要教师运用科学、合适、有效的组织训练的方法。

教师应有意识营造良好的训练氛围，一是强调训练意义，自身态度严肃认真；二是要求学生统一校服或班服（以职业装为宜），按高矮顺序排列，形成训练的整体美感；三是训练场地尽量选择在有大面积墙面的形体房，适时请训练者离开墙面，侧身在镜前，比较训练前后效果，增添训练的信心；四是配上合适的背景音乐。

靠墙站时，教师应给每个训练者从头到脚逐一定位，明确标准，如果动作掌握不到位又得不到及时指正，即便认真练习，训练效果也会有偏差。

每次训练时间不宜过长，可以 5 分钟、10 分钟、15 分钟、20 分钟逐渐延长，同时也可训练站功。

期间，教师不断检查、发现训练者问题，及时帮助纠正；适时表扬，以鼓励为主，树立榜样；尤其对初学时有抵触情绪的训练者，更应给予关注，适时地当众表扬。

课堂训练的时间非常有限，要求学生以宿舍为单位，每日自主训练。可要求每宿舍的学生通过讨论，统一训练时间，各宿舍通过竞赛激发训练的兴趣和信心。

训练环节二：芭蕾舞中的手位动作训练。

1）训练目的。通过背靠墙训练，学生在静态中可以保持良好的站姿。然而，一旦手或脚动起来，身体极易松懈、下坠。芭蕾舞中手位动作的训练目的是训练眼、手、身体的协调。而在站姿训练中，我们运用此动作训练的侧重点则有所不同，主要训练学生在手臂不断的移动过程中，身体保持规范的仪态，同时，丰富训练的内容，协调身姿，体会仪态训练的美感，增强仪态训练的信心。这也是为下一环节的走姿训练奠定一定的基础。

2）训练要求。

掌形：三、四、五指靠拢并紧，二指微向上翘起，大指向掌心收。整个手指向掌心内微屈成弧形，见图 2.22。

脚位要求：

丁字步：左脚在前，脚尖对 8 点，脚跟紧贴右脚窝处，右脚尖对 2 点，如一“丁”字。重心在两脚上，称左丁字步，见图 2.23。右丁字步与此对称。此部位可使身体充分舒展。

图 2.22　掌形

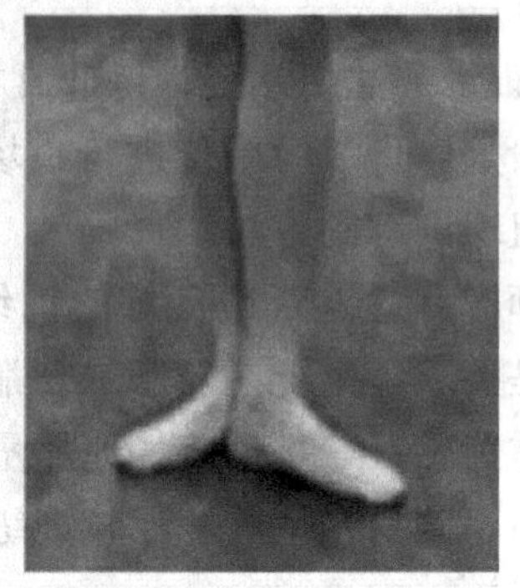

图 2.23　丁字步

手位要求：

① 一位：两臂弧形垂于体前，手心向上，手指相对，两手指尖相距一拳远，见图 2.24。

② 二位：两臂在一位的姿态上向前抬起至胃相齐的高度，见图 2.25。

③ 三位：两臂在二位的姿态上，继续向上抬，举至头前上方，掌心向下，见图 2.26。

④ 四位：一手在三位位置，一手在二位位置，见图 2.27。

⑤ 五位：一手在三位位置，一手在七位位置，见图 2.28。

⑥ 六位：一手在二位位置，一手在七位位置，见图 2.29。

⑦ 七位：两臂弧形，向两侧平伸，肘低于肩，腕低于肘，手心向前，见图 2.30。

以上是芭蕾舞的七个手位，一、二、三、七位是基本位置，四、五、六是从基本位置变化成的不对称手位。

3）注意要点。手臂移动时，身体容易跟着扭动，注意身姿始终保持挺拔状态，教师及时检查、纠正。

图 2.24　一位

图 2.25　二位

图 2.26　三位

图 2.27　四位

图 2.28　五位

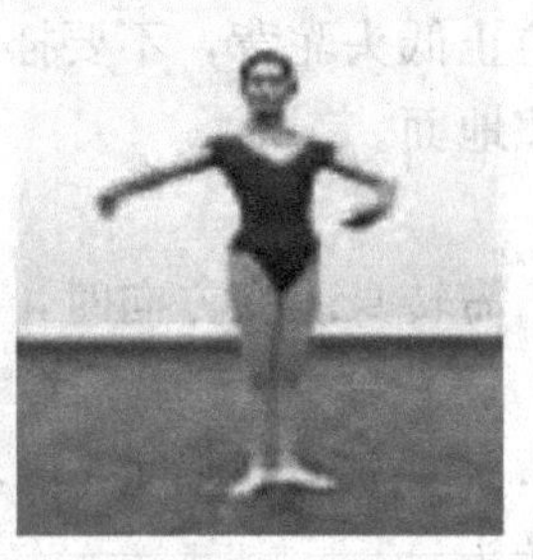

图 2.29　六位

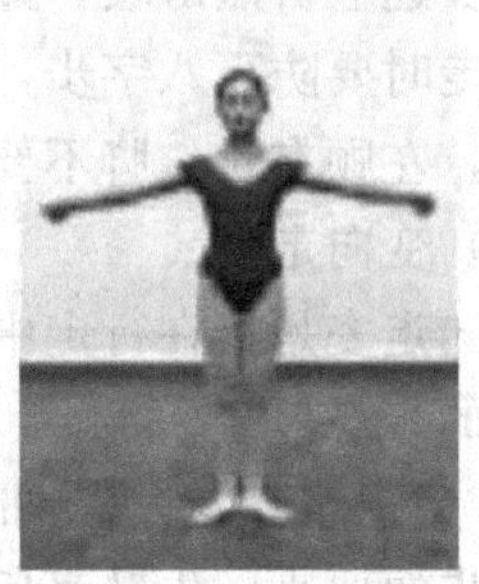

图 2.30　七位

注意手位、脚位、手形的正确。

眼神随着手移动，但头部不宜做大的上下左右转动。

在三位、七位动作时，肩部极易向上抬起，注意保持下沉状态。

体会身姿舒展的美感。

4）训练方法。训练时，教师站在两排学生的中间，学生按高矮顺序排成两行分别在教师左右，学生之间的间距以双手自如展开为宜。

教师准确示范，详细讲解要点。

配合有合适节奏的背景音乐进行。

适时请出优秀学生示范，激励其他学生。

2. 走姿

走姿是一种动态美。每个人都是一个流动的造型体，优雅、稳健、敏捷的走姿，会给人以美的感受，产生感染力，反映出积极向上的精神状态。男士的走姿效果要求：步态稳健，体现稳重、坚定、自信的阳刚之美。女士的走姿整体效果要求：步态自如、协调、轻盈，体现端庄、自信、优雅的阴柔之美。

（1）规范走姿的要求

1）头正。双目平视，收颌，表情自然平和。

2）肩平。两肩平稳，防止上下前后摇摆。双臂前后自然摆动，前后摆幅在30°～40°，两手自然弯曲，在摆动中离开双腿不超过一拳的距离。

3）躯挺。上身挺直，收腹立腰，重心稍前倾。

4）步位直。两脚尖略开，脚跟先着地，两脚内侧落地，走出的轨迹要在一条直线上。

5）步幅适当。行走中两脚落地的距离大约为一个脚长，即前脚的脚跟距后脚的脚尖相距一个脚的长度为宜，不过不同的性别，不同的身高，不同的着装，都会有些差异。

6）步速平稳。行进的速度应当保持均匀、平稳，不要忽快忽慢，在正常情况下，步速应自然舒缓，显得成熟、自信。

行走时要防止八字步，防止低头驼背，不要摇晃肩膀，双臂大甩手，不要扭腰摆臀，左顾右盼，脚不要擦地面。

（2）变向走姿

变向走姿是指在行走中，需转身改变方向时，采用合理的方法，体现出规范和优美的步态。

1）后退步。与人告别时，应当先后退两三步，再转身离去，退步时脚轻擦地面，步幅要小，先转身后转头。

2）引导步。引导步是用于走在前边给宾客带路的步态。引导时要尽可能走在宾客左侧前方，整个身体半转向宾客方向，保持两步的距离，遇到上下楼梯、拐弯、进门时，要伸手示意，并提示请客人上楼、进门等。

3）前行转身步。在前行中要拐弯时，要在距所转方向远侧的一脚落地后，立即以该脚掌为轴，转过全身，然后迈出另一脚。即向左拐，要右脚在前时转身，向右拐，要左脚在前时转身。

（3）穿高跟鞋的走姿

由于穿上高跟鞋后，脚跟提高了，身体重心就自然地前移，为了保持身体平衡，膝关节要绷直，胸部自然挺起，并且收腹、提臀、直腰。使走姿更显挺拔，会平添几分魅力。穿高跟鞋走路，步幅要小，脚跟先着地，两脚落地脚跟要落在一条直线上，像一枝柳条上的柳叶一样，这就是所谓的“柳叶步”。

（4）不同着装的走姿

所穿服饰不同，步态应有所区别。走姿要展现服装的特点。

1）穿西装。西服以直线为主，应当走出穿着者的挺拔、优雅的风度。穿西装时，后背保持平正，两脚立直，走路的步幅可略大些，手臂放松，伸直摆动，手势简洁大方。行走时男士不要晃动，女士不要左右摆髋。

2）穿旗袍。行走时，要求女士身体挺拔，胸微含，下颌微收，不要塌腰撅臀。走路时，步幅不宜过大，以免旗袍开衩过大，露出皮肉。两脚跟前后要走在一条线上，脚尖略微外开，两手臂在体侧自然摆动，幅度也不宜过大。站立时，双手可交叉于腹前。

3）穿裙装。穿着长裙显出女性身材的修长和飘逸美。行走时要平稳，步幅可稍大些。转动时，要注意头和身体相协调，调整头、胸、髋三轴的角度。穿着短裙，要表现轻盈、敏捷、活泼、洒脱的风度，步幅不宜过大，但脚步频率可以稍快些，保持轻快灵巧的风格。

（5）旅游从业人员常见的步态

旅游企业的服务活动，强调外松内紧。即便在工作繁忙，业务紧张的情况下，在游客或宾客面前始终保持轻松的状态。这就需要员工掌握优雅仪态的要领与技巧。

1）常步。这是在正常情况下所使用的步态，其步速、步幅都保持正常的状态。

2）碎步。在旅游服务行业，尤其是酒店业中，营业高峰期需员工快速地走动，向客人提供及时、高效的服务。这时，员工可使用碎步，即缩小步幅，加快步伐频率，同时身体保持挺立。避免迈大步加快步速甚至小跑，这样极易在客人中形成一种紧张、无序、不雅观的印象。

3）垫步。垫步是员工在狭长的过道上行走时，正身行走比较困难，或有碍宾客的活动，而经常采用的一种方法。要求身体侧身 90°，身体一侧面向前方，脚尖落地脚跟不落地，且一只脚前，另一只脚后相继挪步前行。酒店服务员左手端托盘时，需用右手稍作掩护而避免翻盘。

（6）走姿训练

训练环节一：背靠手训练，见图 2.31。

1）训练目的。虽然学生在静态的站姿中有良好的仪态，但脚一旦走动起来，身体极易松懈，下坠。通过此环节的训练，将双手抵住后腰部，刻意将站姿的仪态带到走姿中，保持走姿中的挺拔状态。男士的走姿侧重整体的协调与自如，可不进行此项训练。而女士的优雅走姿，需要在规范身姿的基础上讲求协调与美感，此环节训练是关键。

2）训练要求。手姿：将双手背抵住后腰，努力挺拔身姿。

身姿：与站姿要求一致。

脚步：脚跟先着地，缓慢挪步前行。

3）注意要点。双手臂与身体平齐，双手大臂向后用力，手腕抵腰向前用力，形成对抗力量，保持手臂平衡，见图 2.32。避免前压后仰，影响身姿。

脚步不宜像常步的步距和频率，应轻挪慢步，努力保持身姿挺拔。

挪步时，注意脚跟、脚尖轻微抬起移动，以保持身体平衡，避免趔趔趄趄，摇晃不定。

注意双膝伸直迈步，但双腿放松，不宜绷紧。双脚迈步时，极容易屈膝迈步，使人上下晃动，越走越沉。

此环节训练难度较大，且枯燥、辛苦。教师注意调动学生练习的积极性，每组来回检查，注重细节问题，及时纠正，教师的严肃认真的态度会感染学生的情绪。

4）训练方法。在形体房进行，面对镜训练。

统一着装，尽量穿职业装，女士穿有跟皮鞋进行。以此训练学生自如穿高跟鞋。

图 2.31　背手训练　　　　图 2.32　注意事项

将全班按高矮顺序分为若干组，每组 5～8 人为宜。

每组自选组长，组长负责组织本组的训练，包括发口令“一、二、三，走!”一提示抬头；二提示挺胸；三提示立腰。口令应富有节奏感，调动本组成员训练的积极性。

以组为单位，在结束课前进行竞赛，当场评点，表扬优秀。

训练环节二：常步训练。

1）训练目的。在背靠手训练环节中，身姿已经能够自如保持挺拔。那么，通过本环节训练，使学生在常步中身姿、手、脚的动作达到规范与协调。

2）训练要求。身姿挺拔，身体稍向前倾，按正常步幅、频率行走。双手放在裤缝，手掌握半拳状，随着身体的移动自然向身体内侧前后甩动。

3）注意要点。不宜过分侧重手臂训练。手臂的摆动只是身体保持平衡而自然甩动，只需要避免一些常见的错误摆动姿势即可。

为保持挺拔身姿，身体极容易往后仰。因此，可使身体稍向前倾行走。

脚不宜过高抬起，自如向前迈步，脚跟、脚尖的落地时间差很短。

双腿伸直，放松膝部迈步。

身姿、手、脚的动作在课内只能达到规范，它们之间的协调，以及整体动作的美感需要在平时更多的行走过程中逐渐形成。

4）训练方法。组织方法与背靠手训练一致。

此环节需要在背靠手训练过关的前提下进行。

女士应注重细节以求优雅与美感；男士应更多侧重整体的自然、大方与协调，在挺胸、立腰的前提下，允许一些得体的个性化动作；鼓励学生将走姿带到

生活中去，不断练习、体会，不断协调、自如，增添自信心。

3. 坐姿

坐是一种静态造型，是在日常工作和生活中经常运用的仪态。对男士而言，更有“坐如钟”一说。端庄优美的坐姿，会给人以稳重、大方、自信的美感。

（1）规范坐姿的要求

1）入座时要轻稳，动作协调从容，不要赶步，以免“抢座”。就坐时，转身背对座位，如距离较远，走到座位前转身后，右脚向后退半步，待腿部接触座位边缘后，轻轻坐下。女士着裙装入座时，应用双手拢平裙摆再坐下，不要坐下后再站起来整理衣服。一般应从座位的左边入座。

2）落座后上体自然挺直，双膝自然并拢，双脚平正放松，两臂自然弯曲，双手放在膝上，也可放在椅上或沙发扶手上，掌心向下。目视前方，面容平和。

3）正式场合，一般不应坐满座位，通常是男士坐满整个椅面，女士坐椅面2/3的位置。

4）离座时要自然稳当，右脚向后收半步，然后起立，动作不可过猛。

5）谈话时，身体可以有所侧重，但要注意上体与腿的协调配合。

（2）社交场合常见坐姿

1）男士常见坐姿。正坐式。上身挺直、头部端正，立腰，双膝分开，双脚基本与肩同宽，小腿垂直地面呈90°，双手放在两膝上（此种坐姿体现了非常尊重与恭敬之意），见图2.33，或椅子的扶手上。

交叠式。上身挺直、头部端正、立腰，右腿搭在左腿上，左小腿垂直地面90°，见图2.34。

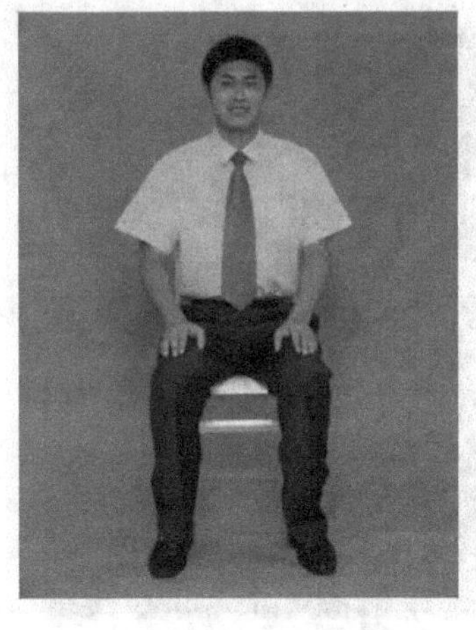

图2.33 正坐式

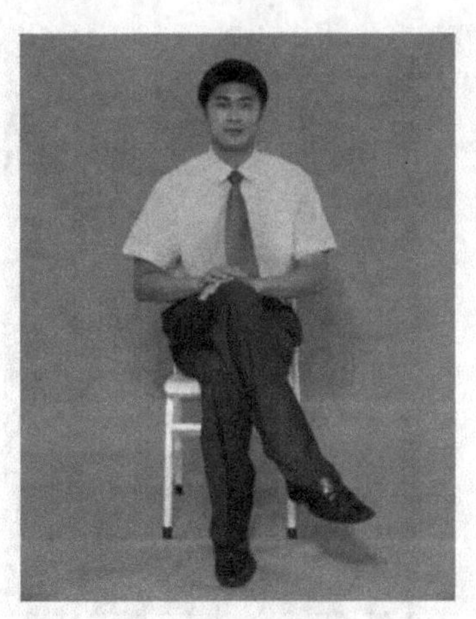

图2.34 交叠式坐

2）女士常见坐姿。正坐式。上身挺直，立腰，两膝、两脚并拢，脚尖朝正前方，小腿略向内收，双手交叉相握于腹前，见图 2.35。

侧坐式。上身挺直，立腰，两膝并拢，双腿斜放，以与地面构成 45°夹角为最佳，侧坐时，双手宜叠放或以相握的姿势放于身体侧面的那条大腿上，见图 2.36。

交叠式。上身挺直，立腰，左小腿垂直地面 90°，右腿搭在左腿上，右脚脚尖稍用力朝下，此时右脚脚尖朝向他人是不雅观的，见图 2.37。如果女士坐的凳面稍矮，左腿可向右倾斜，左脚相应左移，凳面越矮，左腿倾斜的幅度越大，可避免穿裙装走光，见图 2.38。

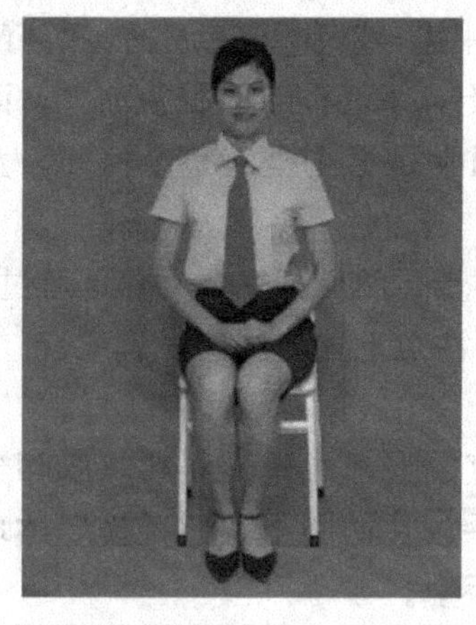

图 2.35　女正坐式

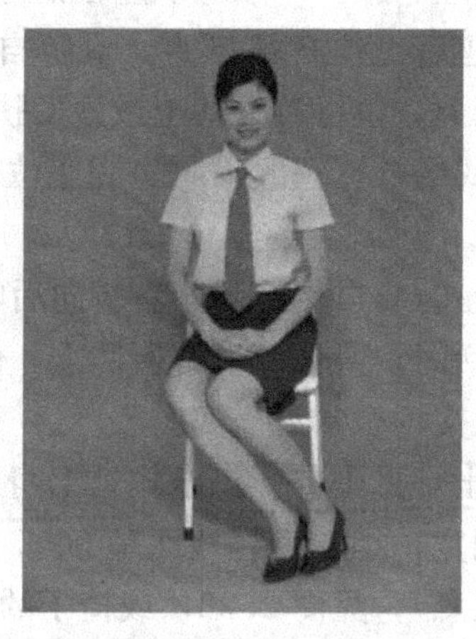

图 2.36　侧坐式

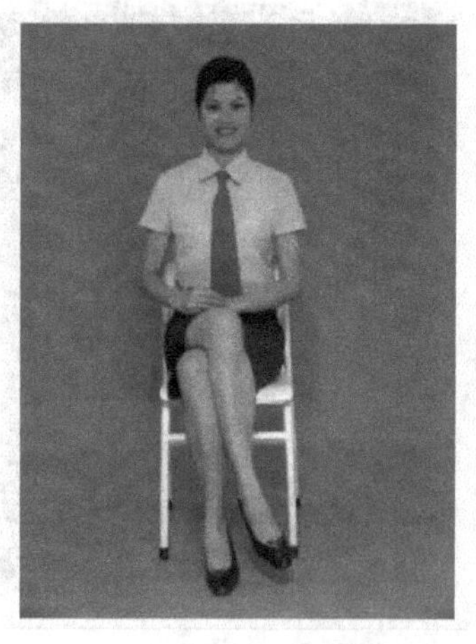

图 2.37　交叠式一

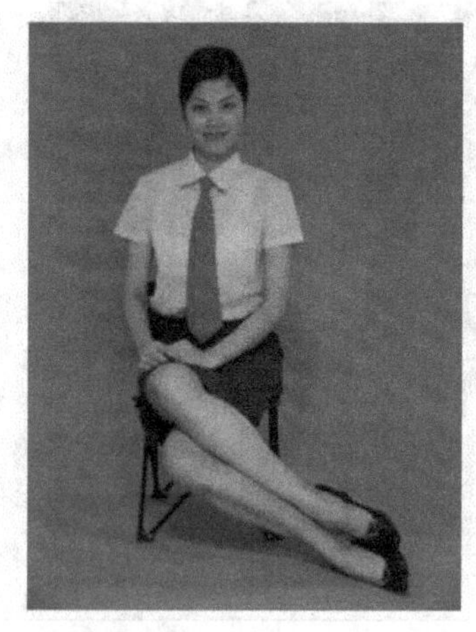

图 2.38　交叠式二

(3) 坐姿禁忌

坐时不可前趴后仰、东倒西歪、摇头晃脑、左顾右盼、抖腿跷脚、双手端臂、以手摸脚。不论何种坐姿，女士切忌两膝盖分开或两脚呈八字形。坐下时也不要随意挪动，身体不要萎缩前倾。在工作场合，尤其注意腰部不要塌下去，显得状态萎靡。

(4) 坐姿的训练

1) 训练内容。训练入座、起立。

训练不同的坐姿：正坐式、侧坐式、双脚交叠式。

2) 训练要求。按照规范坐姿要求进行。

3) 注意要点。坐姿最容易出现的问题是腰塌下去，注意立腰。

双手肘部始终朝下，避免朝向外侧。

任何坐姿，女士的手始终合握在腿上，双膝、双脚一般并拢。

调整坐姿时，动作轻柔，女士避免走光。

4) 训练方法。在教室进行，教师准确示范或看图片，可组织部分学生上台演示，大家对演示者逐个进行评点。

4. 蹲姿

蹲姿，主要是为捡物品服务的，可采用半蹲式，其基本要领是：上身挺直，略低头，左脚在前，右脚在左脚后一脚远的距离，前脚全脚着地，小腿基本垂直于地面。后脚前掌着地，脚后跟提起。女士蹲姿要右膝紧贴左小腿内侧，男士蹲时两膝自然分开，见图 2.39。女士如穿短包裙，可采用双脚交叉式，其基本要领是：上身挺直，略低头，右脚交叉膝盖压在左脚膝盖上，既方便下蹲，又可防止走光，见图 2.40。

图 2.39　蹲姿一

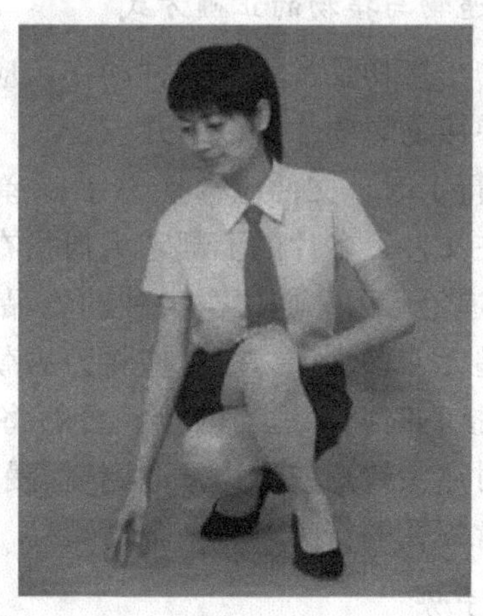

图 2.40　蹲姿二

5. 鞠躬

鞠躬是我国古代传统礼节之一，至今仍是人们见面时表示恭敬、友好的一种人体语言。在日本、朝鲜、新加坡等国，这种礼节也普遍被人们所接受和使用。

鞠躬是旅游服务行业常见的服务礼节。

(1) 鞠躬方式

行鞠躬礼时，行礼者在距受礼者 2 米左右，身体立正，面带微笑，目视受礼者。女士鞠躬时手合拢，自然放在身前并弯下身子；男士则将双臂自然下垂在身体两侧，弯腰到一定程度后恢复原态。受礼者一般鞠躬还礼，长者、贤者、女士、宾客还礼时可不鞠躬，欠身点头即可。

(2) 鞠躬程度及含义

弯腰角度因场合、对象的不同而有所区别。一般而言，角度越大，表示越谦恭，对被问候者越尊敬。

1) 一般致礼：15°左右，表示一般致敬、致谢、问候。

2) 敬礼：30°左右，表示恳切致谢或表示歉意。

3) 敬大礼：45°左右，表示很诚恳的致敬、致谢和歉意。

4) 敬最大礼：90°左右，在特殊情境，如婚礼、葬礼、谢罪、忏悔等场合才行 90°大鞠躬礼。

和握手相比，鞠躬表达的敬意更深一些，常用于婚丧节庆、演员谢幕、讲演、领奖等场合以及下级对上级、服务员对客人、初次见面等场合。特别是在大众场合个体与群体交往时，个人不可能和许多人逐一握手，则可以鞠躬代之，即恭敬，又节约时间，值得大力提倡。

6. 递物与接物的正确方式

递物与接物是常用的一种动作，应当双手递、双手接，表现出恭敬与尊重的态度。递接物时要注意以下几点：

1) 行走时，文件应拿在左手；递接时，文件、名片等要将正面朝向对方，双手拿在文件、名片的上部，大拇指在上，四指在下，同时要行微鞠躬礼。

2) 递笔、刀、剪之类尖利的物品时，应将尖利一方朝向自己，而不应指向对方。递无刀鞘水果刀时，应将刀刃朝向自己的虎口。

3) 接物时两臂适当内合，自然将手伸出，两手持物，五指并拢，将东西拿稳，同时点头致意或道声“谢谢”！漫不经心，单手接物，甚至将物品掉在地上，都是非常失礼的行为。

7. 手势

手势是旅游从业人员在服务岗位上运用最为广泛的一种体态语。要正确使用

它，应先了解它表示的基本含义。

（1）手势类型与含义

手心向上，代表坦诚直率，积极肯定，一种号召。

手心向下，代表抑制、控制、否定、反对。

紧握拳头，代表挑战，提出警告，也可以表示某种决心。

食指伸出，表示指示方向，训令或下达指令。

竖起大拇指，在中国表示一种赞赏、夸奖，但到了国外就有不同的含义，在美国、英国、澳大利亚等国，分别代表了搭便车、表示 OK、骂人三种完全不同的含义。

（2）手势运用的原则

手势的类型与含义十分丰富，而且看似同类的手势，稍有变化所代表的可能就是完全相反的含义，所以，旅游从业人员在手势的应用上，应遵循一定的原则。

使用规范化的手势。在对客服务过程中，应该使用规范化的手势，才不至于遭致误会，同时体现良好的专业素质。

注意区域性。旅游从业人员在使用手势时，要考虑手势运用的具体区域以及手势施以的对象这两个因素，以防出现对手势含义理解的不同带来的误会。如，酒店门童通常都要为乘轿车抵店的客人开拉车门，规范程序中有护顶动作。但如果面对的是穆斯林（伊斯兰教的信徒），就一定要避免此动作。因为在穆斯林看来，头顶有圣光，头部被手遮住也就遮住了圣光，这是对人的冒犯。因此，准确运用手势，还要求旅游从业人员更多、更详细地了解不同国家、民族的文化习俗。

手势宜少忌多。在旅游服务工作中，手势运用频繁。但对于可用可不用的手势，可尽量避免。过多的手势，会影响旅游从业人员优雅、得体的气质，同时游客的感觉也受影响。

（3）引导手势

旅游从业人员示人、示物、示路时可结合手势动作，具体动作要领是：手臂抬起，男士手臂伸直但不绷紧，女士手臂拉长肘部略微弯曲，手掌摊开，四指并拢，拇指自然状态，整个手掌与地面呈平行状态或 45°，眼睛看着手指的人、物体或方向，见图 2.41。左右手的运用，一般以顺手为原则。指路时，手臂抬起高度以不超过肩膀为宜。手势动作应注意眼神、表情、手势以及语言等的协调，避免僵化、呆板。请客人就坐的手势见图 2.42。

8. 旅游从业人员避免的细节动作

旅游从业人员在游客面前应注意举止得体，注重细节，避免出现以下不雅观的动作：打哈欠、打饱嗝、打喷嚏、伸懒腰、挠头法、抠鼻孔、掏耳朵、剔牙齿、修指甲、吐痰，背后指指点点，有些动作应在身后避人进行。不乱扔果皮、纸屑、烟头等赃物。

图 2.41 手势一

图 2.42 手势二

2.3.2 表情仪态

礼仪的情感表达是说人们在讲究礼节时，内心情感在面部上的表现，即表情。表情是人际交往中相互沟通的形式之一。针对表情，一般应注重的是眼神、笑容、肢体语言等三个方面的问题。

1. 心灵的语言——目光

在人与人之间进行交流时，目光的交流总是处于最重要的地位。交流过程中，双方要不断地应用目光表达自己的意愿、情感，还要适当观察对方的目光，探测“虚实”。交流结束时，也要用目光做一个圆满的结尾。在各种礼仪形式中，目光有重要的位置，目光运用得当与否，直接影响礼仪的质量。

见面时，不论是见到熟悉的人，或是初次见面的人，不论是偶然见面，或是约定见面，首先要以闪烁光芒的目光正视对方片刻，面带微笑，显示出喜悦、热情的心情。对初次见面的人，还应头部微微一点，行一注目礼，表示出尊敬和礼貌。在集体场合，开始发言讲话时，要用目光扫视全场，表示“我要开始讲了，请予注意”。

在与人交谈时，应当不断地通过各种目光与对方交流，调整交谈的气氛。交谈中，应始终保持目光的接触，这是表示对话题很感兴趣。长时间回避对方目光而左顾右盼，是不感兴趣的表示。但应当注意，交流中的注视，不是紧紧盯住对方的眼睛，这会使对方感到尴尬。交谈时正确的目光应当是自始至终地都在注视，但注视并非紧盯。交谈中，随着话题、内容的变换，做出及时恰当的反映。或喜或惊，或微笑或沉思，用目光流露出会意的眼神，使整个交谈融洽、和谐、生动、有趣。交谈和会见结束时，目光要抬起，表示谈话的结束。道别时，仍用目光注视着对方的眼睛，面部表现出惜别的深情。

在掌握并正确运用自己目光语言的同时，还应当学会“阅读”对方的目光。从对方目光的变化中，分析他的内心活动和意向。随着交谈内容的变化，目光和表情和谐地统一，表示很感兴趣，思想专注，谈兴正浓。对方的目光长时间地中止接触，或游移不定，表示对交谈不感兴趣，交谈应当很快结束。交谈中，目光斜视，表示鄙夷；目光紧盯，表示疑虑；偷眼相觑，表示窘迫；瞪大眼睛，表示吃惊，等等。目光语言是千变万化的，但都是内心情感的流露。学会阅读分析目光语言，对于正确处理社交活动的进行和发展有着重要意义。运用目光交流时还要注意以下内容。

（1）注视的部位

1）公务注视：在洽谈、磋商、谈判等场合，眼睛应看着对方双眼或双眼与额头之间的区域。这样注视显得严肃、认真，别人也会感到你有诚意。

2）社交注视：在茶话会，朋友聚会等场合，眼光应看向对方双眼到唇心这个三角区域。这样注视会使对方感到礼貌、舒适。旅游从业人员注视游客通常是这种区域。

3）亲密注视：在亲人、恋人和家庭成员之间，眼光可注视对方双眼到胸部之间的区域。这样注视表示亲近、友善。但对陌生人来说，这种注视有些过分。

（2）注视的方向

1）平视，表示理性、平等、自信、坦率。适用于普通场合与身份、地位平等的人之间的交往，见图 2.43。

2）俯视，即目光向下注视他人。一般表示对晚辈的爱护、宽容，也可对他人表示轻慢、歧视，见图 2.44。

3）仰视，即抬眼向上注视他人。它表示尊敬期待，适用于面对尊长之时，见图 2.45。

（3）注视的时间

在人际交往中，注视对方时间的长短相当重要。在交谈中，听的一方通常应多注视说的一方，目光与对方接触时间，一般占全部相处时间的 1/3。谈话时，若对方为关系一般的同性，应该不时与对方双目对视，以示尊重；如果双方关系密切，则可较多较长地注视对方，以拉近心理距离；如果对方是异性，目不转睛长时间地注视不仅使对方不自在，也是失礼的表现。

图 2.43　平视　　图 2.44　俯视　　图 2.45　仰视

2. 最具魅力的礼节——微笑

行为学家曾经做过一个有趣的调查，将四个不同表情的卡片呈现在被调查者面前，让其选出最喜欢的表情。结果，微笑的表情以 66％的接受程度大获全胜。由此可知，“微笑是最具魅力的礼节”。

要使游客欢迎你，喜欢你，就要对他们表示诚挚的关切。卡耐基说，笑容能照亮所有看到它的人，像穿过乌云的太阳，带给人们温暖。微笑不仅是一种外化的形象，也是内心情感的写照微笑所表示的是：“我欢迎您，我以极大的热情与周到的服务欢迎您。”微笑能有效地缩短与游客的距离，给对方留下美好的心理感受，从而形成融洽的氛围。

当今，国内外所有的服务行业都打出了微笑服务的口号，在业务培训中强化了微笑表情训练。日本航空公司在对空姐上机培训的 6 个月时间里，安排了 1 个月时间训练微笑，要求空姐在任何情况下都能展示最甜美的微笑。

（1）微笑的基本要求

服务行业微笑的基本要求是：亲切、自然、甜美。

基本要领是：面部肌肉放松，嘴角微翘，露出上边八颗牙齿。微笑表情应由眼神、眉毛、嘴巴、表情等方面协调动作来完成。要防止生硬、虚伪、笑不由衷。

（2）微笑的技能训练

国际著名的希尔顿饭店集团总裁希尔顿，在其名下饭店进行走动式管理时，面对基层员工所说的第一句话就是：“今天你微笑了没有？”他认为，微笑是希尔顿酒店在激烈的饭店业竞争中制胜的法宝。他的所有员工在上岗培训前一定要经过严格的微笑训练，不合格者哪怕其他业务能力非常也不能上岗。

1）照镜训练法。对着镜子，心里想着使你高兴的情景，嘴角两端做出微笑的口型，找出自己认为最满意的微笑，天天练习，使之自然长久地呈现在脸上。

2）词语训练法。默念英文单词 Cheese 或普通话中的“钱”字、“茄子”，这些字、词形成的口型，正是微笑的最佳口型。

3）微笑的训练可结合站姿训练同时进行。

（3）笑的禁忌

在服务工作中，旅游从业人员不能放肆大笑，使人感到没有教养；不要讥笑，使对方恐慌；不要傻笑，令对方尴尬；不要皮笑肉不笑，使对方无所适从；不要冷笑，使对方产生敌意。总之，笑也要因时、因地、因事而宜，否则毫无美感且令人生厌。

2.3.3 人际交往距离

俗话说，人就像冬天的刺猬，太近了刺人，远了又觉得孤独和寒冷。这是对距离最好的诠释了，人就是这样一种存在，既需要距离，又试图超越距离。但人在超越时空距离的同时，却又小心地保持着人与人之间的距离。美国人类学家爱德华·霍尔博士划分了四种区域或距离，各种距离都与对方的关系相称。

（1）亲密距离

亲密距离的范围在范围是50厘米之内，就交往情境而言，亲密距离属于私下情境，只限于在情感上联系高度密切的人之间使用，在社交场合，大庭广众之前，两个人（尤其是异性）如此贴近，就不太雅观。在同性别的人之间，往往只限于贴心朋友，彼此十分熟识而随和，可以不拘小节，无话不谈。在异性之间，只限于夫妻和恋人之间。因此，在人际交往中，一个不属于这个亲密距离圈子内的人随意闯入这一空间，不管他的用心如何，都是不礼貌的，会引起对方的反感，也会自讨没趣。

（2）个人距离

个人距离的范围为50～120厘米之间，任何朋友和熟人都可以自由地进入这个空间，不过，在通常情况下，较为融洽的熟人之间交往时保持的距离在50～80厘米，而陌生人之间谈话则在80～120厘米之间。

（3）社交距离

社交距离的范围为120～360厘米，一般在工作环境和社交聚会上，人们都保持这种程度的距离。如企业或国家领导人之间的谈判，工作招聘时的面谈，教授和大学生的论文答辩等，往往都要隔一张桌子或保持一定距离，这样就增加了一种庄重的气氛。在社交距离范围内，已经没有直接的身体接触，说话时，也要适当提高声音，需要更充分的目光接触。如果谈话者得不到对方目光的支持，他（或她）会有强烈的被忽视、被拒绝的感受。这时，相互间的目光接触已是交谈中不可缺免的感情交流形式了。

（4）公众距离

这是公开演说时演说者与听众所保持的距离。其范围为360厘米之外，这个空间的交往，大多是当众演讲之类，当演讲者试图与一个特定的听众谈话时，他必须走下讲台，使两个人的距离缩短为个人距离或社交距离，才能够实现有效沟通。

显然，相互交往时空间距离的远近，是交往双方之间是否亲近、是否喜欢、是否友好的重要标志。因此，人们在交往时，选择正确的距离是至关重要的。我们了解了交往中人们所需的自我空间及适当的交往距离，就能有意识地选择与人交往的最佳距离，而且，通过空间距离的信息，还可以很好地了解一个人实际的社会地位、性格以及人们之间的相互关系，更好地进行人际交往。

典型案例

某大型企业的老总陈先生，为投产新的生产线而积极寻找投资方，经介绍与一家国外投资银行的中华区负责人李先生见面商谈项目合作事宜。陈先生为了在投资商的面前展现个人的品位与企业的形象，花了不少时间和费用置办服装。会谈的当天，陈先生认为自己的外表形象是无可挑剔的。他穿着高质量的意大利阿曼尼西服，脚踏闪亮的意大利老人头皮鞋，发型梳理整齐，穿着醒目的红白条纹衬衣，佩带一条印有高尔夫俱乐部标志的金黄色的领带，上面还夹着一个金色的金利来领带夹。他认为这样的着装既有品位又有朝气和个性，一定能给所有人留下深刻印象。果然，在会谈中，陈先生发现对方的眼光时常在他身上扫描，但对项目商谈却显得心不在焉。20多分钟后会谈草草结束，投资方态度冷谈，也没有确定进一步的合作计划。陈先生对该次会见的结果觉得不解，因为项目资料是经过精心准备（公司技术层研究了一个多月）而且所有的服饰可是花费了3万多元。

思考与练习

一、思考题

请从形象塑造的角度分析，上案例中投资方为何取消了对陈先生企业的投资。

二、情景模拟

扮演不同角色，模拟递物与接物、手势、鞠躬、行进中打招呼等场景。

三、练习题

1. 什么是仪表？怎样才称得上仪表美？

2. 化妆的基本步骤是什么？
3. 分析国际通用的“TPO”原则。
4. 女士穿职业套裙、男士穿西装分别应遵循哪些礼仪规范？
5. 在着装与佩戴饰物时应遵守哪些原则？
6. 在人际交往中应分别保持哪几种距离？

第 3 章

旅游从业人员的社交礼仪

[本章导读]

- 了解迎送和接待礼仪。
- 熟悉接打电话的注意事项。
- 掌握会见的基本礼节，接待室座位布置方法；掌握乘车的座位安排以及上下车的基本礼仪；掌握接打电话的基本程序。

礼仪贯穿于人们的工作、生活与社交活动中，它无时不有，无处不在。旅游从业人员始终需要与不同性别、性格、年龄、职业和成长背景的游客打交道，并通过日常的行为规范来体现良好的职业素养。

3.1 会见礼仪

见面是交往的开始，人与人在社会交往中的第一礼节就是见面礼，会见礼仪给对方留下的第一印象，对双方交往的深度和广度起着决定性的影响。举止庄重大方，谈吐幽默文雅，在交往之初能使对方形成牢固的心理定式，会对以后的交往产生积极影响。

3.1.1 称呼礼

称呼主要是指人们在相互交往过程中的称谓语。在旅游接待服务中，正确恰当地使用称呼，可以表示对客人的尊重，同时也体现了服务人员良好的修养。

1. 不认识的称呼

在旅游接待服务中，尤其是导游人员在接团时，初次与团队的领队或全陪见面，在不确定对方的姓名时，如果称呼错误或偏差，会给对方留下无礼的印象。因此，可以在做简单的自我介绍后，热情有礼地询问对方：

“请问这位先生（小姐）贵姓？如何称呼您？”

如果你是领队或全陪，应有礼貌地回答：“你好！免贵姓×，称我小×好了！”

2. 认识的称呼

如果是认识的对象，甚至是熟识的对象，使用正确的称呼及其重要。

1）职务称呼。如经理、主任等。如知其姓氏，在其所担任的职务前加上姓氏更好，如李经理、刘主任等。

2）职业称呼。可直接称呼对方的职业，如医生、教授、法官、律师等。如知其姓氏，可在对方职业前加上姓氏即可，如刘司机、李老师、李律师、张医生等。

3）职称称呼。可直接称呼对方职称，如教授、会计师等，如知其姓氏，在对方职称前加上姓氏更好，如张教授、李会计师等。

4）学位称呼。可直接称呼对方学位，如博士。而学士、硕士则不直接称呼。

5）代词称呼。如您、他、这位等。

6）对君主国家贵宾的称呼。根据国际惯例，称国王、王后为陛下，称公主、王子、亲王为殿下，对有公、侯、伯、子、男爵等爵位的人士既可称爵位，也可称阁下，有时也称先生。

7）对军人的称呼。对军人一般称军衔或军衔加先生，知道姓名者可以冠以姓名，如上校先生、莫利少校、威尔斯中尉先生等。有的国家称将军、元帅等高级军官称为阁下。

8）对神职人员的称呼。对教会中的神职人员，一般可称神职职称，或用姓名加职称并称，或用职称加先生并称。如福特神父、传教士先生、牧师先生等。对女神职人员称嬷嬷。有时对主教以上的神职人员也称阁下。

在国际交往中，一般对男子称先生，对已婚女子称夫人或太太，对未婚女子称小姐，所有的女子都可称女士。

3.1.2 握手礼

握手是全世界最通用的、最司空见惯的礼节，它看似平常却是沟通思想、交流感情、增进友谊的重要方式。握手是为了表示对对方的尊重、友好、关心或敬意，有时也表示祝贺、感谢、慰问或鼓励。久别重逢、多日未见的友人相见、辞别时也用握手礼。

热情、文雅而得体的握手能让人感受到愉悦、信任和接受，能促进彼此间的交流。因此，在各种社交场合中应注意正确使用握手礼。

1. 握手的时机

握手之前要审时度势，听其言观其行，留意握手信号，选择适当时机。何时应行握手礼，这是一个复杂而微妙的问题。若你希望自己在商务交往中彬彬有礼，在以下场合，你就必须与你的交往对象行握手礼：

当遇到久未谋面的熟人时，与其握手，可表示因久别重逢而万分惊喜。

当被介绍给不相识者时，与其握手，可表示乐于结识对方。

当在社交场合与公众、来宾见面时，与其握手，可表示对对方的欢迎。

在较正式的场合与人道别时，与其握手，可表示自己的惜别之情。

在家中、办公室等地迎接、送别来访者时，与其握手，可表示欢迎或欢送。

当向他人道贺、恭喜时，与其握手，以示贺喜。

当对他人表示感激、理解、支持、肯定时，与其握手，以示诚意。

当对他人表示安慰时，与其握手，以示慰问。

当他人向自己赠送礼品或颁奖时，与其握手，以示感谢。

当向他人赠送礼品或颁奖时，与其握手，以示郑重。

握手时还应注意，尽量避免出手过早，造成对方慌乱，同时也应注意不可出手太晚，以免失礼。

有以下情况时，可不必握手，采用对方理解的其他方式致意效果会更好：

当对方右手负伤时；当对方携带较多重物时；当对方正忙于其他事物时；当对方和自己距离较远时；当时环境不适宜握手时。

2. 握手的方式

（1）距离

行握手礼时，双方相距1米左右。

（2）神态

握手时，应自然、热情、专注。要面带微笑，目视对方的脸，亲切问候。这一点很重要。

一般的问候语是：“你好!”，“见到你很高兴!”，“恭喜！恭喜!”等。

（3）姿势

双腿立正，上身略向前倾，伸出右手，四指并拢，拇指张开，掌心向内，右手掌与地面垂直，手的高度大致与双方腰部平齐。握手时，适当用力，上下轻摇几次。伸直相握时，双方手臂应大致形成一个直角，虎口交叉。这是标准的握手姿势，也叫平等式握手。

（4）力度

握手的力度要适中，一般以不捏疼对方的手为限度。不可用力过猛，也不可柔软无力或伸而不握，否则会给人缺乏热忱或敷衍之感。若对方是亲朋好友，握手时力度可稍大些，若对方是异性或是初次见面的朋友，则千万不可用力过猛。试想当对方久久地、强有力地握着你的手，且边握边上下晃动时，则说明他对你的感情是真挚而热烈的；当对方握你手时连手指都不愿意弯曲，只是例行公事般地敷衍一下，没有任何力度，则说明对方对你的感情是冷淡的。另外，男士握女士的手时应该轻一些，不要握满全手，只要握住手指部分即可。

(5) 时间

握手时间的长短因人因地因情而异。在通常情况下，握手的时间不宜过短或过长，一般应控制在3秒左右。另外，应注意的是，在与异性或初次见面者握手时，握手时间不宜过长，应控制在3秒以内，否则容易造成对方的误会或不快。

(6) 握手的其他姿势

1）支配式握手。也称控制式握手，即用手掌向下的姿势握住对方的手。用这种方式握手的人是想表示自己的优势、主动和支配地位。因此，采用这种方式握手的人很难同接受者建立平等的友好关系。

2）顺从式握手。也称谦恭式握手或友善式握手。与支配式握手相反，顺从式握手是用手掌向上的姿势与对方握手。这种方式握手表示自己的谦恭、谨慎或对对方的尊重、敬仰，甚至含有几分畏惧的心理。

3）双握式握手。握手时，用右手紧握对方的右手，同时再用左手加握对方的手背、前臂、上臂乃至肩部。这种握手方式表达着一种热情真挚，诚恳友好的情感。握手时，从手背开始，加握的部位越高，所表达的热情友好的程度也就越高。这种握手方式一般用于亲朋故友之间，表达自己的深厚情意。初识者或异性之间使用这种握手方式会显得失态。

4）捏指式握手。这种握手方式主要用于不熟识的异性之间，表示双方的稳重与矜持。采用这种方式握手时只握住对方的手指部分，而不是两手的虎口接触相握。

3. 握手的次序

在比较正式的社交场合，握手礼中体现出来的最为重要的礼仪问题，就是握手时双方应由谁先伸手。倘若对此一无所知，在与他人握手时，轻率地抢先伸出手去，这是很失礼的。因此，要遵守握手时“尊者决定”的原则，遵守这一原则，既是为了恰当地体现对位尊者的尊重，也是为了维护在握手之后的寒暄中位尊者的自尊。

这一原则的具体体现是，在社交场合中：

上级与下级握手，应由上级先伸手。

长辈与晚辈握手，应由长辈先伸手。

女士与男士握手，应由女士先伸手。

主人与客人握手，应由主人先伸手。

（但在客人告辞、离开时，应由客人先伸手，否则有赶客人之嫌。）

值得注意的是，当握手双方符合其中两个或两个以上顺序时，一般以先职位再年龄、先年龄再性别的顺序握手。如，一位年长的职位低的女士和一位年轻的职位高的男士握手时，应由这位男士先伸手。

应该强调的是，上述握手次序，主要用于律己，不可处处苛求他人。在社交场合中，无论谁先向我们伸手，即使他忽视了握手礼的先后顺序，我们都应将其看作是友好的表示，要马上伸手与其相握。拒绝他人的握手有悖礼仪规范。

4. 握手的禁忌

在当今社交场合中，握手礼虽是司空见惯，看似寻常，但并非人人都掌握其中要领。由于施礼过程中可传递多种信息，因此在行握手礼时应尽量做到合乎规范。

1）不可东张西望。握手时不可东张西望或与他人打招呼。

2）不可坐着握手。行握手礼时，除长者和妇女外，都应起身站立。

3）不可左手握手。尤其在与阿拉伯人、印度人打交道时，更要注意这一点，因为在他们看来，左手是不洁净的。

4）不可交叉握手。在多人同时握手时，不可交叉握手。当自己伸手时发现别人已经伸手，应主动收回，并说声“对不起”，待别人握完手后再伸手相握。

5）不可戴着手套握手。无论男女，在公共场合中，与人握手均不能戴手套，即使你的手套十分洁净也不行。但有两种情况例外，一是当女士穿着礼服，戴着长纱手套时。因为此时长纱手套作为礼服的一部分，可以戴着行握手礼；二是军人、武警仪仗队员在执行公务时，可戴所配礼服手套行握手礼。

6）不可在握手时将另一只手放在衣袋里。

7）不可用不洁之手与他人相握。

当自己的手不干净时，应伸出手掌，示意声明，并表示歉意。

8）不可在握手时戴着墨镜，只有患有眼疾或眼部有缺陷者方能例外。

9）不可在与他人握手之后，立即擦拭自己的手掌。

10）不可拒绝与他人握手。在任何情况下都不能这样做。

需要强调的是，旅游服务人员一般不应主动与客人握手，但如果对方伸出手，则可礼貌回应。

3.1.3 致意礼

在当今社交场合中，人们在见面时常常用致意礼来相互传递情感间的尊重。

致意，又可以称作“袖珍招呼”，是指向他人表达问候的心意，用礼节举止表示出来。它通常在迎送、被人引见、拜访时作为见面所必施的礼节，它对于社交活动的进行影响很大。礼貌的致意，会给人一种友好愉快的感受；反之，就会被看作是缺乏教养、不友善的表示。

1. 致意的基本规则

一般来说，在社交场合，致意应遵循以下规则：下级应先向上级致意；年轻者应先向年长者致意；男性应先向女性致意。

但是，在实际交往中，并不一定要拘泥以上顺序。有时，长者、上级为了体现自己的谦虚、随和，主动向晚辈、下级致意，无疑会更具有亲和力与风度，更能引起受礼者的尊重与敬仰。

2. 致意的方式

致意作为一种见面礼节，主要的行礼方式有点头致意、招手致意、脱帽致意、注目致意等。

(1) 点头致意

点头致意，又称颌首致意。它的具体做法是行礼者头部向下轻轻一点，同时面带微笑。注意不宜反复点头，点头的幅度也不必过大。一般当路遇熟人或在影院等不宜与人交谈之处、在同一场合碰上已多次见面者、遇上多人而又无法一一问候时往往采用点头致意。

(2) 招手致意

招手致意，又称挥手致意。行招手致意礼的准确做法是右臂向前上方伸直，右手掌心朝向对方，轻轻向左右摆动一两下。提请注意的是，不要将手上下摆动，也不要用手背朝向对方。招手致意礼较适合与相距较远的熟人打招呼。

(3) 躬身致意

躬身致意有两种形式。一种是站姿时，上身微微向前一躬。另一种是坐姿时，在上身前躬的同时，臀部轻起离开坐椅。这种致意方式表示对他人的恭敬，适用于见到尊者时使用。

(4) 脱帽致意

脱帽致意，指的是在一些场合，戴帽子的人自觉主动地摘下自己的帽子，并放置于适当位置。如，升国旗、奏国歌、进入他人居所、进入正式场合、参加葬礼等。

(5) 注目致意

注目致意的准确做法是起身立正，挺胸抬头，双手自然下垂或贴放于身体两侧，面容庄重严肃，双目正视被行礼对象，并随之缓缓移动。一般来说，在升国旗、剪彩揭幕、大型庆典时行注目致意礼。行礼时不可戴帽子，不可东倒西歪，不可嬉皮笑脸，不可大声喧哗。

在行致意礼时，最好同时伴之以“您好!”、“早上好!”等简洁的问候语，这样会使致意显得更生动、更具活力。

3.1.4 介绍礼

日常生活和工作中，人们需要与他人进行必要的沟通，以得到对方的理解、帮助和支持。由于人际接触日益广泛，在社交活动中经常会结识新朋友，这就离不开自我介绍、为他人介绍等。

介绍是指经过自己主动沟通或者通过第三者从中沟通，从而使交往双方相互认识、建立联系、增进了解的一种交往方法。它是人与人相互沟通的出发点，也是在与人交往时显得平易近人，有较强亲和力的有效方式。

1. 介绍的类型

根据介绍者的不同，介绍可分为自我介绍、他人介绍和集体介绍三种类型。

（1）自我介绍

自我介绍是社交场合中运用最多的一种介绍方式。它是指当自己与他人初次见面时，由自己担任介绍的主角，自己将自己介绍给他人，以使对方认识自己。

1）时机。社交活动中，何时把自己介绍给他人，是一个复杂的问题，它和场合有关，也和当时的气氛、现场人员的互动有关。一般情况下，总是在以下环境中介绍自己：

当主人无法抽身或忘了介绍，你与周围的人不认识，而又十分想认识他们时，最好的方法就是自我介绍，以表明自己的身份。

若希望结识某个人，又无人引见时，也可以自己充当自己的介绍人，将自己介绍给对方。有时，如果拿不定对方是否愿意认识你时，你不妨先请问对方的尊姓大名，如对方马上告诉你，则说明对方想与你认识，此时，你便可以马上介绍自己的情况。

他人希望结识自己时，也有必要进行自我介绍。

自己熟悉他人，但又担心他人健忘或不能完全了解自己时，可以再次向对方简要的介绍一下自己。

2）内容。自我介绍应根据当时的具体场合、具体对象以及实际需要来确定自我介绍的内容。一般来说，自我介绍的内容比较简单，但要实事求是，真实可信。在一些场合，除了报上自己的姓名和单位、部门、身份外，再提及与正在进行的活动是什么关系就可以了。如：“我是李信，毕业于山东师范大学，现在亚洲国际大酒店人力资源部任职。”

3）应注意的问题。在自我介绍的实施过程中，要注意介绍的时间。一般来说，自我介绍的时间不宜太长，不超过一分钟即可。

进行自我介绍时，态度要自然、友善、随和。

另外，自我介绍还应注意一些细小的礼仪环节。

如果两人正在交谈，你想加入，而你们又彼此不认识，这时作自我介绍就应选择两人谈话停顿的时候，并说："二位好！对不起，可以打扰一下吗？我是××……"

如果是参加一个集体活动迟到了，你又想让大家了解你，这时就应当说："女士们、先生们，你们好！很抱歉，我来晚了，我是××，是××公司的公关部经理，很高兴与大家在此见面。还请大家多多关照！谢谢！"等。

(2) 介绍他人

介绍他人，又称第三者介绍，它是指由第三者为彼此不相识的双方所进行的引见、介绍。介绍他人通常是双向的，也就是说，要把被介绍双方各自作一番介绍。有时，也可以进行单向的他人介绍，即只把被介绍者中的某一方介绍给另一方，这样做的前提是前者认识后者，而后者不认识前者。在为他人做介绍时，要注意以下几个问题：

1) 介绍者的确定。在介绍他人时，由谁来充当介绍者是颇有讲究的。一般情况下，介绍者是由单位专门负责此事的相关人员担任，如秘书、办公室主任、公关礼宾人员或专职接待人员等。

当有外单位人员来访，但来访者又与本单位其他人员不认识时，一般由和对方有业务联系的相关人员担任介绍者。

作为主人，一般有主动充当介绍者的义务。

如果来访者身份较高，本着"身份对等"的惯例，一般应由东道主一方在场人士中身份最高者担任介绍者，以示对被介绍者的重视。

有时，需要征求某一方的意见，看他是否乐意把自己介绍给某人，此时，应先征求身份较高者的意见。

2) 介绍时的顺序。在为他人介绍时，先介绍谁，后介绍谁，是一个比较敏感的礼仪问题。虽然在商务交往中，所有人的人格都应当是平等的，但是，人与人之间仍然有许多不可少的顺序和先后关系。这就必须遵守"尊者优先"的原则，即在为他人介绍前，先要确定双方地位的尊卑，然后先把位卑者介绍给位尊者，后把位尊者介绍给位卑者，这样做，可以让位尊者优先了解位卑者的情况，以便见机行事，在交际中掌握主动权。

目前，国际上公认的为他人介绍的顺序是：

先将职位低的人介绍给职位高的人。

先将年轻者介绍给年长者。

先将男性介绍给女性。

先将主方人士介绍给客方人士。

先将未婚者介绍给已婚者。

先将晚到者介绍给早到者。

值得注意的是，当所要介绍的双方符合其中两个或两个以上顺序时，一般以先职位再年龄、先年龄再性别的顺序做介绍。如，要为一位年长的职位低的女士和一位年轻的职位高的男士作介绍时，应该将这位女士介绍给这位男士。

3）内容和方式。应该注意的是，正式介绍他人之前，最好先了解双方是否有结识的愿望，切不可冒昧引见。最客气的介绍方法是先以询问的口气问尊者，如“张经理，我可以介绍小王和你认识吗?”等。如对方同意，在正式介绍时，最好先对尊者说诸如“请允许我向您介绍……”，“让我来向您介绍一下”等礼貌语。介绍时，应面带微笑，说话简洁，介绍的基本内容包括姓名、单位、部门、职务、爱好等。

完整的介绍表述是：“张总，请允许我为您做介绍，这位是常胜集团公司的赵博文主任；这位是文辉集团的总经理钱俊先生。”

当介绍者走上前为被介绍者做介绍时，被介绍双方应起身站立，面含微笑。

一般来说，介绍者位于中间，介绍时用右手，五指伸开朝向被介绍者中的一方，此时，介绍者的眼睛要看着另一方。

介绍完毕，双方应依照礼仪顺序握手，彼此问候，“您好!”、“认识您很高兴。”、“久仰大名!”、“幸会，幸会!”等是最常见的问候语。

（3）集体介绍

集体介绍是指介绍者在为他人介绍时，被介绍者其中一方或者双方不止一人甚至是许多人在场。因此，集体介绍可分两种：一种是为一人和多人作介绍；另一种是为多人和多人做介绍。

集体介绍时，若被介绍者双方地位、身份大致相似或难以确定时，应遵循“少数服从多数”的原则，即先介绍人数较少的一方或个人，后介绍人数较多的一方。在介绍人数较多一方时，仍应由尊而卑逐一介绍。有时，就只介绍前者，而不必再向前者——介绍人数较多的一方。

若被介绍双方地位、身份存在明显差异，这时应以地位、身份高者为尊，即使尊者人数少或甚至只有一人，仍应被置于尊贵的位置，最后加以介绍。

集体介绍尤其要注意采用规范、准确的措辞，不要用简称。如不要讲“南航”，而应讲“南京航空航天大学”。

2. 介绍时应注意的问题

1）介绍时，不能背对任何一方，应面带微笑，目视对方，举止端庄得体。

2）为他人介绍时，语言应清晰明了，以便让双方记住对方的姓名及简单资料。

3）为他人介绍时，要记住加上被介绍者的头衔，如经理、局长等。在介绍时头衔应冠在姓名之后。

4）为他人介绍时，被介绍者双方应起身或欠身，以示相互尊重。介绍后，双方应主动握手，可寒暄几句，也可交换名片。

5）为他人介绍后，介绍者应略停片刻，引导双方交谈后再离开。

3.1.5 名片礼

名片，是中国人使用最早的礼仪信物之一。早在西汉时期，人们削竹、木为片，在上面写上姓名，供拜访者通名报姓之用，当时称之为“谒”，东汉时改叫“刺”，以后又以纸张为材料，曰“名纸”。

名片是一种经过设计、能表示自己身份、便于交往和开展工作的卡片，也是当代商务交往中最经济实用的介绍性媒介。由于它印制规范、文字简洁、使用灵活、携带方便、易于保存，而且不分老幼尊卑均可使用，所以应用范围极为广泛。

在社会交往中，名片常常作为一种“介绍信”和“联络卡”，用来证明身份、结交朋友、联系业务等。正确使用名片，对个人形象乃至组织形象的提高都有着极为重要的作用。

1. 名片的制作

在国内，名片一般是委托名片制作商承办，但名片的设计应仔细斟酌、精心设计，力求体现本人的风格。

（1）规格

目前国内最通用的名片规格为 9 厘米×5.5 厘米，即长 9 厘米，宽 5.5 厘米，此外，国外的名片有 10 厘米×6 厘米的，8.0 厘米×4.5 厘米的名片多为女士专用。

（2）色质

名片用纸张，最好选用耐折、耐磨、美观、大方的白卡纸、麻点纸、香片纸或布纹纸为好；在色彩的选择上，应尽量选择白色、米色、淡蓝色、灰色等庄重朴素的色彩，并且一张名片最好只用一种基础色，使用杂色名片，看起来会令人眼花缭乱，一般也不要用红色、粉色、紫色、绿色印制名片。

（3）图文

名片上的图案，除了纸张自身的纹路外，可选择企业标识、企业主导产品等，但以少为佳。名片上的文字，一般宜选用简体汉字，不用繁体字。在国内少数民族聚居区、外资企业以及境外使用的名片，可酌情使用少数民族文字或外文。最佳做法是在一枚名片的两面，分别以简体汉字和少数民族文字或外文印制相同的内容，但不要把两种文字交替印在名片的同一面上。

（4）版式

名片的版式一般有两种，即横式和竖式。横式的名片行序由上而下，字序由左而右；竖式的名片行式由右而左，字序由上而下。两种版式各有其特点，各人可根据自己的兴趣爱好进行选择。但要注意，不能在一张名片中既使用竖式又使用横式。

2. 递接名片的礼仪规范

得体的交换名片，能使名片在社会交往中起到促进作用。

（1）名片的放置

随身携带的名片应使用较为精致的名片夹，且应放置在容易拿出的地方，不要与其他杂物混在一起，以免用时手忙脚乱，甚至拿不出来。在穿西装时，名片夹只能放在左胸内侧的口袋里。因为名片是一个人身份的象征，而左胸是靠近心脏的地方，将名片放在靠近心脏的地方，其含义无疑是对对方的一种礼貌和尊重。在不穿西装时，名片夹可放置于自己随身携带的小提包里。将名片放置于其他口袋，尤其放在后侧袋里是一种很失礼的行为，由于在社交活动中需要接受的名片很多，因此，最好将他人的名片与自己的名片分开放置。否则，一旦慌乱中误将他人的名片当作自己的名片送给对方，是很糟糕的。

（2）名片的递送

1）递送的顺序。名片递送的先后顺序没有太严格的讲究。一般来说，是由职位低的先向职位高的递送名片，晚辈先向长辈递送名片，男士先向女士递送名片。当对方人数不止一人时，应先将名片递给职位较高或年龄较大者；如果分不清职位高低和年龄大小时则可先和自己对面左侧方的人交换名片。总之，在与多人递送名片时，应讲究先后顺序，由尊而卑、由近而远，顺时针依次进行。

名片代表一个人的身份，在未确定对方的来历之前，不要轻易递出自己的名片。否则，不仅有失庄重，而且可能日后名片被他人冒用。同样，为了尊重对方的意愿，尽量不要向他人索要名片。

2）递送的方式。向他人递送名片时，应面带微笑，双目注视对方，将名片的正面朝向对方，用双手的拇指和食指分别持握名片上端的两角送给对方，并说“这是我的名片，请多关照！”等寒暄语。注意，在递送名片时，如果是坐着，应当起身或欠身。

（3）名片的接收

接收他人递过来的名片时，除了长者、女性外，应尽快起身或欠身，面带微笑，用双手接住名片的下方两角，并说“谢谢！”、“认识您很高兴！”等寒暄语。名片接到手后，应十分珍惜，认真看一下、稍加赞许后妥善保管好。切不可在手中摆弄，或随意放置在桌上，或放在手中揉来揉去。如果是初次见面，最好将名片上的重要内容（如对方的职务、头衔等）读出声来。如果对方的组织名气人或个人知名度高，也可只重读组织名称或对方姓名。

另外，接到名片后。应立即将自己的名片递出。如果自己没有名片或没带名片，首先向对方表示歉意，再说明理由。

名片在当今社会交往中，已经成为最有效的交际工具。有一位名人曾经说过："在现代生活中，一个没有个人名片，或是不会正确使用个人名片的人，就是一个缺乏现代意识的人。"他的这句话并非小题大做，而是切中要害。可以说，这句话充分说明了名片的重要性。

3.2 接待礼仪

3.2.1 接待规格

接待人员根据来访者的身份，确定接待的规格。接待规格是从主要陪同领导的角度而言的。接待规格过高，影响主陪人的正常工作；接待规格过低，影响上下左右的关系。所以，确定接待规格时应慎重全面地考虑。

甲、乙两企业都是天地旅行社的合作单位。一次甲企业的副总经理到天地旅行社商谈业务，天地旅行社的陈总经理为了表示友好和重视，出面接待，全程陪同。不久乙企业也派了一位副总经理来天地旅行社，陈总经理工作太忙，就让赵副总经理出面接待，乙企业已知道上次是陈总经理接待的甲企业，非常不高兴，认为天地旅行社对他们不尊重，没有诚意，本来想商谈的项目就先不谈了。

1. 高规格接待

高规格接待即主要陪同人员比主要来宾的职位高的接待。如一公司副总经理接待上级单位派来了解情况的工作人员，或接待一位重要客户，而该客户的职位不过是某公司部门经理。高规格接待表明对被接待方的重视。

2. 低规格接待

低规格接待即主要陪同人员比主要来宾的职位低的接待。这种接待规格常用于基层单位，如某部领导到下属企业视察，某企业的最高领导的职位也不会高于部领导，这就属于低规格接待。

3. 对等接待

对等接待即主要陪同人员与主要来宾的职位相当的接待。这是最常用的接待规格。

影响接待规格的还有些因素包括：对方与我方的关系，当对方的来访事关重大或我方非常希望发展与对方的关系时，往往以高规格接待；一些突然的变化会影响到既定的接待规格，如上司生病或临时出差，只得让他人代替，遇到这类情况，必须向客人解释清楚，向客人道歉；对已前接待过的客人，接待规格最好参

照上一次的标准。

3.2.2 引领礼仪

1. 接待引领时的注意事项

1）客人要找的负责人不在时，要明确告诉对方负责人到何处去了，以及何时回本公司。并请客人留下电话、地址，明确是由客人再次来公司，还是我方负责人到对方公司去。

2）客人到来时，我方负责人由于种种原因不能马上接见时，要向客人说明等待理由与等待时间，若客人愿意等待，应该向客人提供饮料、杂志，如果可能，应该时常为客人换饮料。

2. 接待人员正确的引导方法和引导姿势

（1）在走廊的引导方法

走廊有室内走廊和露天走廊之分，但礼仪却基本相近。

1）通过走廊，应当单排行进，至多允许两人并排行走在一起。

2）通过走廊，应当靠右侧走。在通过仅容一人通过的走廊与人相遇时，应面向墙壁，侧身相让，请对方先通过。若对方先这样礼让你，要向其道谢。

3）通过走廊，应当轻缓而行。若快步奔走，大声喧哗，制造噪声，会干扰别人。

4）通过走廊，应当顺序而行。不要跨越走廊的栏杆。

5）接待人员在客人的左斜前方，距离二三步远，配合步调。若左侧是走廊的内侧，应让客人走在内侧。

（2）在楼梯的引导方法

上下楼梯时，要注意以下 6 点：

1）上下楼梯均应靠右单行行走，不应多人并排行走。

2）当引导客人上楼时，应该让客人走在前面，接待人员走在后面。在下楼时，应该由接待人员走在前面，客人在后面。

3）上下楼梯时，不应进行交谈。更不应站在楼梯上或楼梯转角处进行深谈，以免有碍他人通过。

4）若是男性，与长者、异性一起下楼梯时，如果楼梯过陡，应主动行走在前，以防对方有闪失。

5）上下楼梯时既要多注意楼梯，又要注意与身前、身后之人保持一定距离，以防碰撞。

6）上下楼梯时，应注意姿势、速度。不管自己有多么急的事情，都不应推挤他人，也不要快速奔跑。

(3) 在电梯的引导方法

进入无人管理的电梯时，接待人员先进入电梯，等客人进入后关闭电梯门，到达时，接待人员按“开”的按钮，让客人先走出电梯，即接待人员要先进后出。进入有人管理的电梯时，接待人员应后进后出，见图 3.1 和图 3.2。

图 3.1 进电梯　　图 3.2 出电梯

(4) 客厅里的引导方法

当客人走入客厅，接待人员用手指示，请客人坐下，看到客人坐下后，才能行点头礼后离开。如果客人错坐下座，应请客人改坐上座（一般靠近门的一方为下座)。

(5) 出入房间的要求

出入房间时，要用手轻推、轻拉、轻关，不能用身体的其他部位代劳。进门时，如果已有人在里面，应始终面朝对方，不能反身关门，背向对方。出门时，如果房间有人，应在到达房门、关门这一系列的过程中，尽量面朝房间里的人，不要背对他们。一般情况，应请长者、女士、来宾先进入房门；若率先走出房门，应主动替对方开门或关门。若出入房间时正巧他人与自己方向相反出入房间，应侧身礼让。具体做法是房内之人先出，房外之人后入。对方是长者、女士、来宾的话，可让他们先行。

3.2.3 接待室座次礼仪

座次的安排体现出礼仪的规范和对来宾的尊重。招待来客时，特别是在专门的会客室、贵宾室、接待室之内招待来宾，宾主双方的具体座次，往往是一个十分敏感的问题，不能有所疏忽而失礼于人。按照约定俗成之礼招待来宾，座次的安排又有多种形式，难以统一，通常有以下几种办法可行。

1. 面门为上

招待来客，宾主双方多采用“相对式”就座，即宾主双方对面而坐。采用“相对式”就座时，不论其面对方向，均以面对室正门的座位为上座，让之于来宾；以背对室正门的座位为下座，宜由主人自己就座。“相对式”就座，主宾、主人居中，其他客人、主方陪见人均按身份高低就座于其两侧，见图 3.3。

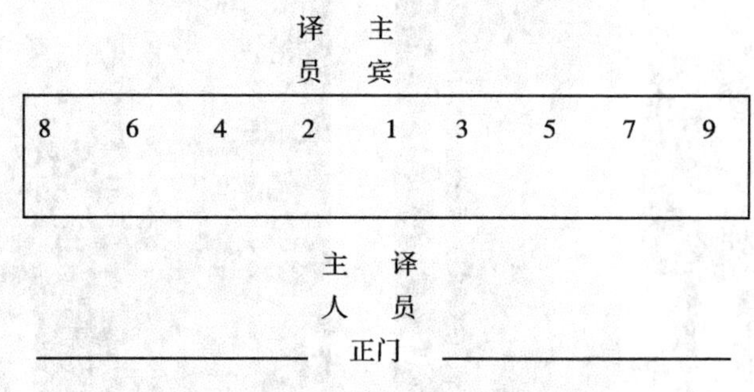

图 3.3　相对式座次图

2. 以右为上

宾主双方在正式会见时，为了显示彼此之间的亲密无间，常采用“平起平坐式”就座，即宾主双方并排就座，以右为上。这种座次安排又称“并列式”。“并列式”排位法，有分宾主各坐一方的；也有一位客人与一位陪客穿插坐在一起的。但通常的安排是主宾、主人安排在面对正门位置，主宾在主人的右边一侧，其他客人按礼宾顺序在主宾一侧就座，主方陪见人在主人一侧按身份高低就座。译员、记录员通常在主人的后边，见图 3.4 和图 3.5。

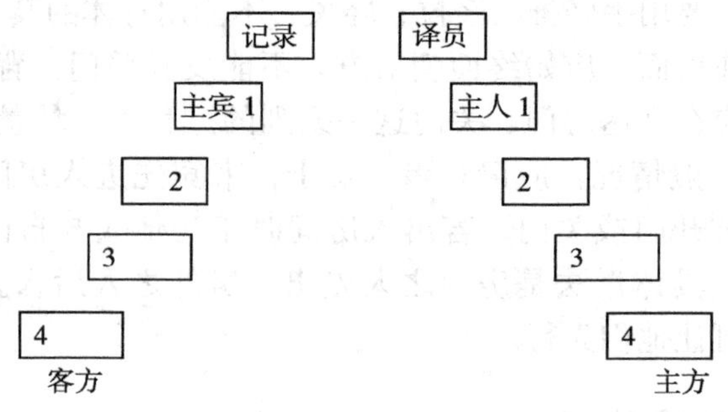

图 3.4　“并列式”座次图一

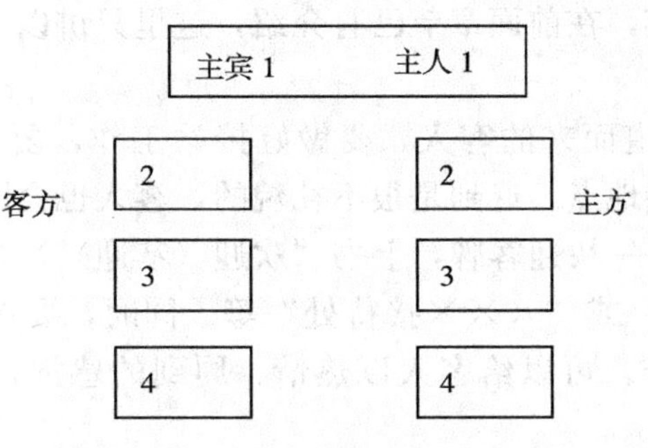

图 3.5　“并列式”座次图二

3. 以远为上

由于主客观条件的限制，有时宾主双方并排就座时，并未面对房间的正门，而是居于室内左右两侧之中的某一侧。在此时，一般以距离室门较远的座位为上座，应邀来宾就座；而以距离室门较近的座位为下座，由主人自己就座。离室门近者易受打扰，远者则受打扰较少，故以远为上。

4. 居中为上

“对面式”、“并列式”都是“居中为上”的局势。而这里所谓的“居中为上”的排位方法，指是的来宾较少，东道主一方参见者较多之时，东道主一方的人员以一定的方式围坐在来宾的两侧或四周，呈现出“众星捧月”之势。居于中央之处的乃是上座，应邀主宾就座。

座次的安排形式多样，需要安排者灵活掌握，根据现有条件和来客及工作任务的具体情况确定座次安排的办法。例如，在某些情况下，座次的尊卑难以由其所处的具体方位而决定，可以座位的好坏来确定座次的尊卑。又如，接待同时来自不同单位，不同部门、不同职务的多方来访者时，若无特殊必要，可不必为对方安排具体的座次，而任其自由择座。这样，既不会给来宾以厚此薄彼之感，又会使来宾无拘无束。

3.2.4　迎接和送行礼仪

迎来送往，是社会交往接待活动中最基本的形式和重要环节，是表达主人情谊、体现礼貌素养的重要方面。尤其是迎接，是给客人良好第一印象的最重要工作。给对方留下好的第一印象，就为下一步深入接触打下了基础。

1. 迎接来宾礼仪

具体接待是完成接待工作任务的主要环节，这其中有许多方面的礼仪需要重视，如称呼礼仪．介绍礼仪、见面礼仪、握手礼仪、乘车引导礼仪、会谈礼仪

等。因其中一些内容，在前面章节已有介绍，这里只讲以下几种。

(1) 迎客礼仪

1）接站。对远道而来的客人，要做好接站工作，要掌握客人到达的时间，保证提前等候在迎接地点。迟到是很不礼貌的，客人也会因此感到不快。

接站时还要准备一块迎客牌，上书“欢迎（恭迎）×××代表团”或“欢迎×××先生（女士）”或“×××接待处”等。同时，要高举迎客牌，以便客人辨认。做好这些工作，可以给客人以热情、周到的感觉，使双方在感情上更加接近。

2）会面。“迎三步，送七步”，这是我国迎送客人的传统礼仪。客人在约定时间按时到达，主人应主动迎接，不应在会谈地点静候。见到客人应热情打招呼，先伸手相握，以示欢迎，同时应说一些寒暄辞令。如果客人是长者或身体不太好，应上前搀扶；如果客人手中提有重物应主动接过来。

3）乘车。如果迎接地点不是会客地点，还要注意乘车礼仪。

接到客人后，应为客人打开车门，请客人先上车，接待者坐在客人旁边或司机旁。在车上接待者要主动与客人交谈，告知客人访问的安排，征求客人的意见。向客人介绍当地的风土人情，沿途景观。到达地点后，接待者应先下车为客人打开车门，然后请客人下车。

4）入室。下车后，陪客者应走在客人的左边，或走在主陪人员和客人的身后，到达会客室门口时应打开门，让客人先进。在会客室内把最佳位置让给客人，同时，还要按照介绍的礼仪把客人介绍给在场的有关人员。

(2) 待客礼仪

1）敬烟。客人入座后，接待者应把桌上的水果给客人送上，请客人品尝。还要把烟盒打开，用手弹出几支，请客人抽烟，如果有女士，也应周到询问，不应忽视。如客人抽烟，应为其点着；如陪客也抽烟，要等客人点着后自己再点；如果客人不抽烟不要勉强，自己最好也不要抽；如自己一定要抽烟，也要问客人“可以抽烟吗?”，以示对客人的尊重。

2）倒茶。中国人习惯用茶水待客。客人坐定后，要倒茶款待。

① 茶壶、茶杯要干净，不能用剩茶或旧茶待客，用什么茶叶应事先征求客人意见。

② 倒茶时要讲究“茶七酒八”的规矩，不要太满，并且茶杯要一字排开，来回冲倒，浓淡均匀。

③ 敬茶时应先客后主，如客人较多，应按级别或长幼敬上。

上茶的具体步骤：先把茶盘放在茶几上，从客人右侧递过茶杯，右手递上，手指不要搭在茶杯口上，也不要让茶杯撞到客人手上。如妨碍客人交谈，应先说一声“对不起”。

3）谈话。谈话是接待工作中的一项重要内容，直接关系到接待工作的成功与否，通过谈话，双方可以增进感情交流和相互了解。商谈问题时，首先，谈话要紧扣主题，围绕会谈的目的进行，不要只谈自己的事情或自己关心的事情，而不顾对方是否愿听或冷落对方。其次，要注意自己的态度和语气，要尊重他人，不要恶语伤人，不要强词夺理，语气要温和适中，不要以势压人。再次，会谈中要认真倾听别人讲话，倾听别人讲话是一种礼貌，不能显出很不耐烦的表情或东张西望。此外，会谈中还要适时地以点头或微笑做出反应，不要随便插话。别人谈完后再发表自己的看法。光听不谈，也是不礼貌的。

4）交换名片。为了便于双方相互了解和加强联系，在开始相识或准备告别时可以交换名片，一般是由地位低的先把名片交给地位高的，年轻的先交给年老的，不过，假如对方已经先拿出名片，也不必太谦让，要落落大方地收下，然后拿出自己的名片来回报。如果自己没有名片，可向对方稍加解释，表示歉意。接过对方的名片要认真默读，以示敬重。

5）陪访。陪访也是接待的一项重要工作。在陪同客人参观、访问、游览时要注意一些方式方法。首先，接待者要事先做好准备，熟悉情况，以便给客人做详细的介绍。其次，陪同时要遵守时间，衣着整洁，安排好交通事宜。再次，陪同时要热情、主动，掌握分寸，即不要过分殷勤，也不要冷淡沉默。最后，参观、游览时要注意客人的安全，车费、门票费用尽量由主人支付。

2. 送行来宾礼仪

送客礼仪是接待工作的最后一个环节。如果处理不好，将影响整个接待工作，使接待工作前功尽弃。送客时应注意以下几点。

（1）婉言挽留

无论接待什么样的客人，当客人准备告辞时，都要婉言挽留。客人一说要走，并未起身，主人却抢先站起相送或相留，都有逐客之嫌。因为有些客人本来还想与客人交谈，因怕打扰主人或为试探主人态度，于是以“告辞”来观察主人的反应。因此主人一定要婉言相留，如果客人执意要走，也要等客人起身后，主人再起身。

送客时应主动与客人握手送别，并送出门或送到楼下，不要在客人走时无动于衷，或只是点点头、摆摆手招呼一下，这都是不礼貌的。

最后还要用热情友好的语言欢迎客人下次再来。

（2）安排交通

送客时应按照接待时的规格对等送别，不能虎头蛇尾，无论双方目的是否达到，都要按接待规格送客，而且要做好交通方面安排，如购买车票、船票、机票或者安排车辆等。如果客人临走时，主人不管不问，那就意味着交往关系破裂，或者表示对客人的不满。

(3) 礼品

如果客人来访时带有礼品，在送别时也要准备一些具有地方特色，且有象征意义的礼品回馈。

3.3 交通礼仪

交通礼仪是指旅游企业为游客提供交通服务所需要遵守的礼仪规范。游客的吃、住、行、游、购、娱等旅游活动，都需要通过乘坐交通工具才能实现。旅游服务人员遵循交通礼仪，时时处处从细节处尊敬、关心客人，可展示企业与个人良好的服务形象。

3.3.1 乘车座次的安排

一般来说，乘车时座位的尊卑以座位的舒适和上下车的方便为标准。各式车辆座位的尊卑，一般都已固定。

1. 小轿车

在由司机驾驶时，小轿车的座位以后排右侧为首位，左侧次之，中间座位再次之，前排右侧为末席。

在由主人亲自驾驶时，以驾驶座右侧为首位，后排右侧次之，左侧再次之，后排中间为末席。若主人亲自驾驶，只有一位客人时，应坐在主人旁边；若同坐多人，中途坐前座的客人下车后，在后排坐的客人应改坐前座，此礼节不能疏忽。

2. 越野车

越野车无论是主人驾驶还是司机驾驶，都应以前排右座为尊，后排右侧次之，后排左侧为末席。上车时，后排位低者先上车，前排尊者后上。下车时前排客人先下，后排客人再下车。

3. 旅行车

在接待团体客人时，多采用旅行车接送客人。旅行车以司机座后第一排即前排为尊，后排依次为小。其座位的尊卑，依每排右侧往左侧递减。导游人员一般坐在司机右侧的座位上。

4. 观光电瓶车

在不少旅游景点或者大型楼盘，都是以电瓶车为交通工具带领游客参观、游览。一般安排座次的方法与越野车相同。

5. 火车

在火车上，座次的常规通常为：距离火车头愈近的车厢，其位次便愈高。距离车厢中部越近的包厢、铺位或座位，其位次便愈高。皆以面对火车行进方向的一侧为上位，而以背对火车行进方向的另一侧为下位。卧铺则以下铺高于中铺，中铺高于上铺。在同一排座位之中，以临窗者为上座，以临通道者为下座。在同一行座位之中，则以右座高于左座。

3.3.2 上下车的礼仪

1. 开拉车门的礼仪

旅游服务人员经常需要向客人提供开拉车门服务，尤其是旅游饭店的司门员。为体现对客人的尊重，同时方便客人上下车，开拉小轿车车门的动作应注意用左手拉开车门成70°左右，右手挡在车门上边沿，为客人护顶，以此动作提醒客人小心碰头，见图3.6。关车门时，也要小心，避免夹住或碰到客人的手或脚。客人下车后，应留意车上是否有客人遗留物。

2. 上下轿车的礼仪

上下小车，应注意一些细节动作。上车时，先上一只脚，将身体重心移进去坐稳后，再提上另一只脚。下车时，一般先下落一只脚，然后将身体重心移出后，再抽出另一只脚。整个身体一直保持朝前的方向。避免身体面向车门，钻进钻出，使臀部面向他人，见图3.7。

如果女士穿短裙，不便两脚拉开，同时避免走光，在上车时，可以先侧身坐在凳面后，再将双脚提上来。下车时，可以先侧身将双脚放在地面，再整个身体拉出来，见图3.8。

图3.6 护顶

图3.7 出门一

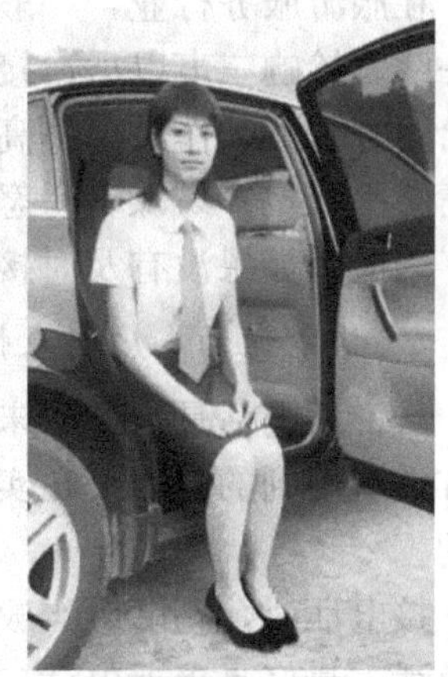

图3.8 出门二

3. 上下旅行车的礼仪

旅游服务人员引领游客上下旅行车时，应事先背对车头方向，站在车门的一边，面向车门。礼貌提醒客人按序登落车，同时注意安全。适时帮助客人提送行李，扶助行走不便的客人上下车。有些游客携带大瓜果、水分多的零食等不利于车辆清洁，并容易招来蚂蚁的食物上车食用，旅游服务人员应委婉提醒包裹好或不带上车。

“车动人动，人动嘴动。”是指车开动时，旅游从业人员应面对客人站立在过道前方，进行解说或组织娱乐活动，带动客人情绪，帮助客人度过枯燥的行程。并注意观察游客状态，适时地安排休息。

3.4 电话通讯礼仪

电话礼仪是旅游从业人员所要掌握的重点。电话不仅仅是一种传递信息、获取信息、保持联络的工具，而且也是企业或个人形象的一个载体。接打电话实际上是在为通话者所在的单位、为通话者本人绘制一幅给人以深刻印象的电话形象。

所谓电话形象，即人们在通电话的整个过程之中的语言、声调、内容、表情、态度、时间感等的集合。它能够真实地体现出个人的素质、待人接物的态度以及旅游企业的整体水平。

3.4.1 接电话礼仪

1. 接电话的时机

在旅游服务行业，一般要求铃响两声接电话。铃一响就接电话，往往给对方吓一跳。铃响三声以后再接电话，往往会让对方因等待时间过长而生烦躁，同时也给对方留下工作效率不高的印象。据调查，一个人等待的耐性最多 7 秒钟，否则情绪不稳定，易躁、易怒。

因此，如果没有及时接电话，应向客人致歉“对不起，让您久等了”。

2. 接电话的态度与表情

虽说通电话是一种“未曾谋面”的交谈，表面上看，接电话时的态度与表情对方是看不到的，但是在实际上对于这一切对方其实完全可以在通话过程中感受到的。

接电话时，态度应当殷勤、谦恭。在旅游服务行业，更多是当着其他的客人面通话，最好是走近电话，双手捧起话筒，以站立的姿势，面含微笑地与对方友好通话。电话会传递说话者的微笑，给对方以愉悦感。

3. 接听电话的基本程序

电话铃响两声，立即拿起话筒。

致以简单的问候，如“早上好”或“您好”，语气柔和亲切。

自报企业或部门名称（外线电话报企业名称，内线电话报部门名称）。

认真倾听对方的电话事由，如需传呼他人，应请对方等候，然后轻轻放下电话，去传呼他人（酒店总机在转接电话时，应事先留意住店客人的保密程度，或征得客人许可才能接转客人房间）。

如果对方咨询或要求某事，应及时记录，并复述确认或正确回答。

向对方表示感谢。

等对方挂机后再轻轻放下电话。

3.4.2　打电话礼仪

1. 打电话四要素

（1）时间要素

打电话首先应该选择合适的时间。白天应在上午 8 点以后，节假日最好在 9 点以后，晚间应在 10 点以前，另外，下午的 13 点至 15 点之间也不要给人打电话。非特殊需要不要再半夜、拂晓或别人吃饭、休息的时候打电话，以免引起对方的反感。

如打国际电话还要考虑到不同国家间的时差。

（2）人物要素

给上级领导打电话请示或汇报工作时，不要显得过于拘谨，谈吐应自然得体，讲话时要开门见山、条理清晰；给下级打电话时，态度要谦和、亲切自然，注意不摆架子、不打官腔。

（3）地点要素

在家里打电话应注意不要影响家里人的休息；在单位打电话应放低音量，尽量不影响同事办公；若使用公用电话，更应该长话短说，使用公共设施，应具有公共意识。

（4）内容要素

打电话前，应理清思路，拟好谈话要点和顺序，切忌表达含混不清，语无伦次，耽误时间，影响工作。

2. 打电话程序

预先将电话内容整理好（以免临时思考浪费时间，漏了事项）。

向对方准确拨号。

待对方拿起话筒，简单问候后，以同样的问候语回复。

自报企业、部门或个人名称。

使用敬语，说明要找通话人的姓名或委托对方传呼要找的人。

按事先的准备条理清晰地简述电话内容。

确切对方是否明白或是否记录清楚。

致谢，再见。

等对方挂机后，再轻轻放下电话。

3. 接打电话的注意事项

不要把话筒夹在脖子上，不要趴着、仰着或坐在桌上，不可边走边打座机电话。

不要以笔代手去拨号。

话筒始终与嘴保持 3 厘米左右的距离，不可“吻话筒”。

不可边咀嚼食物或边喝水、边打呵欠等边通话。

通话时间一般应遵守“三分钟原则”，忌讳说话吞吞吐吐、含糊不清、东拉西扯，不得要领。

3.4.3 移动电话礼仪

移动电话日益普及，成为人们随身必备、使用频繁的通讯工具。在日常交往中使用手机大体应注意如下几个方面的礼仪规范。

1. 置放到位

手机的使用者，应当将其放置在适当之处。大凡正式的场合，切不可有意识地将其展示于人。把它们握在手中、别在衣服外面、放在自己身边、或是有意当众对其进行摆弄。按照惯例，外出之际随身携带手机的最佳位置有二：一是公文包里，二是上衣口袋之内。穿套装、套裙之时，切勿将其挂在衣内的腰带上。否则撩衣取用或观看时，即使不使自己与身旁之人“赤诚相见”，也会因此举而惊吓对方。

2. 遵守公德

使用手机时，一定要讲究社会公德，避免使自己的行为骚扰到其他人士。在公共场所活动时，尽量不要使用手机。当其处于待机状态时，应使之静音或转为震动。需要与他人通话时，应寻找无人之处，而避免当众自说自话。公共场所乃是公有共享之处，在那里最得体的做法，是人人都要自觉地保持肃静。显而易见，在公共场所里手机狂叫不止，或是在那里与他人进行当众的通话，都是侵犯他人权力、不讲社会公德的表现。在参加宴会、舞会、音乐会，前往法院、图书馆，或是参观各类展览时，尤须切记此点。

在工作岗位上，亦应注意不使自己的手机使用有碍于工作、有碍于别人。在写字间里办公时，尽量不要让手机大呼小叫。尤其是在开会、会客、上课、谈判、签约以及出席重要的仪式、活动时，必须要自觉地提前采取措施，令自己的手机禁声不响。在必要时，可暂时将其关机，或者委托他人代为保管。这样做，表明自己一心不可二用，因而也是对有关交往对象的一种尊重和对有关活动的一种重视。

酒店服务员、旅游商品导购人员在不宜带移动电话上岗。导游员在做景点讲解或与游客沟通时，不宜接打移动电话。

3. 重视私密

通讯自由，是受到法律保护的。在通讯自由之中，秘密性，即通讯属于个人私事和个人秘密，是其重要内容之一。使用手机时，对此亦应予以重视。一般而言，手机的号码不宜随便告之于人。即便在名片上，也不宜包含此项内容。因此，不应当随便打探他人的手机号码，更不应当不负责任地将别人的手机号码转告他人，或是对外界广而告之。考虑到相同的原因，随意借用别人的手机也是不适当的。

4. 注意安全

使用手机时，对于有关的安全事项绝对不可马虎大意。在任何时候，都切不可在使用时有碍自己或他人的安全。

按照常规，在驾驶车辆时，不宜忙里偷闲，同时使用手机通话。弄不好的话，就极有可能导致交通事故。

乘坐客机时，必须自觉地关闭本人随身携带的手机。因为它们所发出的电子信号，会干扰飞机的导航系统。

在加油站或是医院里停留期间，也不宜开启手机。否则，就有可能酿成火灾，或影响医疗仪器设备的正常使用。此外，在一切标有文字或图示禁用手机的地方，均须遵守规定。

5. 使用个性化铃声的注意事项

时下个性化的铃声正迅速走俏。这些个性化铃声为生活增添了色彩，人们选择它无可非议。但是过于个性化的铃声应注意使用场合。在办公室和一些严肃的场合，不合适的铃声不断响起的话，对周围人是一种干扰。如果确实喜欢用，就应当适时将铃声调到振动上。现在很多公司都租用写字楼作为办公室，几十人在同一工作平台区工作，有些人的手机铃声怪异，当大家埋头工作时突然传出“翠花上酸菜!”等搞笑声音，这对于其他人来说是一个不小的干扰。此外，一些人把手机铃声设置得又怪异又吵闹，当周围的人陷入沉思或者专心工作时，猛然铃声大作吓人无数。彼此之间应该相互体谅避免干扰。

(1) 铃声内容不能有不文明的内容

从铃声内容来说，不能有不文明的内容。比如像“有话快说，有屁快放”，终究显得不雅，让拨打者尴尬。

（2）铃声不能给公众传导错误信息

在海口市，曾经发生这样一件令人啼笑皆非的事。一辆豪华旅游车里突然传出一阵急迫的呼救声："抓贼呀，抓贼呀，抓偷手机的贼!"。巡逻经过此地的边防官兵听到后，急忙将这辆旅游车拦住，可官兵们上车一看，根本没有偷手机的贼，乘客们全都在呼呼大睡。忽然，"抓贼呀……"的"喊声"再次响起。官兵们循声找去，原来这"呼救"是从一名熟睡的乘客手机里传出的。可想而知，如果这样的铃声到处都是的话，公众秩序一定大乱。

（3）铃声要和身份相匹配

相对来说，过于个性化的铃声与年轻人的身份比较匹配，一些长者或者有一定身份的人如果选择与自己身份不太匹配的铃声，会损害自己的形象。

（4）铃声音量不能太大

无论是座机还是手机铃声，都不能调得过大，以离开座位两米可以听见为宜。有些人的铃声像是"凶铃"，在大家埋头干活时突然刺耳地响起，让人心跳都会加快。还有在医院、幼儿园等场所，过大的铃声会成为一种公害。

（5）不要用手机偷拍

照相手机是手机中最新的功能，不要因为拍得方便就随意拍照。在用手机拍照或者摄影时，应该征得对方的同意，不要在车厢、剧院、餐馆等地方用摄像手机对着行人拍照。如果对方允许你拍照存在你的电话簿里，也不能未经对方同意将他（她）的照片转发给其他人欣赏，甚至传到网络上广为传播。

典型案例 1

周恩来与尼克松握手经典照片蕴涵深意

可以毫不夸张地说，这张照片，自它被公布那一刻起，就注定成为摄影作品之经典。当美国总统尼克松紧紧握住周恩来的手的第二天，它就跨出国界，很快登上世界各大报纸版面，旋即被西方人冠以"中美交往的珍贵瞬间"、"经典时刻"。但静心细品，方发觉这照片拍得的确精彩，拍摄者有对中国当时政治气候的独特把握能力。

如果说法国文学家普鲁斯特凭一部《追忆似水年华》奠定了自己在国际文坛的独特地位，那么，拍摄出此照片的中国政治舞台上当时最活跃的摄影家杜修贤，完全可以凭此照片，跻身国际摄影家行列。原因之一就是拍摄者可能与所有当时的西方摄影记者相比，有对当时中国政治时局更深的理解与把握。尤其重要的是，通过拍摄，把这种理解与把握，酣畅淋漓地展示出来。

在数码相机普及到幼儿园的今天的年轻人眼中，老杜的那张照片，可能几乎没有什么太特别之处。不过就是周恩来有些往后仰，而尼克松稍微有些主动罢了。但就这一刹那间动作的捕捉，几乎是很多摄影记者无法完成的任务。因为，当年的周恩来所处的政治环境，在今天看来，可以说是很险恶的。周围几乎没有支持他、拥护他的当年一起长征过来的老战友，他的周围，只有“四人帮”及其爪牙们。

在这种环境下，要不偏不倚地处理好对美关系，成为了周恩来一生中最大的挑战之一。他私下曾叮嘱过老杜，一定要拍出美国人是“主动前来”拜访的味道的照片出来。只有这样，才有可能不被“四人帮”抓住“倒向美帝国主义”的政治把柄。而如何能拍出这种感觉，则要依靠老杜的临场发挥了。而且，关键一点是，老杜还不能出一点纰漏，因为，这是在全世界瞩目下，经过三十多年的彼此敌对与无交往，中美两国领导人的第一次握手，不可能有补拍的机会的。

结果，用当年的流行语就是，老杜胜利地完成了周总理交给他的政治任务，而且完成得非常出色。

周恩来与尼克松的握手照，在国内所有大报纸上刊登后，收到了预期的效果。而几十年过后，当我们来到当年随美国总统尼克松一起来中国的美国著名杂志《生活》网站，找到当年美国拍摄者拍摄的照片后，不难发现，美国人的确比中国人简单多了，他们没有政治上的太多考量，也没有政治环境意义上的过多思考。他们关注的，不是谁主动谁不主动，而是更急着使自己成为在美国本土发出两国领导人握手照片的第一人。

显然，政治制度上的不同，和中美两国文化背景的大不相同，造成了彼此各自关注焦点的不同，甚至有些南辕北辙。

周恩来关注的，不是电视直播，因为当时的中国，不像今天，几乎所有中国人的家庭里，都没有电视。人们获取新闻的主要渠道，还是报纸，而报纸中的王中王，不是别的，就是《人民日报》。而照片是第二天必须在《人民日报》头版刊发的。所以，周恩来更关注的是静态的照片，而不是其他。因此，拍出一张不让自己显得主动的照片，就真的显得十分重要。

反观尼克松，他则把到达中国的时间，安排在美国的电视“黄金时间”。因为，根据《尼克松回忆录》，之所以这么安排时间，是因为他要给自己的连任竞选，打下更好的选民基础。

结果，中美在彼此交往中，取得了各自想要得到的。历史被创造了出来，世界被震动了一番。

典型案例 2

澳大利亚电讯最新研究：手机与社会礼仪

澳大利亚电讯最近与有关专家，以及餐厅剧院行业的代表共同合作，发布了一项新的研究成果，即通过对使用手机的态度的研究，以便在澳大利亚提倡更好的手机礼仪。研究发现，大部分人都认为手机使用者越来越旁若无人了，吵闹的铃声现在已经成为最烦人的噪音。

这项研究的对象既有手机使用者，又有非手机使用者，62%的被调查者认为，在过去的几年中，手机使用者越来越少地顾及社交礼貌了，其中非手机使用者的反应则更强烈，比例达77%。"84%的被调查者拥有手机，所以，不论是在开车、处理紧急情况还是在社交场合，人们以一种负责任的态度使用手机就变得尤为重要。"澳大利亚电讯的产品管理总监Wakeham先生说。

从对300人的调查中，我们发现，人们主要对下列移动电话的使用行为不满意：

(1) 打移动电话时声音过大。

(2) 在餐馆使用移动电话。

(3) 在其他不合时宜的时候使用移动电话。

(4) 在谈话中接听移动电话。

调查还发现，在一些场合，发送短信息往往比打语音电话更合适一些。95%接受调查的人认为，在看电影时或在剧院打手机是极其不合适的，但只有49%的人认为在这些场合发送短消息也不合适。另外，83%接受调查的手机用户反对在诸如婚礼等这样的场合使用手机，而只有50%的用户认为发送短消息同样是无礼的，这些被调查者都使用短消息服务。不过，在教堂、犹太教堂会或清真寺等祈祷时，不论是语音还是数据通话都被认为是不合时宜的。

有关专家指出："技术，如移动电话，为社会礼仪带来了有趣的挑战。随着移动电话的日益普及，我相信，无论是在社交场所还是工作场合放肆地使用移动电话，现在在澳大利亚已经成为社会礼仪的最大威胁。"

一般来说，在工作场所，人们强烈地反对在会议中使用移动电话（87%接受调查者感到在会议上、90%感到在培训课堂上接听移动电话极不合适）。被调查者中，十分之七有工作的人经历过会议被某个人的移动电话打断的情况，大约有四分之一的人承认在开会时携带手机，十分之四承认离开会议去接听手机。Wakeham先生说："显然工作场所同样是需要加强注意手机使用行为的地方。而澳大利亚电讯已经率先在自己内部员工中间开始提倡在办公室恰当地使用手机。"

来自餐饮业、影剧院的代表们也一致认为，需要进行以负责任的态度在社会场合使用移动电话的教育。一位餐馆的合伙人说："大多数人对在餐馆使用手机都感到很生气，”而Great Uniom全国通讯经理说：“我们的常客都很讨厌来自其他餐桌上声音很大的移动电话铃声以及打电话的人不管不顾的交谈。我们建议移动电话用户应该多熟悉一下诸如信息银行、短消息等特色服务和振动功能，这样我们才可以认为我们的餐馆或酒吧是可以享受到美好体验的地方。如果整个行业都行动起来，加强使用移动电话礼仪的意识，那可真是太好了。”他还说：“有趣的是，96％的被调查者将影剧院列为最不合适打移动电话的地方，但显然，人们在去看电影的时候电话都是开着的。我们需要进一步教育公众，在公共场所时不接听电话是不太好的，所以，最好在电影开始前就把移动电话关上！”

澳大利亚电讯的Wakeham先生认为：“这就关系到了使用您电话的一些特色服务，如在开车时将通话转移到MessageBank（信息银行）或在别人认为不合适打电话时发送短信息（文本消息）等。”

与此调查的同时，澳大利亚电讯的各营业厅将要向顾客提供“手机礼节”宣传册，这将是“澳大利亚电讯移动生活”计划、公司及社会责任计划的一部分，也是澳大利亚电讯在行业中领先地位进一步展示。

这项计划同时还包括澳大利亚电讯的“安全驾驶、安全通话”、“紧急移动呼叫”等市场战略，以及率先在澳大利亚推出的在澳大利亚电讯网络上实施的封杀丢失或被盗手机的举措。

? 思考与练习

一、情境模拟题

1. 模拟不同角色，进行握手、介绍、递接名片等会见礼节的练习。
2. 模拟不同角色，进行接打电话的基本程序的练习。

二、思考题

1. 握手、递接名片、介绍等三种礼节次序礼仪的区别是什么？
2. 接待室的座次安排有哪几种方法？
3. 不同交通车的座次安排有何不同？
4. 上下小轿车应注意的细节动作是什么？
5. 简述接打电话的基本程序。
6. 使用个性化铃声应注意哪些事项？

第 4 章

宴请礼仪

［本章导读］

- ▶ 了解宴请的种类。
- ▶ 熟悉中西餐的不同特点，以及组织、准备礼仪。
- ▶ 掌握中西餐、鸡尾酒会、冷餐会的就餐礼仪。

4.1 中餐宴会礼仪

“民以食为天”，设宴待客是中国人结交朋友，联络感情的重要形式，也是社交活动中常见的应酬之一。了解和运用宴请方面的知识，成功举办宴会或赴宴，是旅游从业人员必备的礼仪素养。

4.1.1 宴请的种类

宴请，依据设宴者的不同目的以及被宴请者的身份、人数、时间和地点的不同，可归纳为不同的类型。一般有宴会、招待会、茶会和工作餐等。

1. 宴会

宴会，是举办者为了表达敬意（或谢意）、联络感情、扩大影响等目的，备有成套酒菜，隆重招待宾客的活动。宴会为正餐，分国宴、正式宴会、便宴和家宴四种。按照举行的时间来分，分为早宴、午宴、晚宴。

（1）国宴

国宴是由国家元首或政府首脑作为国家的代表，为庆祝国际、国内重大节日，或为欢迎外国元首、政府首脑的来访而举办的国家级宴会。

国宴在宴会中，规格最高，礼仪要求最为严格。宴会厅里必须悬挂国旗、设乐队、奏国歌。国宴的请柬、席卡、菜单上印有国徽。席间，宾主双方相互致辞、祝酒，由乐队演奏双方国家的民间乐曲，作为席间乐。国宴使用讲究的餐具，对菜肴的道数以及服务人员的装束仪态，都有严格的规范要求。

国宴参加者，要按照宴会的性质或请柬的要求着装，准时赴宴，并注意入场仪式，按请柬上安排好的席位就座。举止大方，谦和友好，保持高昂情绪，饱满热情。

(2) 正式宴会

正式宴会相对于非正式宴会而言是指按一定规格和要求，慎重地摆设的宴席。国宴是最高规格的正式宴会。其他正式宴会，由于规格和标准都低于国宴，所以在服务程序和礼仪要求等方面，也相对宽松。如果地方政府或企事业单位宴请外国友好团体，或商贸伙伴，即使在安排上与国宴大体相似，也不能视同国宴。

正式宴会，除了不挂国旗、不奏国歌，以及出席规格不同外，其他方面与国宴相似，席间乐仍可安排。主宾均按正式宴会要求着装，按身份排位就座。国外的正式宴会，大多用雪犁酒、马丁尼酒等作开胃酒，席间很少以烈性酒待客。宴毕，在休息室休息时，才供应少量白兰地作“餐后酒”。我国则在餐前先上茶或饮料，也可直接入席。国家规定公务宴请时，以绍兴酒、葡萄酒及其他软饮料取代烈性酒。上饭以后，一般不再喝酒，可送上水果、茶饮供宾客选用。

(3) 便餐宴会

便餐宴会简称便宴，是一种气氛随和的非正式宴会。便宴规模不大，形式随便，电话或口头邀请即可，无须专门发请柬，席间也不必着意排座和安排发表发言讲话。菜式有多有少，质量可高可低，不拘严格的礼仪程序，适用于日常交往，招待熟悉的宾朋好友。常见的便宴有午宴和晚宴两种，也有共进早餐的早宴(南方也称为早茶)。便宴是友好交往与商务活动中运用最广的一种宴会。

(4) 家宴

家宴是以私人名义，在自己家中设便宴招待客人的一种宴会形式。家宴一般人数较少，常由家庭主妇亲自下厨烹调以表示对客人的友好和欢迎。家人均可作陪，共同招待客人。席间主、宾随意侃谈，气氛轻松、活泼、自在，不讲究严格礼仪以及就席的时间和菜式，多随从当地的习俗。家宴是宴会的形式之一，不仅适用于民间交际，商务人员也常以此作为联谊情感，促进交往，促进交易的一种方法。

2. 招待会

招待会是一种不备正餐的宴请方式。一般来说，招待会只备方便食品、酒类、饮料、水果等。通常不需排座次，参加人员可以自由走动，规模可大可小，经济实惠，形式多样。常见的招待会有冷餐会、酒会等，多围绕某一主题而举办。如国庆招待会，文体演出前后的招待会，新闻发布招待会等。

1）冷餐会。冷餐会又称自助餐，是西方国家较为流行的一种宴会形式。其特点是，以冷菜、酒类、点心、饮料、水果等招待宾客，也可配点热菜。各种菜肴和酒水。连同餐具、酒、酒具都放置在餐桌上，供客人自选自取，也可由服务人员端送。客人可自由走动，相互攀谈。虽然有设座形式的冷餐会，但并不安排座次。

2）酒会。酒会又称鸡尾酒会。

3. 茶会

茶会又称茶话会，是以茶会友的一种简便的招待形式。

4. 工作餐

工作餐是现代社交中常见的一种非正式宴请形式。

4.1.2 中国名菜及食用方法

中国菜肴品种繁多，约有一万多种，因地理位置、风俗习惯、饮食爱好不同，形成了中国菜的千差万别、风味各异，从品味上讲，中国菜素有南甜、北咸、东酸、西辣之说，最能够代表中国菜特色的著名八大菜系，即四川菜系（川菜)、山东菜系（鲁菜)、广东菜系（粤菜)、淮汤菜系（苏菜)、浙江菜系（浙菜)、福建菜系（闽菜)、安徽菜系（徽菜)、湖南菜系（湘菜)。

1. 川菜特点及代表菜

(1) 特点

川菜注重色、香、味、形，尤其注重味，故有“食在中国，味在四川”之说。

(2) 名菜介绍

四川名菜较多，较有代表性的是以下几种：①怪味鸡；②麻婆豆腐；③宫爆鸡丁；④樟茶鸭子；⑤水煮牛肉；⑥干烧鱼翅；⑦鱼香肉丝；⑧棒棒鸡等。

2. 粤菜特点及代表菜

(1) 特点

粤菜由广州菜、潮州菜、东江菜为主体构成。其特点是用料广、配料多，善变化，口味讲究鲜、嫩、爽、滑、浓。

(2) 名菜介绍

①龙虎斗；②脆皮乳猪；③蚝油牛肉；④白斩鸡；⑤禾花雀；⑥梅菜扣肉；⑦烩蛇羹；⑧东江盐焗鸡等。

3. 苏菜特点及代表菜

(1) 特点

苏菜由扬州、苏州、南京三种地方菜发展而成。其特点是：选料严谨，制作精细，重视调汤，保持原汁，造型讲究。

(2) 名菜介绍

①松鼠桂鱼；②水晶肴蹄；③蟹粉狮子头；④白汤鲫鱼；⑤煮干丝；⑥盐水鸭；⑦鸭包鱼翅；⑧三套鸭等。

4. 鲁菜特点及名菜介绍

(1) 特点

鲁菜由济南，胶东两地地方菜发展而来，济南菜以清、鲜、脆、嫩著称，烹调方法擅长爆、烧、炒、炸。胶东地方菜以烹调各种海鲜见长，口味以鲜为主。

(2) 名菜介绍

①德州扒鸡；②九转大肠；③奶汤鸡脯；④糖醋黄河鲤鱼；⑤炸大虾；⑥葱爆羊肉；⑦红烧海螺；⑧红扒熊掌；⑨炸蟹黄等。

5. 浙菜特点及名菜介绍

(1) 特点

浙江菜集杭州、宁波、绍兴菜之八大成，其特点是：讲究刀工，制成精细，变化较多，因时而异，简朴实惠，富有乡土气息。

(2) 名菜介绍

①西湖醋鱼；②龙井虾仁；③干炸响铃；④油焖春笋；⑤叫花童鸡；⑥生爆鳝片；⑦纯莱黄色羹；⑧赛蟹羹；⑨清汤越鸡；⑩东坡肉等。

6. 闽菜特点及名菜介绍

(1) 特点

闽菜以福建和厦门为主要代表。烹调方法以干炸、爆炒、滚、煨、蒸为主，最讲究吊汤（即熬汤呈奶白色），菜肴中常用虾油、红糟调味。福建临海，各种时令海鲜也是闽菜的一大特色。

(2) 名菜介绍

①太极明虾；②清汤鱼丸；③佛跳墙；④小糟鸡丁；⑤烧片糟鸭；⑥鸡汤氽海蚌；⑦干炸蟹盖；⑧桂烧巴；⑨炒玻璃鱿鱼等。

7. 徽菜特点及名菜介绍

(1) 特点

徽菜由徽州、沿江、沿淮三个地方菜构成。徽州菜素以烹制山珍野味著称，尤其用皖南区特产之马蹄（呷鱼）和牛尾狸（果子狸）制作的菜肴而出名。口味特点是：芡大，油重，色浓，朴素实惠，并善于保持原汁原味，讲究火功。

(2) 名菜介绍

①红烧果子狸；②火腿炖呷鱼；③腌鱼桂鱼；④红烧划水；⑤清蒸花菇；⑥符离集烧鸡，⑦金银蹄鸡；⑧毛蜂熏鲥鱼等。

8. 湘菜特点及名菜介绍

（1）特点

湘菜由湘江流域、洞庭湖地区和湘西山区三种地方风味菜组成。辣味菜和烟熏腊肉是湖南菜系的共同特点。其中长沙、衡阳、湘潭三地菜肴是湖南菜的主要代表。其特点是油重色浓、咸辣香软，口味侧重咸、香、酸、辣。

（2）名菜介绍

①腊味合蒸；②麻辣子鸡；③红煨鱼翅；④剁椒鱼头；⑤东安子鸡；⑥金钱鱼；⑦红椒酿肉；⑧霸王别姬；⑨冰糖湘莲等。

除以上八大菜系所列菜肴外，北京菜、上海菜、湖北菜、清真菜等也各具特色。

4.1.3 设宴及邀请礼仪

1. 设宴礼仪

如果要举办宴会。首先应确定设宴的目的、名义、邀请范围和对象，还应考虑恰当的形式，再慎重以不同方式发出。

（1）设宴目的

洽谈业务、签订合同、择日开张、扩大销售，加强联系等，都可是设宴的目的；庆祝节日、纪念庆典、开幕闭幕，也都常见。设宴目的不同，设宴的规格、内容、形式也就不同。所以设宴目的必须明确，不但举办人要清楚，还应尽可能让应邀者和具体承办者明了，彼此才好配合，达到宴请的目的，实现预期效果。

（2）邀请名义

以谁的名义出面邀请最为恰当，即为邀请名义。邀请名义要注意宾主身份对等，这是礼仪礼节性很强的考虑。邀请者与宴会的具体支持者是有区别的。一般来说，邀请者应与被邀请的主要宾客，在身份、职别、专业等方面尽量对等对口。邀请名义既可以单位名义，也可以个人名义，即使以单位名称邀请，也应签注主要领导人的姓名，以示庄重。

（3）宴请对象和范围

宴请对象是指设宴招待的主要宾客，也就是举办宴会请什么人，请多少人，请到哪一级别，同时也包括请一些有关单位和本单位的相关人员作陪。一般以设宴目的、宾主身份、国际惯例及主要宾客所在地的习惯做法为依据。若是多边关系，还要考虑政治因素。宾主赴宴的总人数，以偶数为好。

（4）宴请形式

宴请形式依设宴目的和宴请的范围之需，综合拟订。一般来说，设宴目的隆重、宴请范围广泛，应以正式的、高规格的宴会形式为主；日常交往、友好联谊、人数较多的，以冷餐会形式或酒会形式更合适；群众性节日活动，以茶会形式居多。

近年来，国际国内礼宾工作有简化趋势，宴请范围趋于缩小，形式也在简化。

2. 邀请礼仪

各种宴请活动，一般均须对宴请对象发出邀请。这既是对宾客的通知，起提醒、备忘作用，同时又是宴请必备的礼貌形式。邀请方式通常有书面、电话和口头邀请三种。正式宴请活动，多采用书面邀请的方式，由举办者发出请柬或邀请信、邀请电报；非正式宴会，则可以电话或口头邀请。

（1）书面邀请

1）请柬。请柬是较常用的邀请形式。有市场统一印制的通用型，也有本单位特别印制的专用型。格式大同小异，常有精美的封面。内页写明宴请目的、被邀请人的姓名、宴请的类型、地点和时间，主办者的全程。如若是涉外宴请，还应有中外文对照或索性用客人所在国文字印制。请柬一般不用标点符号，设计应美观大方，填写应字迹端正工整。请柬应视主宾之间的地理位置远近和通讯联系的方便程度，提前一周收到为好，要在时间上给宾客留有余地，以便他们能安排好自己的工作。

正式宴会的请柬在制作和发送时，还应注意：如果事先已口头（或电话）预约过、通知过对方，仍应在宴会前正式发送一份请柬，以示正式和真诚；如能确定对方“一定会来”，可在请柬上注明客人在宴会上的桌号，以便他赴宴时，落座不乱。

一份精美的请柬，不仅能起到礼仪、通知、备忘的作用，还是一份珍贵的纪念品。

2）邀请信。和请柬相比，邀请信多为手写，也有电脑打印的。格式各不相同，内容要求详细，可以因事因人而异，文字可长可短。邀请信给人以亲切感，不像请柬那样显得刻板和公式化。

邀请信应写得诚恳热情，要把邀请目的、具体细节、邀请时间、地点交代清楚，还可以对应邀者提点有关服饰的建议和“回复”等方面的要求。具体包括：简短的问候和寒暄；阐明宴请的类型和设宴的原因；简略说明这次宴请安排的内容，如席间有无文艺表演和舞会的安排，是否要求客人做席间发言等；对远道客人的时间要求、服饰要求以及设宴地点的位置和交通车次介绍，并恳请对这次宴会给予协助和配合等；盛情邀请光临并要求寄回复，以便安排和落实座次。

（2）电话邀请

电话邀请和书面邀请一样，也要十分注重礼貌礼节。书面邀请，在撰写时还可有推敲的时间，而电话邀请，时间短促，通话时语言、语调必须使对方感受到盛情和诚意。所以通话前应写好说话提纲，或胸有腹稿，避免说话无层次，该表达的主要内容被遗漏，次要的话说得过多。用语比书面要求更高，要从语音、语调上让对方感受到诚挚、亲切，以加深对方印象。如果不是被邀请者本人接话，要建议接话人做好记录备忘，以便转告被邀请者。

(3) 口头邀请

口头邀请，适用于非正式的、或小范围的宴请。举办人有意设宴时，应先征询被邀主宾的意见，最好是彼此见面时，借机口头约请。口头邀请，有时不能一次得到对方的肯定答复，可再约时间敲定，或用电话表达邀请的诚意，以得到对方最后正式答复为准。口头邀请，也可委托别人传话转告，并请转告者尽快将原意告诉给被邀请者。

口头邀请时，表达必须认真诚恳，一旦商定，双方遵守信用。

无论是书面邀请、电话邀请，还是口头邀请，都应合乎礼仪要求：内容明晰、称谓正确、字体端正、音容亲切，大方热情。此外，还应注意邀请的时机和场合。本着与邀请者协商的态度，把邀请工作做好。

4.1.4 中餐宴会菜单的确定

宴会菜单主要根据来宾口味特点、宴会规格档次确定，一般是由宴会主办方与餐厅负责人共同商议决定，其中要避免出现下列菜肴。

1. 触犯个人禁忌的菜肴

不少人在饮食方面都有个人的禁忌，例如，有人不吃鱼，有人不吃蛋，有人不吃辣椒等。对此一定要在宴请宾客之前有所了解。

2. 触犯民族禁忌的菜肴

世界上许多民族，都有自己本民族的饮食禁忌。比方说，美国人不吃羊肉和大蒜，俄罗斯人不吃海参、海蜇、墨鱼、木耳，英国人不吃狗肉和动物的头、爪，法国人不吃无鳞鱼，德国人不吃核桃，日本人不吃皮蛋等。掌握这种具有普遍性的饮食禁忌，有助于款待外宾。

3. 触犯宗教禁忌的菜肴

在所有的饮食禁忌之中，宗教方面的饮食禁忌最为严格。如穆斯林忌食猪肉、忌饮酒，印度教徒忌食牛肉，犹太教徒忌食动物蹄筋和所谓“畸形怪状的动物”等。

4.1.5 中餐台形布局与席位安排的礼仪要求

1. 原则

主桌在主席台边，根据餐厅形状，遵循右高左低，高近低远的原则布置。

2. 台形布置（见图 4.1）

二席设计：平衡形或对称形。
三席设计：品字形，也称三角形。
四席设计：方形或菱形。
五席及五席以上设计：梅花型、梯形、长方形。

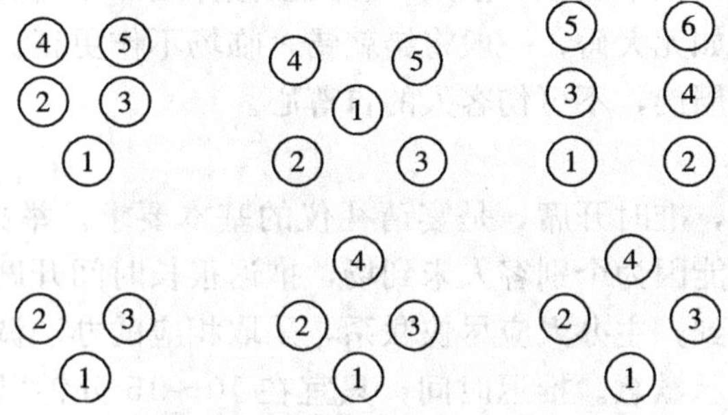

图 4.1 中餐宴会台形布局示意图

3. 中餐宴会席位安排

原则：主人座位面向餐厅入口，以右为上、客右主左的原则安排席位，见图 4.2所示。

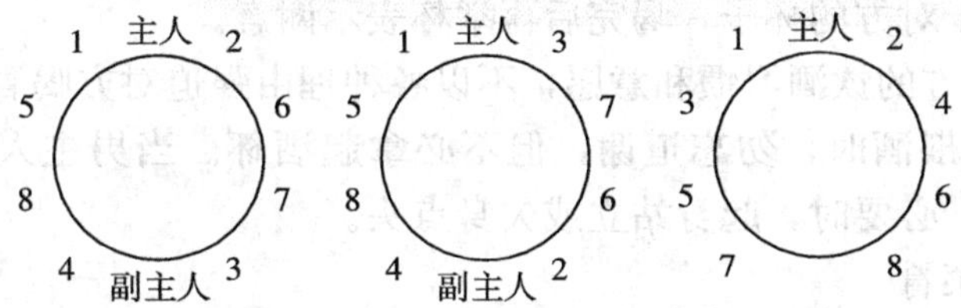

图 4.2 中餐宴会席位安排示意图

4.1.6 开宴及赴宴礼仪

1. 开宴礼仪

(1) 门前迎客

宴会之前，举办者应提前到宴会地点，最后检查准备工作进行的情况。开宴前，主人应站立在门口迎接宾客。重要的宴会，可由主人率领其他人员排列成行迎宾。也有派专车接请客人的做法。客人到达后，主人应迎上前去握手，互相问候，对来宾表示欢迎，不要疏忽冷落了任何一位客人。按客人到达的先后，由工作人员分批陪送到休息厅小憩，或直接进入宴会厅，由专人接待。主宾到达，由主人陪同，进入休息厅同已在座的客人见面后，再一齐步入宴会厅。

（2）导引入座

为了防止忙中坐错席位，大型宴会可在宴会厅门前陈列“桌次排列简图”，让来宾依据请柬提示，自己对号入座；也可以由工作人员或服务人员分别引座。一般先把非主桌上的宾客，引入宴会厅就座后，再领主宾进入宴会厅。主宾入座时，全体客人起立，鼓掌欢迎。主人给客人互做介绍，增进交往交流。如发现有坐错座位的客人，如无大碍，一般将错就错，临场不作更正。必须调整时，要以适当方式，体面地周旋，不可伤客人的自尊心。

（3）准时开席

按约定的时间，准时开席，是宴请礼仪的基本要求。举办人必须提前到达，否则视同失礼。不能因为个别客人未到场，推迟很长时间开席。如果主宾因特殊原因，不能及时赶到，主办人应尽快联系，采取相应的办法调整，并向已入座的客人说明情况，表示歉意。推迟时间，只宜在 10～15 分钟以内，最迟不应超过 30 分钟，否则会让人觉得宴会的组织工作不力，影响宴会效果。

（4）致辞敬酒

正式宴会中，在宾主入席后、用餐前开始，由主人与主宾分别致词，并由主人向来宾提议，为某种事由而干杯。

1）在主人主宾致词时，其他在场者一律停止用餐或饮酒，保持安静。

2）可随时在就餐过程中举杯敬酒，用双手举杯敬酒，眼睛注视对方，碰杯时，杯子不高于对方的杯子，喝完后再举杯表示谢意。

3）尊重对方的饮酒习惯和意愿，不以各种理由强迫对方喝酒。

4）当侍者斟酒时，勿忘道谢，但不必拿起酒杯。当男主人亲自来斟酒时，则端酒杯致谢，必要时，起身站立或欠身点头。

（5）介绍菜肴

服务人员每上一道菜，一般要用转盘转至主人与主宾之间，并报出菜名。主人可要求再介绍菜的色、香、味、形方面的特点和菜名由来的掌故等，为宾客助兴佐食。有些具有鲜明地方特色的菜，更需如此。向服务人员道谢后，主人应举箸盛情请大家品尝。如果客人之间彼此谦让，主人可用公筷、公匙先为主宾或长者分菜。分菜时相对均匀，避免有厚此薄彼之闲。

（6）席间主持

宴请的气氛主要体现在席间的感情交流中。宾主频频举杯，觥筹交错，互致敬意，气氛热烈。想达到这个目的，席间主持非常重要，一般每桌的主人或桌长在席间主持中扮演主要角色。宴会从介绍客人开始，到开席的菜肴介绍、向宾客敬酒以及引导和谐的攀谈调侃等，都是席间主持人应主动做到的。

宴会上的交谈十分重要。席间主持人要不时地提出一些能让宾主都感兴趣的话题，引导大家畅所欲言，各抒己见。对于客人谈话内容，主人可不时地表示肯定和赞赏；让客人充分发表见解。席间的话题，可是气候季节、市场供应、文体信息、社会时尚、烹饪技巧、社会趣闻、风土掌故以及彼此交往的过程回顾等，也可是就本次聚会的主旨谈谈已见，但不必深入、不必具体、更不要涉及实质性内容。忌谈单位内情、他人隐私、政治评论。

(7) 宴会结束

宴会时间一般在1～2小时以内，不宜过长或过短。当宾客酒酣饭饱、气氛浓烈时，宴会便可进入结束阶段。这时主持人应把握节奏，及时送上水果，示意宴会已接近尾声，接着宾主起立，互相致谢离席。

1) 适时结束。宴会程序基本完成时，主人要掌握时机，适时结束宴会。结束过早，使宾主双方未能尽兴，草率收宴；时间拖延过长，会导致宾主疲惫，影响宴会气氛。结束宴会的较好时机，从服务来说，是服务人员端上水果时；从气氛来说，是宴会达到新的的高潮时。适时结束，可以给宾主留下难忘的记忆。主人宣布宴会到此结束，对宾客莅临宴会，表示衷心感谢。如安排余兴活动，如卡拉OK或舞会，可邀请来客自由参加，主随客便。

2) 依依话别。客人与主人告别时，主人要以恋恋不舍之情与客人依依话别。感谢客人赏光赴宴，同时可重提双方所议之事，表达希望多加关照之意。如有纪念品赠送，应当在宾客离席之时，当众发放。礼品的规格、分量应统一，以免引发误会。对于年长的客人和路远的女士，还应考虑护送。

3) 送客出门。宴会结束，话别时间不宜过长。主人、副主人及陪客，都应把宾客送到门口，热情握手告别，目送客人离去。对乘小车来的客人，主人应送客上车，待车开动后，再向客人挥手致意。

2. 赴宴礼仪

宴请与赴宴是相互依存的两个方面。赴宴者应当具备良好的气质风度、高深的礼仪修养。宴请是重要的交际活动，只有通过双方的共同努力，才能达到圆满的宴请效果，实现关系融洽，交流感情，增进友谊的目的。因此，赴宴的宾客应注意赴宴礼仪。

(1) 注重仪表仪容

接到出席宴会的邀请后，应及时答复举办者，便于主人安排。一经答应赴宴，不能轻易改动。遇有特殊情况，不能如期赴宴，要及时通知主人，说明原因，诚致歉意。主宾如果不能如期赴宴，最好亲自登门道歉。接到邀请后，既不答复，又不赴宴，是极不礼貌的。

无论在国内还是在国外，赴宴都被视为一种仪式，一种社交。所以，边幅修饰，是赴宴者应注意的礼仪之一。正式宴会的请柬上，多注有着装要求，赴宴时应按照要求穿着。如果请柬上没有注明着装要求，赴宴时应按照宴会性质和当地的习俗，选定例行服装。在欧美等国，参加正式宴会，男士应穿深色西服，白色衬衣，系上领带，配锃亮的黑色皮鞋。一般来说，这套装扮可以出席任何隆重的宴会。女士赴宴时所穿礼服，若是长袖的，可戴短手套；若是短袖的应戴长手套。赴晚宴的年轻女宾，可以穿着色彩艳丽的裙装，或低胸露背款式的丝质罩衫，以便能与晚宴的礼服协调。在我国，男士可以穿西服，也可以穿中山服赴宴。穿旗袍的女士，应以色调高雅为宜。穿着过分华丽花哨或衣冠不整，都是对主人和其他客人不尊重，是非常失礼的。普通宴会，衣着不必过分讲究，以整齐合体为宜，但也不宜太随意；如太透、太短、衣领过低的服装就不宜赴宴时穿。

赴宴前，应当修整自己的仪容。女宾应认真梳理，适度化妆。出席晚宴的化妆可比白天浓艳，在灯光作用下，使肤色更加华艳鲜亮。发型的选择，要典雅高贵，可根据自己的身材、脸型和年龄选择，突出女性魅力。男宾赴宴前，要理发、修面、手要洗净，指甲修短。力求大方优雅，给人以沉着谨慎，仪容高雅的印象。

（2）准时赴宴

掌握赴宴时间，按照请柬标明的宴会时间，准时到场。能否遵守宴会时间，适时抵达，在一定程度上反映宾客对主人的尊重，也反映了自己的素质，决不可马虎大意。所谓适时、准时，一般情况下，是指宴会前三到五分钟到达。如因故不能准时赴宴，应提前电话通知主人，诚恳说明原因。同样，赴宴也不宜去得过早，去早了会给主人增添麻烦，使之窘迫尴尬。在国外，如过早赴宴会遭人笑话：太急于进餐了！如果宴会已开始，迟到的客人应向其他客人致歉，适时招呼主人，表示已经到宴。

（3）按位落座

如约到达宴请地点后，赴宴者由服务人员引导，先到衣帽间寄存外衣和帽子，然后去迎宾处，主动向主人问好、签到。如带有礼物（如花束、花篮等），可恭敬献上，和先到的客人相互致意。

从休息室步入宴会厅，按服务人员的指引和主人的安排，按位落座后，要注意自己的姿态。既不可过于拘谨，也不要散漫随便。可将身体轻靠在座椅背上，座椅距餐桌不要太近，也不宜过远，以与其他客人协调，自己感觉舒适为好。攀谈时，双手自然摆放，忌手托下巴，给人以“等候开宴”的印象。不要用手频频整理头发或拉扯台布等多余动作。

和同桌客人交谈，要热情大方，同新朋友不要一见如故，彼此介绍应稳重诚恳，交换名片注意应有礼节。上茶时，不要过多与服务人员说话，影响他们的正常工作，必要时说声“谢谢”即可。

（4）就餐礼仪

1）使用筷子礼仪。

忌敲筷。在等待就餐时，不能坐在餐桌边，一手拿一根筷子随意敲打，或用筷子敲打碗盏或茶杯。

忌掷筷。在餐前发放筷子时，要把筷子一双双理顺，然后轻轻地放在每个人的餐桌前；距离较远时，可以请人递过去，不能随手掷在桌上。

忌叉筷。筷子不能一横一竖交叉摆放，不能一根是大头，一根是小头。筷子要摆放在碗的旁边，不能搁在碗上。

忌插筷。在用餐中途因故需暂时离开时，要把筷子轻轻搁在桌子上或餐碟边，不能插在饭碗里。

忌挥筷。在夹菜时，不能把筷子在菜盘里挥来挥去，上下乱翻，遇到别人也来夹菜时，要有意避让，谨防“筷子打架”。

忌舞筷。在说话时，不要把筷子当作刀具，在餐桌上乱舞；也不要在请别人用菜时，把筷子戳到别人面前，这样做是失礼的。

忌舔筷。不要“品尝”筷子，不论筷子上是否残留有食物，都不要去舔它。

忌迷筷。不要在夹菜时，筷子持在空中，犹豫不定取哪道菜。

忌粘筷。在就餐过程中，即使很喜欢某道菜，也不要似筷子粘住了菜盘，不停地夹取。

忌剔筷。不要将筷子当牙签使用。

2）餐桌礼仪。

上桌后不要先拿筷，应等主人邀请、主宾动筷时再拿筷。

吸烟者应征求周围女士意见后方可抽烟，在禁烟餐厅不抽烟。不往地上和桌子底下扔东西。不慎摔碎餐具，应道歉并赔偿。

用餐前，如提供有湿方巾，则用来擦手，不可用以擦脸、擦嘴、擦汗。擦手之后，应放回盘中由侍者取回。正式宴会结束前，会再上一块湿方巾，则用来擦嘴。

将餐巾放在膝盖上，不可用餐巾擦脸，可用巾角轻轻沾嘴唇与嘴角。用餐完毕后，将餐巾叠好，不可揉成一团。

照顾他人时，要使用公共筷子和汤匙。

传染病毒携带者应自觉谢绝。

喝汤用汤匙，不出声。

嘴里有食物时，不张口与人交谈。嘴角和脸上不可留有食物残余。

剔牙时用手挡住嘴。咳嗽、打喷嚏或打哈欠时，应转身低头用手绢或餐巾纸捂着，转回身时说声“抱歉”。

说话时不可喷出唾沫，嘴角不可留有白沫。不可高声谈话，影响他人。

就餐过程中，如上有洗手盅，可将两手手指轮流置于其中，轻拨水沾湿，然后将手放在餐桌下，用纸巾擦干。不可将两手完全置于洗手盅中搓洗、乱甩、乱抖。

当其他客人还没吃完时，不要独自先离席。在宴会餐桌上，进餐速度快慢不要依个人习惯，而应适应宴会的节奏，等大家都吃完，主人起身，主宾离席时再致谢退席。

用完餐离座时，将椅子往内紧靠桌边。

（5）热情话别

宴会结束，赴宴者应起身离座，不可贪杯恋菜，拖延撤席，不能因余兴未尽而说笑不停。男宾应先起身，为年长者或女士移开座椅。主宾先向主人告辞，随后是一般来客向主人表示谢意。按照礼貌，不是感激宴会之丰盛，而是感谢主人让自己度过了愉快的时光（或夜晚）。当然，如果宴席上有特别出色的菜肴，不妨也可赞美几句，但不可过溢，更不要探听宴席价格，以使主人产生误解。如主人备有小礼品相赠，不论价值轻重，都应欣然收下，表示感谢。不能借口不便携带而不屑一顾，或一面收下就一面转送他人，这是对主人心意的违拗，也是对聚会的轻视，很不礼貌。作为应邀的赴宴者，有可能的话，也可向服务人员表示感谢。称赞他们服务优质、菜肴可口，感激他们的辛勤准备、周到服务。这实际上是人与人之间平等礼貌的应有之举。

从礼仪角度讲，宴会后再给主人打个电话致谢，或者在一个星期以内发一封感谢信去，也有必要。除感谢主人盛情款待之外，重申宴会上的友谊，加深相互之间的良好印象，为今后的进一步合作打好基础。这虽属宴请余音，却也是赴宴者不应忽视的。

4.1.7 中餐相关礼仪

1. 点菜礼仪及技巧

（1）中国各地口味特点

南甜北咸，西辣东鲜（沿海一带的海鲜），具体来说可以总结为以下几点。

1）北方习咸，山西、陕西、甘肃稍微能吃辣，前两者好酸。

2）南方食物注重味鲜。

3）东部苏南地区（江苏南部，而苏北饮食偏清淡）嗜甜，尤其无锡、苏州食物极甜，极不擅辣。

4）南下至浙、粤地饮食重鲜，但极不擅辣。

5）中部及西南地区，赣、湘、鄂、川，民风嗜辣。赣味重油，咸、辣，又重视体现食材本味；湘、鄂好辣，食物味鲜；而川味特以麻辣为重；云南，饮食鲜、酸辣。

（2）点菜的准备

1）先了解所在地餐馆的分布及档次，重要的宾客要预定包间。

2）再了解特色菜，口味和价位。

3）还要了解宴请对象的口味特点。

4）高规格接待，可先点好菜，先自备高档酒水。

5）待客宴请，无论是否需包间，都应做事先预定。

(3) 点菜技巧

1）如果客人谦让点菜权，主人可全权进行。

2）点菜过程要快，重点菜和口味菜询问一下客人是否喜欢。

3）点菜要先评估预算，四位以下点 3 菜 1 汤、五位到七位点 5 菜 1 汤，八位以上按照人数减 2 的数量点。

4）一桌菜有一到三个主菜（看人数而定），另外再配一二个风味菜，再加家常菜和汤，当然还有冷盘、点心和水果。

5）点菜不要同时点几道同类型的菜（同主料、同烹制方法等）。

6）点完菜要询问客人用什么酒水，如果不想喝酒，以其他饮料代替。

7）最后点主食，注意南北差异。

8）如果吃饭时间紧张，不点费时间做的菜（往往是贵重主菜），可以找服务员确认。

2. 敬酒的礼仪及技巧

1）主人敬主宾，陪客敬主宾，主宾回敬，陪客互敬。

2）多人敬一人，一般不可一人敬多人。

3）“感情深，一口闷；感情浅，舔一舔”，这是中国不少地区的酒桌文化。

4）敬酒，要有说词。

5）右手扼杯，左手垫杯底，这是非常恭敬的姿势。

6）自己敬别人，如果碰杯，需喝完，对方可随意，显大度。

7）碰杯时自己的杯口要比对方杯口低，这在中国官场中已是一个不成文的习惯。

8）如果不需要酒了，可以把手挡在酒杯上，说声“不用了，谢谢”就可以了。

9）酒后不要失言，不说大话，不失态。

3. 奉茶礼仪

1）以七分满为宜。茶满欺客，酒满心实。

2）注意先后顺序，先长后幼、先客后主，应依职位的高低顺序奉茶。

3）奉有柄茶杯时，一定要注意茶杯柄的方向是客人的顺手面，既有利于客人的手拿茶杯的柄。

4）上茶时应以右手端茶，从客人的右方奉上，并面带微笑，眼睛注视对方。

5）放置茶壶时壶嘴不能正对他人，否则表示请人赶快离开。

6）北方人喜欢饮红茶，江浙人喜欢饮清芬的绿茶，闽粤人则喜欢酽郁的乌龙茶、普洱茶等。

7）往高杯中续茶水时，左手的小指和无名指夹住高杯盖上的小圆球，用大拇指、食指和中指握住杯把，从桌上端下茶杯，腿一前一后，侧身把茶水倒入客人杯中，以体现举止的文雅。

4.2 西餐宴会礼仪

4.2.1 西餐的代表菜式

西餐主要是对西方国家，即欧洲各国菜点的统称。西餐以法式、英式、美式、俄式为代表菜式。

1. 法式菜

法国的烹饪技术一向著称于世。法国菜不仅美味可口，而且菜肴的种类繁多，烹调方法也有独到之处。

法国菜的突出特点是选料广泛，常选用稀有的名贵原料，例如蜗牛、青蛙、鹅肝、黑蘑菇等。此外，还选用各种野味，如鸽子、鹌鹑、斑鸠、野鸡、鹿、野兔等。由于选料广泛，菜品就能按季节及时更换，因而食客对菜肴始终保持着新鲜感。

法国菜的烹调方法很多，它几乎包括了西菜所有的近 20 种烹调方法，一般常用的有烤、煎、烩、焗、扒、焖、蒸等。

现代法国菜口味偏淡；色彩偏重原色、素色，不用不必要的装饰，忌大红大绿，追求高雅的格调；汤、菜讲究原汁原味，不用有损色、味、营养的辅助原料。法国菜特别注重沙司（sause）的制作。沙司实际上是原料的原汁、调料、香料的混合物。原料鲜嫩，可口味美，菜才能做好。

法国盛产酒，于是许多酒被用于烹调。香槟酒、红白葡萄酒、雪利酒、朗姆酒、白兰地酒等，是做菜常用的酒类。

隆重的宴会或节日，也吃烤乳猪、烤羊腿或烤野味。著名的地方菜有里昂的带血鸭子、南特的奶油梭鱼、马赛的普鲁旺斯鱼汤、斯特拉斯堡的奶油圆蛋糕等。但最有代表性的法国菜点还是举世闻名的蜗牛、鹅肝、龙虾、青蛙腿、奶酪等。

2. 英式菜

英国烹饪有家庭美肴之称，每个家庭主妇都可以烹饪出美味可口的汤菜。

英式菜选料多样，注重水产、海鲜及蔬菜。烹调讲究鲜嫩、口味少油清淡，菜量少而质精。调料很少用酒、香料及其他调味酱，喜欢用各种蔬菜以代替所缺乏的食品。

英式菜烹调较简单，一般以清煮、烩、蒸、烤、扒、炸等为主。调味品，如盐、胡椒粉、醋、色拉渍、芥末酱、辣酱油、番茄汁和各种酸果等，都放在餐桌上，由客人就餐时自己选用英式菜中较著名的名菜名点有：英式苹果沙拉、奶油蘑菇沙拉、英式煎猪肝、英式焖鸡、奶油烩鸡块、英式烤羊腿等。

3. 美式菜

美国烹饪始自英国，因大部分美国人是英国移民的后裔。但美国烹饪也有自己的特色。由于美国国土广阔，气候良好，食物种类繁多，交通运输方便，冷藏设备优良，厨师、家庭主妇可随意选择任何食物。同时，他们有烹饪食品时很注意营养学研究的传统。

美式早餐备有各种鲜果汁、略带有咸味的甜点心、各种沙拉等。沙拉原料大多采用水果、如香蕉、苹果、梨、菠萝、西柚、桔子等，并配以芹菜、生菜、土豆等。调料大多用沙拉油、沙司和鲜奶油，口味很别致。

美式菜中的菠萝焗火腿、苹果烤鸭、铁扒类菜、美式烩鸡等深受人们的喜爱。其他的菜如炸鸡、炸香蕉、炸苹果等也深受人们的欢迎。

4. 意式菜

意大利烹饪为欧洲大陆之始祖，其烹饪技术可与法、英两国媲美，又有异曲同工之妙。意大利烹饪技术着重食物本质，菜味浓，以原汁原味闻名。在烹调上以炒、煎、炸、烩、焖等方法著称，烧烤的菜不多，意大利对油炸、熏的菜很爱吃。

意大利的传统菜式很多，尤其是各种面条闻名世界。相传，意大利面条是13世纪由中意人民的友好使者马可·波罗经丝绸之路从我国传到意大利的。现在意大利出产面条200万吨，其中90%内销，全国每人每年消费面条的数量在西方国家首屈一指。

意大利面条在制作上有很多发展和创新，各种形状、各种颜色、各种味道的面条至少有几十种。如把面条制成字母形、贝壳形、实心面条、通心面条等。又如，在面条上渗入蛋黄、番茄、菠菜，面条就被染成黄、红、绿色，不仅美观，而且富于营养，味道各异。一般面条煮好后，再以浓稠汁调味，其中有黄、白、红多种色彩，最常用的是肉类、番茄和奶酪等。

意大利人的饮食习惯是喜食面食，菜肴用番茄酱做调料较多。意大利南部地区的居民更喜欢用面粉做的饭菜。如意大利薄饼（pizza）、肉馅春卷、炒通心粉、意大利馄饨等。

5. 俄式菜

俄国菜式选料很广，除畜、禽外，野味、水产均为主要烹饪原料。

由于俄国大多地处寒带，在当地生活则需较多的热能，所以俄式菜热量高，口味重，用油也较多，且酸、辣、甜、咸各种味道的菜肴均具备，在烹调上大都用酸奶油、奶渣、柠檬、辣椒、酸黄瓜、洋葱、白脱油、小茴香、香叶等作调味品。

俄国菜的制作较简单，尤以蒸、烩、熏、烧、腌为主要烹饪方法，且喜食全熟的食品，各种肉类、野味，均要煮得很熟，腌制的咸非鱼、烟熏的咸鲟鱼和鲑鱼都是很受人们欢迎的菜肴。红鱼子、黑鱼子、酸蘑菇、柠檬、生洋葱、生番茄、酸黄瓜、酸菜等，都是冷菜中不可缺少的主要原料。油炸点心、烩水果、碎猪肉冻、肉饼、各种荤素包子、鱼肉包等也是俄国人喜爱的食品，其他具有代表性的菜肴还有红菜汤、黄油鸡卷、莫斯科烤鱼等。

4.2.2 西餐宴会台形布局和席位安排

西餐宴会使用长条桌，根据人数与餐厅形状拼成不同形状。

席位有固定安排，主人坐上首面向众席（背对重点装饰面），副主人在主人的对面，主宾在主人的右侧，副主宾在副主人的右侧，翻译在主宾的右侧。如果有夫人参加，则男女宾穿插安排，主人在上首，主宾夫人在主人右侧，主人夫人在主人对面，主宾在其右侧。角落不安排座位，如图 4.3 所示。

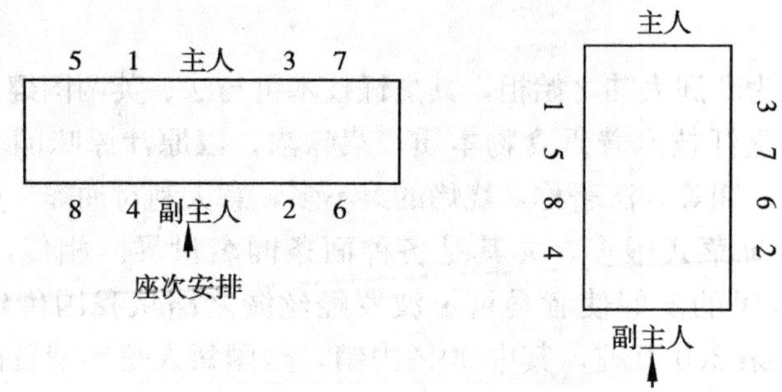

图 4.3 西餐宴会席位安排示意图

4.2.3 西餐宴会菜序礼仪

宴会前 5 分钟上面包和黄油，然后依次上冷盘、汤、鱼、副菜、主菜（也称大菜）、甜品、水果，最后上饮料。

西餐宴会摆台如图 4.4 所示。

4.2.4 西餐菜点与酒水搭配礼仪

西餐菜点与酒水的搭配很有讲究，并形成礼仪的一部分。

1. 餐前酒

又称开胃酒，一般为又浓又香，能刺激胃口的威士忌（Whisky）、杜松子酒(Jin)、伏特加（Vodka）、雪利酒（Sherry）、朗姆酒（Rum）等系列，鸡尾酒也是理想的开胃酒。

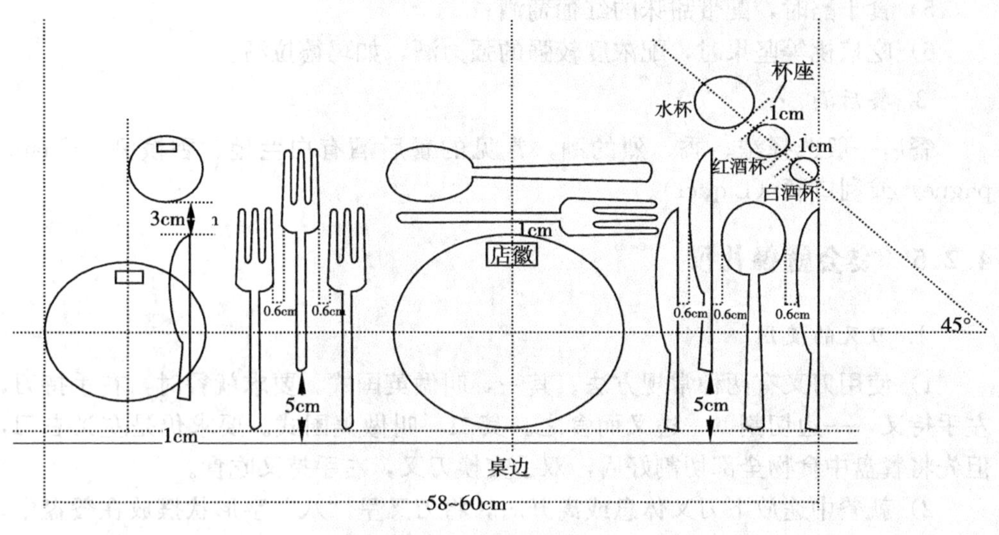

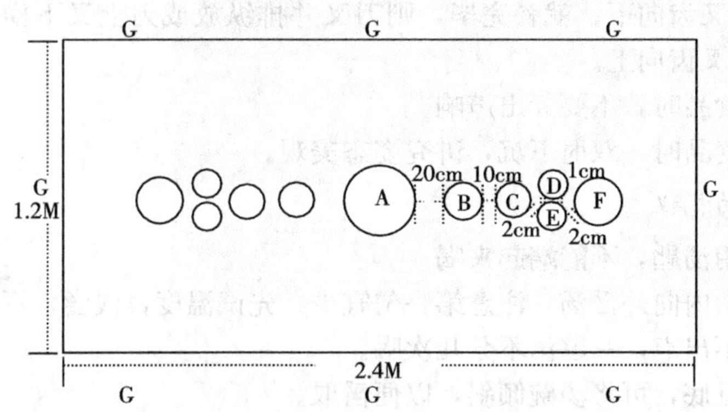

图 4.4 餐具及菜的摆放

A—花瓶或花座 B—烛台 C—牙签筒 D—盐瓶

E—胡椒瓶 F—烟缸 G—座位

2. 餐中酒

西餐餐中酒多选择葡萄酒，“红酒配红肉，白酒配白肉”。色、香、味淡雅的酒品应与色调冷、香气雅、口味纯、较为清淡的菜肴搭配，如头盘鱼、海鲜类应配以冰冻后的白葡萄酒；香味浓郁的酒应与色调暖、香气浓、口味杂、较难消化的菜肴搭配；咸食选用干、酸型酒类；甜食选用甜型酒类；在难以确定时，则选用中性酒类。

1）食生蚝或其他贝类时，饮无甜味的白葡萄酒。

2）喝汤时，配颜色较深的雪利酒或玛德拉酒（Madeora）。

3）吃鱼时，可配任何白葡萄酒，但以不过甜为宜。

4）吃肉类时配红葡萄酒。

5）食干酪时，配带甜味的红葡萄酒。

6）吃核桃等坚果时，配浓度较强的强力酒，如玛德拉酒。

3. 餐后酒

餐后一般选择浓、香、烈的酒，常见的餐后酒有白兰地、香槟酒（Champagne）或利口酒（Liquer）。

4.2.5 宴会就餐礼仪

1. 刀叉的使用

1）使用刀叉有两种常规方法。其一，叫做英国式。要求就餐时，右手持刀，左手持叉，一边切割，一边叉而食之。其二，叫做美国式。要求仍是左叉右刀，但先将餐盘中食物全部切割好后，双手交换刀叉，右手持叉吃食。

2）就餐中途放下刀叉休息或离开时，将刀叉呈“八”字形状摆放在餐盘中，且刀口向内，叉齿向下；就餐完毕，则刀叉并排纵放或刀上叉下横放在餐盘中，且刀口向内，叉齿向上。

3）切割食品时，不要弄出声响。

4）切割食品时，双肘下沉，讲究姿态美观。

2. 喝汤的礼仪

1）喝汤用汤匙，不能端起来喝。

2）汤匙由内向外舀汤，注意第一勺宜少，先试温度，浅尝，不用口吹热汤。

3）喝汤不出声，一匙汤不分几次喝。

4）汤将见底，可将汤碗倾斜，以便舀取。

5）喝汤完毕，汤匙应搁在餐盘上。

3. 吃面包的礼仪

1）面包要撕成小片，撕一片吃一口，切不可直接用口咬着吃或用餐刀切割。

2）撕面包时，注意用餐盘接碎屑。

4. 吃水果的礼仪

1）吃西瓜等多汁的水果应用匙取食。

2）粒状水果如葡萄，可直接用手取食，可不吐籽，如欲吐籽，应吐在手掌中再放入餐盘中，不要直接吐在餐盘中。

3）汁少较脆的水果如苹果、梨等，可切成四片，再削皮用刀叉取食。

5. 喝咖啡礼仪

1）咖啡简介。咖啡是英文 coffee 的译音，是世界上消费最大的饮料之一。原产于非洲，在 19 世纪下半叶被引进我国台湾、海南岛。咖啡是将咖啡树的种子烤成棕色，磨成粉末制成的饮料。当今巴西、印度尼西亚大量栽种，国内广东、广西、云南、福建也有种植。

咖啡含有咖啡因、脂肪、蛋白质、糖类、无机盐和多种维生素。饮用咖啡不仅能解渴，而且还能帮助消化、提神，解除疲劳，促进思考以及防暑等。

2）我国目前生产的咖啡饮料品种主要有清咖啡、牛奶咖啡、速溶咖啡、咖啡汁、咖啡茶等。前两种饮用时需加水煮沸，后三种直接用开水冲饮即可。食用时可加香桃、冰淇淋、奶，且可热饮、冻饮。咖啡粉极易受潮，保管时要注意防潮。

3）喝咖啡时，应用小茶匙搅拌方糖，而不是用来舀饮。一经饮过，不宜将匙放入杯中；放方糖的方法：用方糖夹夹住方糖至杯垫上靠近咖啡杯的位置，用小茶匙舀方糖放入杯中；如果需加入炼乳和方糖，则应先放方糖再放炼乳，让方糖先溶解；在鸡尾酒会或冷餐会中，宾客自由走动，可左手端杯垫，右手持杯喝咖啡，再放置杯垫中；而在有固定席位的就餐过程中，则不需端杯垫，只需右手拇指、食指、中指捏住杯柄直接品饮。

6. 肉类菜肴的老嫩程度

欧美人对肉类菜肴（特别是牛肉、羊肉）的老嫩程度很讲究。服务员在接受点菜时，必须问清宾客的需求，厨师按宾客要求烹制。

牛、羊肉一般有5种火候：

1）一成熟（rare）：简写R，表面焦黄，中间为红色生肉，装盘后血水渗出。

2）三成熟（medium rare）：简写M.R，表面焦黄，外层呈粉红色，中心为红色，装盘不见血，但切开后断面有血留下。

3）五成熟（medium）：简写M，表面褐色，中间呈粉红色，切开不见血。

4）七成熟（medium well）：简写M.W.，肉表深褐色，中间呈茶色，略见粉红色。

5）全熟（well done）：简写W.D.表面焦糊，中间全部为茶色。

7. 其他礼仪

1）吃整条鱼，应先将鱼头切去，然后将鱼椎取出，切块取食。口中鱼刺用餐叉接住放入餐盘，不可直接吐在餐盘中。

2）西餐吃面，用餐叉卷绕放入口中，不可像中餐吸食。

3）炸薯片、炸肉片、芹菜等食物，不用刀叉，可以用手取食。取食时，仅用拇指和食指拈取，食后可用餐巾拭手。

4）吃甜点用点心叉和匙。

5）宴会结束时，主人首先站起来，宣布散席。先让女宾离席，然后是男宾。无论是离席或入席，男宾都要帮助女宾拉椅，协助离席或入席。离席后，不可急

忙告退，应等待女主人出门送客，才可握手言别。

4.3 鸡尾酒会、自助餐礼仪

4.3.1 鸡尾酒会礼仪

1. 鸡尾酒的概念与特点

(1) 概念

美国《韦氏辞典》对鸡尾酒的定义是：鸡尾酒是一种量少而冰镇的饮料。它以朗姆酒、威士忌或其他材料，如果汁、鸡蛋、比特酒、糖等，以搅拌法或摇荡法调制而成；最后再以柠檬片或薄荷叶等装饰。

(2) 特点

鸡尾酒具有以下特点：

1) 鸡尾酒是能增加食欲的滋补剂。

2) 能使紧张的神经舒缓，肌肉放松，疲劳的眼睛焕发光辉，可以创造热烈气氛，增进人际友情。

3) 有卓绝的口味。为此，饮用时，舌蕾应充分张开，使之尝到刺激的味道。如果太甜、太苦或太香，就会掩盖酒的品味，降低了酒的品质。

2. 调制鸡尾酒的原料

鸡尾酒是由三个基本成分组成：基酒、辅酒、配料和装饰物。

基酒主要以烈性酒为主，又称鸡尾酒的酒底，有金酒（Gin），威士忌（Whiskey）、罗姆（Rum）、白兰地（Brandy）、伏特加（Vodka）、德基拉酒和中国白酒；也有些鸡尾酒用开胃酒、葡萄酒、餐后酒等做基酒；个别鸡尾酒不含酒精成分，也可称作长饮料，是用软饮料配制而成。

辅酒是指搭配酒水，一般有橙汁、菠萝汁、柠檬汁、西柚汁、苏打水、汤力水、番茄汁、雪碧、可乐、干姜水等，有时也需要少量的开胃酒或甜酒，分量很少，在7～8毫升之间。

鸡尾酒的常用配料有糖、盐、糖浆、咸橄榄、丁香、蜜糖、红石榴汁、淡奶、可可粉、鲜牛奶、咖啡、忌廉、鸡蛋、青柠汁、小洋葱、玉桂枝、玉桂粉、豆蔻粉、辣椒油、安哥斯特比特酒和胡椒粉。

鸡尾酒的饰物有红樱桃、绿樱桃、柠檬、橙、菠萝、苹果、桃、香蕉、黄瓜、西芹菜、鲜薄荷等。

3. 调制鸡尾酒的方法

(1) 兑和法

兑和法是将配方中的酒水按分量直接倒入杯中，不需搅拌或作轻微的搅拌即可。但有时也需用酒吧匙贴紧杯壁慢慢地将酒水倒入，以免冲撞混合。比较常见的兑和鸡尾酒有彩虹、烟火、千层糕、安琪儿之喜悦、王子等。

(2) 调和法也称搅拌法

调和法有两种：调和；调和与滤冰。

调和是把酒水按配方分量倒入酒杯中，加进冰块，用酒吧匙搅拌均匀（多用于柯林杯、平底杯。）

调和与滤冰是把酒水与冰块按配方分量倒进调酒杯，用酒吧匙搅拌，然后用滤水器过滤冰块，将酒水斟入杯中。

(3) 摇和法

摇和是把酒水与冰块按配方倒进摇酒器中摇荡，摇匀后过滤冰块，将酒水倒入酒杯中。

(4) 搅和法

搅和法是把酒水与冰块按配方分量倒进摇酒器中摇荡，摇匀后过滤冰块，将酒水放进电动搅拌机运转10秒，连冰块带酒水一起倒入酒杯中。

4. 鸡尾酒会礼仪

鸡尾酒会的招待品以酒水为主，略备小食品，小点心、小面包、小香肠等，置于小桌或茶几上，或由服务生拿着托盘，把饮料和点心端给客人。

参加鸡尾酒会，宾客可晚来早走，迟到不为失礼，早退也没有关系。如酒会请柬上注明有起讫时间，客人可在此段任意时间入席，来去自由，不受限制。但应避免提前时间到，推迟时间走，打搅主人的准备工作或过后休息。

鸡尾酒会不设座椅，客人站立取食、就食，可随意走动。

服务生左手托盘在酒会中走动，来宾可自由选择食物。

建议用左手取饮料，以避免用又冷又湿的右手与人握手。

酒会中不使用刀叉。食品有的是用牙签穿着，有的没用牙签，需用手拿，因此需取一张纸巾，食后用来擦嘴、擦手。用完了纸巾，当服务员经过的时候，可交给他，或丢进垃圾箱，不能随意扔在地上。

4.3.2 自助餐礼仪

自助餐，亦称冷餐会。它是目前国际上通行的一种非正式的西式宴会，是由就餐者自主取食，或立或坐、自由与他人或独自一人用餐的一种就餐方式，也是现代旅游活动普遍采用的一种就餐方式。

(1) 自助餐的优点

1) 免排座次，自由沟通。正规的自助餐，往往不固定用餐者的座次，甚至不提供座椅。便于用餐者自由寻找交流对象。

2）节省费用。自助餐多以冷食为主，不预备。正餐，不上高档的菜肴、酒水，故可大大地节约主办者的开支，并且剩余食品可以再利用，避免了浪费。

3）客人各取所需。自助餐备多款各色饮品、菜肴及主食，用餐者完全根据口味偏好自行取用食物，较好的解决众口难调的问题。

4）时间自由。就餐者无须统一规定时间参加或离开，只要在开餐时间段内即可，方便了主人和客人。

(2) 自助餐礼仪

1）排队取菜。避免乱挤、乱抢、乱加队，更不应插队。

2）循序取菜。取菜的先后顺序一般是：冷菜、汤、热菜、点心、甜品和水果。

3）多次少取。即“多次取菜，每次少取”。每次取食量力而行，即便是自己所喜欢的，也宁可多取几次，避免吃不完剩余浪费。

4）避免外带。自助餐只许就餐者在用餐现场里自行享用，绝对不许可在就餐完毕后携带回家。

5）送回餐具。自助餐强调的是客人自我服务，善始善终，在用餐结束后，自觉将餐具送至指定位置。

6）在用餐过程中，对于其他相识或不相识的用餐者要以礼相待，在排队、取菜、寻位以及行进过程中，要主动谦让，不可目中无人。

7）积极交际。自助餐可方便就餐者认识新朋友，自由沟通，协调感情，积极合作。

典型案例

众多的宾客在恭维美国吴老先生来大陆投资，吴老先生神采飞扬，高兴地应承着这些祝贺的话。宾主频频碰杯，服务小姐忙进忙出，热情服务。

不料，过于周到的服务小姐偶一不慎，将桌上的一双筷子拂落在地。“对不起”小姐忙道歉，随手从邻桌上拿过一双筷子，褪去纸包，搁在老先生的台上。

吴老先生的脸上顿时多云转阴，煞是难看，默默地注视着服务小姐的一连贯动作，刚举起的酒杯一直停留在胸前。众人看到这里，纷纷帮腔，指责服务小姐。

小姐很窘，一时不知所措。

吴老先生终于从牙缝里挤出了话：“晦气，”顿了顿：“唉，你怎么这么不当心，你知道吗？这筷子落地意味着什么？”边说边瞪大眼睛：“落地即落第，考试落第，名落孙山，倒霉呀，我第一次在大陆投资，就这么讨个不吉利。”

服务小姐一听，更慌了，“对不起，对不起”，手足无措中，又将桌上的小碗打碎在地。

服务小姐尴尬万分，虚汗浸背，不知如何是好，一桌人也有的目瞪口呆，有的吵吵嚷嚷地恼火，有的……

就在这时，一位女领班款款来到客人面前，拿起桌上的筷子，双手递上去，嘴里发出一阵欢快的笑声：“啊，吴老先生。筷子落地哪有倒霉之理，筷子落地，筷落，就是快乐，就是快快乐乐。”

“这碗么，”领班一边思索，同时瞥了一眼服务小姐，示意打扫碎碗。服务员顿时领悟，连忙收拾碎碗片。“碗碎了，这也是好事成双，我们中国不是有一句老话吗——岁岁平安，这是吉祥的兆头，应该恭喜您才是呢。您老这次回大陆投资，一定快乐，一定平安。”

刚才还阴郁满面的吴老先生听到这话，顿时转怒为喜，马上向服务小姐要了一瓶葡萄酒，亲自为女领班和自己各斟了满满一杯。站起来笑着说：“小姐，你说得真好！借你的吉言和口彩，我们大家快乐平安，为我的投资成功，来干一杯！”

思考与练习

一、情景模拟

模拟中餐宴会场景，学生分别扮演来宾与主人，并分派有不同职位，同时演示商务人员宴会接待程序和赴宴就餐程序，过后相互点评，互换角色进行。

二、综合练习

如条件许可，组织学生到西餐厅就餐，席间教师现场演示，强化西餐就餐礼仪要求。

三、练习题

1. 中西餐宴会台型布局与席位安排分别应遵循什么原则？
2. 中餐使用筷子“十忌”分别指什么？
3. 列举中餐餐桌礼仪规范。
4. 西餐菜点与酒水有何搭配原则？
5. 西餐吃面包、喝汤分别有何讲究？
6. 西餐使用餐叉的方法与礼仪要求分别是什么？
7. 参加自助餐应注意哪些礼仪要求？
8. 参加鸡尾酒会应注意哪些细节？

第 5 章

会议礼仪

[本章导读]

- 了解会议、展览会、新闻发布会以及沙龙的不同类型。
- 熟悉会议、展览会、新闻发布会以及舞会的举办程序。
- 掌握参加会议、展览会、新闻发布会、舞会、音乐会以及沙龙的礼仪规范。

集会是出于传递信息、沟通思想、协调行动、实施领导等不同目的而把相关人员集合到一起的人机交往活动方式。在这里我们主要介绍旅游从业人员的社交、工作紧密相关一些集会礼仪：一般会议礼仪、展览会礼仪、新闻发布会礼仪以及舞会、音乐会、沙龙礼仪。

5.1 一般会议礼仪

会议，简而言之，就是相聚而议的意思。会议有狭义、广义之分。狭义的会议专指有组织、有计划、有领导地共同商讨、决定某种事项的一种集体活动方式。广义的会议则指一切集会。但不是任何集体活动都构成会议。会议一般包括八个要素；名称、时间、地点、方式、承办者、与会者、意向、结果。

常见的会议很多，按不同标准划分有以下情况：

1）按规模分，可分为小型会议（几人到几十人）、中型会议（上百到几百人）、大型会议（上千到几千人）、特大型会议（万人以上）。

2）按内容分，可分为政治类会议、行政类会议、事务类会议、商务类会议、经济类会议、军事类会议、学术类会议。

3）按性质分，可分为规定性会议、一般性会议、专题性会议、座谈性会议、纪念性会议。

4）按形式分，可分为有聚有议的会议（如讨论会），有聚不议的会议（如报告会）。

5）按会议手段分，可分为传统方式的常规会议，运用电视、电话、网络等现代通信工具进行的电讯会议。

会议类型不同，其礼仪也有所不同，在此分别以一般会议礼仪和专题会议礼仪进行介绍。

5.1.1 会前准备礼仪

会议要想圆满成功，达到预期的目的，很重要的环节就是会前的准备工作做得如何。要做到；“环环相扣，衔接紧密。”具体而言有三项。

1. 确定会议主题

所谓会议主题，就是会议的指导思想，它是拟定会议的内容、任务、形式、议程、期限、出席人员等的前提。在通常情况下，会议的主题可以直接通过会议名称体现，一次成功的会议应该是始终坚持会议既定主题的会议。

2. 拟发会议通知

会议通知是会议主办单位发给与会单位和个人的书面通知。通常采用会议通知、邀请信（函、书）请柬、海报、公告等形式。撰写会议通知时，要求内容具体明确，格式规范，语言简洁诚恳。会议通知主要包括以下内容：

1）会议名称（可在标题或正文中说明）。

2）主办者。

3）会议内容（反映会议的主题）。

4）参加对象（明确出席会议者的资格条件）。

5）会议时间（包括报到时间和会议起止时间）。

6）会议地点（包括报到地点和会场地址）。

7）在通知中附回执或报名表。

3. 会场的布置

（1）会场座位格局类型

会场座位的布置应根据参加会议人数的多少、规格的高低、厅室的形状和面积大小来确定，会场座位的格局一般有马蹄形、凹字形、正方形、长方形等。选择什么样的格局要因人因地而异。一般多采用马蹄形，正中迎门处摆四个或两个沙发，两边留有出入口，每两个沙发之间放一张小茶几（或一个茶几配一个沙发）。这种形式的特点是：主次分明、座位集中、出入方便、格局庄严、适用。

（2）与会者座位排列的礼仪要求

1）按职务高低顺序。

2）按姓氏笔画排列。

3）按上级批复或任命通知中的名单次序排列。

4）按各单位名称笔画排列。

（3）主席台的座位安排礼仪（见图 5.1）

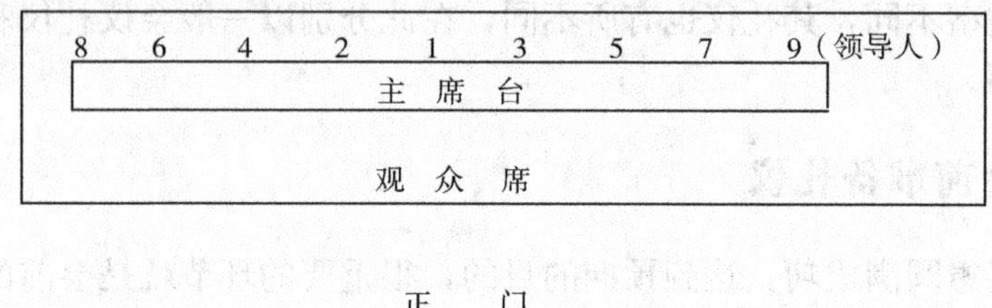

图 5.1 会议主席台座次安排图

1）身份最高的领导人（有时可以是声望较高的来宾）安排在主席台前排中央就座。

2）其他人员按先左后右（以主席台的朝向为准），一左一右的顺序排列。

3）主席台就座的人数为偶数时，前两位领导人共同居中就座，第一位领导人坐在第二位领导人的左侧。

4）主持人的座次按其身份高低安排。

5）双方共同主持的会议采取交叉间隔排列的方法。

（4）会议所需物品的准备

会议所需物品主要有如下几类：

1）会场装饰物，如：会标、会徽、标语、花卉、灯光。

2）会议所需物品，如：音响、空调、摄像、摄影等设备，茶具（茶杯、垫盘、茶壶、茶叶漏、暖瓶、凉水具及茶叶等），烟具（烟灰缸、火柴），文具（小便笺、圆珠笔、红黑铅笔），服务用具（大、小毛巾、托盘、口布、擦布、香水），厕所用具（毛、巾、皂盒、洗手液、梳子、卫生纸等）。

在准备以上物品时，数量一定要富余，用具一定要干净卫生并由专人负责，而且应在会议前一小时准备就绪。

5.1.2 会议服务礼仪

现代会议礼仪应该是全方位、立体化的服务，应该将礼仪服务贯穿会议始终。

1. 会前服务礼仪

会议召开时要热情、周到、有条不紊。安排专人负责接待与会者，为其办理登记和入住手续，并热情做好引导、介绍服务。对远道而来的客人需要接站的，应派人到车站、码头、机场等地按相应接待规格迎接，接站牌要醒目。

2. 会间服务礼仪

主办单位的服务人员应提前到场，当参加会议的客人到来时，应有专门的服务人员到门口迎接。

当与会人员落座后，接待人员应及时倒茶递茶。递茶要用双手，茶杯把儿要放在与会者的右手处。倒茶要轻而规范，杯盖的内口不能接触桌面，手指不能按住杯口，可左手拿开杯盖，右手持水壶，将开水准确倒入杯内。茶水倒至八分满为宜，然后将杯盖盖上。有条件的可先递上热毛巾，并等待客人用毕后适时收回。

会议开始后，应根据会议规模配备适当数目的服务人员。服务人员应站在适当的位置观察会场内的情况。会场内有人招呼要及时应答。在会议期间，服务人员一般应每 15～20 分钟给宾客续水一次。续水时应带小暖瓶，并带小毛巾一块，准备用来擦干洒在杯子外的水。会议结束后。服务人员及时打开厅室门，并检查活动现场：发现未熄灭的烟头要及时熄灭，发现与会人员遗忘的物品要立即送归原主，如果物主已离开，可上交主办负责人处理。会议厅中的温度，夏天一般宜控制在 24～25℃，冬天在 20～22℃之间为宜。

会议如有领奖内容，工作人员应迅速组织受奖人按顺序排列好，礼仪人员及时送上奖状或荣誉证书，由领导颁发给受奖者。

如果有电话或有事相告，工作人员应走到其人身边，轻声转告。如果要通知主席台上的领导，最好用字条传递通知、避免工作人员在台上频繁走动和耳语而分散他人注意力，影响会议效果。工作人员在会场上不要随意走动，不要开呼机或使用手机。

若会场上因工作不当发生差错，工作人员应不动声色，尽快处理，不能惊动其他人，更不能慌慌张张、来回奔跑以免影响会议气氛和正常秩序。

5.1.3　与会者礼仪

参加会议是一件严肃的事情。作为会议代表，有的是以个人身份参加的，有的是以单位名义出席的。不管以什么身份赴会，都必须注意个人的一言一行。言谈要稳重，举止要端庄，时刻注意自我形象，严格遵守会议纪律，以确保礼仪规范。

1. 注意身份，举止得体

参加会议的人员所处地位各不相同，有的以贵宾身份邀请出席，有的则是以一般代表身份参加，有的是作为列席代表参加，每个与会者都必须注意个人在会议中所处的地位，做到不卑不亢，落落大方。

作为贵宾被邀出席会议时，要听从东道主的安排。当邀请在主席台就座时，要按名签或主人指定的座位就坐；台下鼓掌欢迎时，要点头示意或以鼓掌作答，以示礼貌待人。如被安排发言时，要紧扣主题，做简明即席讲话。主要表示对会议的祝贺及对与会者的欢迎。切忌长篇大论，哗众取宠。在主席台就座时，既要主动与其他贵宾打招呼，又不能与他人长时间交头接耳，影响会议气氛。贵宾一般不要中途退席，尤其在别人发言时退席，是极不礼貌的。

另外，会议的主持人、报告人以及在主席台上就座者，都应遵守端庄得体高雅规范的着装原则，既不要太随意休闲也不要像去赴“舞会”一样太隆重，否则会给与会者留下不尊重自己，不尊重他人的印象。

如果是以一般与会者身份出席会议时，也要听从会议东道主安排，在指定区域就座。不允许“擅自离队”，寻找无人之处、偏远之处就坐，企图“忙里偷闲”；也不能跑去找熟人“扎堆”，指望借机大摆“龙门阵”。

列席代表应特别注意个人身份，有表决议程的会议，列席代表是没有表决权的，千万不要举手表决，以免造成统计失误，给东道主造成困难。

2. 严守时间，遵守秩序

遵时守约是现代人的基本素质，参加会议，必须准时。在本地开会也应提前3～5分钟以上的时间到达会场，以便有充裕的时间签名、领取材料，并找到就座之处。去异地参加会议，最好提前一天报到，以便熟悉有关情况。

提倡正点开会，正点散会，反对轻易迟延。提倡限时发言，发言者要有明确的时间观念。在准备发言时，要切记少讲、精讲；届时发言时，要控制好发言的时间，不要没完没了地大讲特讲。

3. 集中精力，凝神聆听

每一个与会者，在会议期间都要聚精会神，专心听讲，并记好笔记，以便会后掌握、理解会议精神。他人发言时，专心听讲，也是尊重对方的一种表现。“既来之则安之”，切勿“灵魂出窍”，神不守舍，失去参加会议的意义。

他人发言时，不可以破坏会场的安静，或是影响发言人的情绪。他人发言时不应与旁边的人窃窃私语。或是肆无忌惮地接打手机、接发短信，也不应打哈欠、皱眉头、摇头晃脑、指指点点，这些举动，只能表明不尊重发言人，同时也说明自己心思不定，用心不专。

会议进行中，不可到处走动，更不能擅自中途退场，造成混乱场面影响会议的正常进行。对待发言人的讲话，可在适当之时以掌声予以鼓励。但鼓掌要适时、适当，要合乎礼节，不要有意起哄，使之成为“鼓倒掌”。对会议或某些人的发言如有意见，可通过正当渠道向上反映，不要在会场上借题发挥，与其他人争执不休。更不要在他人发言时站出来与之唱对台戏。

会议的成功，需要组织者与会者共同的努力，尤其东道主往往要费很大的精力。因此应按“客随主便”的习俗，一切听从主人的安排，不过早报到，不滞后返程。在生活上充分体谅东道主的苦衷，不要过分挑剔，给东道主造成麻烦与困难。

5.1.4 会议结束礼仪

会议结束工作要圆满周到，善始善终，不能虎头蛇尾。有时会议结束时，会议组织者同与会人员要合影留念，合影时也要注意位置的安排，人员排序与主席台安排相同。并发放编印好的代表通讯录。同时做好以下三项工作：

1. 通过会议决议

根据会议的实际需要，在会议的结束阶段，应形成会议决议、会议纪要等专门的会议文件，以贯彻、落实会议精神。撰写文件时应广泛征求代表的意见，以表示对与会者的尊重。会议闭幕前，必须将这些起草好的决议、纪要提交全体会议表决通过，这样才能作为正式文件传达。

2. 处理会议文件

对于有关会议的文件材料，应做到会议内外有别。在会议结束时，根据工作需要和保密制度，该汇总的汇总，该回收的回收，该销毁的销毁。这一切，都必须向与会者讲明原因，以免造成误解与矛盾。

为了给会后的工作提供借鉴和依据，对每次会议的全部文件，诸如通知、报告、简报、决议、纪要、记录、群众来信、新闻报道等，都应立卷归档，妥为保存。

3. 做好送站工作

会议临结束时，主办单位应主动过问与会者的返程有无困难。必要时，可量力而行为之安排交通工具，根据与会者返程的车次、航班的具体时间，做好送站工作。与会人员离别时，工作人员应根据情况安排车辆把客人送到车站、码头或机场，待客人登上车、船、飞机与客人告别后方可离去。

如果所订返程票不能完全满足与会者要求时，应优先照顾年老体弱者、女士，并对其他人耐心解释，取得他们的谅解。对个别因故在结束后暂滞留的与会者，也要一如既往予以关照，并尽可能地为其解决实际困难，不能一推了之。

5.2 展览会礼仪

展览会主要指企业为了介绍本单位的业绩，展示本单位的成果，推销本单位的产品、技术或专利，而以集中陈列实物、模型、文字、图表、影像资料，供人参观了解的一种综合性宣传活动。

展览会礼仪，通常是指在组织、参加展览会时，所应当遵循的规范与惯例。各经济单位参加或举办展览会，其目的大都是宣传自己的产品、寻找企业上下游的客户、签订商务合同。可以说。展览会是一面镜子，它所展示的不仅是商品，更是一个企业的整体形象。展览会主要包括四个方面的主要问题。

5.2.1 举办展览会的目的

第一，开拓新市场。

第二，显示自身实力，获得新成果或推出新产品。

第三，征询意见不断完善自我。

5.2.2 展览会的分类

严格地讲展览会是一个覆盖面很广的基本概念。实际上它又可以分为许许多多不尽相同的具体类型。按照商界目前所通行的划分展览会不同类型的主要标准，可以将展览会划分为六种。

1. 根据展览会的目的划分

这是划分展览会类型的最基本的标准。依照这一标准，展览会可被分为宣传型展览会和销售型展览会两种类型。顾名思义，宣传型展览会显然意在向外界宣传、介绍参展单位的显著成就、雄厚实力、发展历史与企业经营理念，或者向公众揭露某种骗局。而销售型展览会则主要是为了通过展示参展单位的产品、技术和专利，来招徕吸引顾客，进而开拓商品市场，以展促销。因此，人们又常将销售型展览会直截了当地称为展销会或交易会。

2. 根据展览品的种类划分

根据展览品具体种类的不同，可以将展览会区分为单一型展览会与综合型展览会。单一型展览会，展出的商品品种单一，其型号和规格必然琳琅满目，来自不同厂家，往往只展示某一大的门类的产品、技术或专利，例如，家电产品、化妆品、汽车等。因此，人们经常会以其具体展示的某一门类的产品、技术或专利的名称，来对单一型展览会进行直接的冠名，比如，可称之“家电产品展览会”、“化妆品展览会”、“汽车展览会”等。在一般情况下，单一型展览会的参展单位大都是同一行业的竞争对手，因此这种类型的展览会不仅会使其竞争更为激烈，而且对于所有参展单位而言可以说是一场公平的市场考试。综合型展览会，又称混合型展览会。它是一种包罗万象的，同时展示多种门类的产品、技术或专利的大型展览会。如年年举办的广州商品交易会即属此类。与前者相比，后者所侧重的主要是参展单位的综合实力。因此，展览会上展览品具体种类的多少，往往会直接地导致展览会的性质有所不同。

3. 根据展览会的规模划分

根据具体规模的大小，展览会又可以分为大型展览会、小型展览会与微型展览会。大型展览会，如国际博览会、全国性展览会等，通常由社会上的专门机构出面承办，其参展的单位多、参展的项目广，因而规模较大。举办此类展览会，要求有一定的操作技巧。因其档次高、影响大。参展单位必须经过申报、审核、批准等一系列程序。有时，还需支付一定的费用。小型展览会，如各企业、公司独家举办的展览会，一般都由某一单位自行举办，其规模相对较小。在小型展览会上，展示的主要是代表着主办单位最新成就的各种产品、技术和专利。微型展览会，则是小型展览会的进一步微缩。它吸取了小型展览会的精华之处，一般不在社会上进行商业性展示，而只是将其安排陈列于本单位的展览室或荣誉室之内，主要用以教育鞭策本单位的员工和供来宾参观，如橱窗陈列展览等。

4. 根据参展者的区域划分

根据参展单位所在的地理区域的不同，可将展览会划分为国际性展览会、洲际性展览会、全国性展览会、全省性展览会和本地展览会。规模较大的国际性展览会、洲际性展览会和全国性展览会，往往被人们称为博览会。应当指出的是，组织展览会不一定非要贪大求全，特别是忌讳虚张声势、名不副实，动辄冠以“世界”、“全球”、“全国”之名。若是根据参展单位所属行业的不同，则展览会也可分为行业性展览会和跨行业展览会。

5. 根据展览会的场地划分

举办展览会，免不了要占用一定面积的场地。若以所占场地的不同而论，展览会又有室内展览会与露天展览会之别。前者大都被安排在专门的展览馆或是宾馆和本单位的展览厅、展览室之内，显得隆重而有档次。它大都设计考究、布置精美、陈列有序、安全防盗、不易受损，并且可以不受时间与天气的制约，举办时间也可以适当延长，但是布展较为复杂，所需费用也较多。但在展示价值高昂、制作精美、忌晒忌雨、易于失盗的展品时，室内展览会自然是最佳选择。后者则安排在室外，优点是它可以提供较大的场地、花费较小，而且不必为设计、布置费力过多。在展示大型展品或需要以自然界为其背景的展品时，选择露天展览会最佳。如展示花卉、农产品、工程机械、大型设备时，大都选择露天展览。

不过，它的缺点是受天气等自然条件影响较大，展览时间不易过长，否则，极易使展品丢失或受损。

6. 根据展览会的时间划分

举办展览会所用的具体时间的长短，又称为展期。根据展期的不同，可以把展览会分作长期展览会、定期展览会和临时展览会。长期展览会，大都常年举行，其展览场所固定，展品变动不大。定期展览会，展期一般固定为每隔一段时间之后，在某一个特定的时间之内举行。例如，每三年举行一次，或者每年春季举行一次，等等。其展览主题大都既定不变，但允许变更展览场所，或展品内容有所变动。一般来讲，定期展览会往往呈现出连续性、系列性的特征。临时展览会，则随时可根据需要与可能举办。它所选择的展览场所、展品内容乃至展览主题，往往不尽相同，但其展期大都不长。

5.2.3 展览会的组织与实施

一般的展览会，既可以由参展单位自行组织，也可以由社会上的专门机构出面承担。不论组织者由谁来担任，都必须认真做好具体的工作，力求使展览会取得预期的完美效果。

根据惯例，展览会的组织者需要重点进行的具体工作，主要包括确定展览会的主题、目的与类型，确定参展单位，展览内容的宣传，展示位置的分配与展台的布置，安全保卫的事项，辅助服务的项目，等等。

1. 确定展览会的主题目的与类型

明确展览会主题，可以使所有展品得到有机的排列与组合。同时，展览会主题又决定着展览会中将使用的沟通方式与接待方式。确定展览会的目的是划分展览会类型的最基本标准。

2. 确定参展单位

一旦决定举办展览会，由哪些单位来参加的问题，通常都是非常重要的。在具体考虑参展单位的时候，必须注意自愿原则，不得勉强。按照商务礼仪的要求，主办单位事先应以适当的方式，对拟参展的单位发出正式的邀请或召集。邀请或召集参展单位的主要方式为：刊登广告，寄发邀请函，召开新闻发布会，等等。不管是采用其中哪种方式，均须同时将展览会的宗旨、展出的主要项目、参展单位的范围与条件、举办展览会的时间与地点、报名参展的具体时间与地点、咨询有关问题的联络方法、主办单位拟提供的辅助服务项目、参展单位所应负担的基本费用等，如实地告知参展单位，以便对方参考权衡是否参加展览会。

对于报名参展的单位，主办单位应根据展览会的主题与具体条件进行必要的审核，以确保展览会达到预期的目的、效果。当参展单位的正式名单确定之后，主办单位应及时地以专函进行通知，从而使被批准的参展单位能够尽早准备参展事宜。

3. 展览内容的宣传

为了引起社会各界对展览会的关注与重视，并且尽量地扩大其影响，主办单位有必要对其进行大力宣传。宣传的重点，应当是展览的内容，即展览会上的展示陈列之物。因为展品才是真正吸引各界人士注意力和兴趣的关键。对展览会，尤其是对展览内容所进行的宣传，主要可以采用下列几种方式：

1）举办新闻发布会前，要认真制定新闻发布计划，确定好发布内容、发布时间和发布形式。

2）邀请新闻界人士到场进行实地参观采访。

3）发表有关展览会的新闻稿。

4）公开刊发广告。

5）张贴有关展览会的宣传画。

6）在展览会现场散发宣传性材料和纪念品。

7）在举办地悬挂彩旗、彩带或横幅。

8）利用升空的彩色气球和飞艇进行宣传。

以上8种方式，可以只择其一亦可多种同时并用。在具体进行选择时，一定要量力行事，并且要严守法纪，注意安全。为了搞好宣传工作，增强宣传效果，在举办大型展览会时。主办单位应专门成立对外进行宣传的组织机构。其正式名称，可以叫新闻组，也可以叫宣传办公室。

4. 展位的分配与展台的布置

对展览会的组织者来讲，展位的分配与展台的布置，通常是其重要职责之一。展品在展览会上进行展示陈列的具体位置，称为展位。大凡理想的展位，除了收费合理之外，应当面积适当，客流较多，处于展览会上的较为醒目之处，设施齐备，采光、水电的供给良好。在一般情况下，展览会的组织者要想尽一切办法充分满足参展单位关于展位的合理要求。假如参展单位较多，并且对于较为理想的展位竞争较为激烈的话，则展览会的组织者可依照展览会的惯例，采用下列方法之一对展位进行合理的分配。

方法一是对展位进行竞拍。由组织者根据展位的不同，而制定不同的收费标准，然后组织一场拍卖会，由参展者在会上自由进行角逐，由出价高者拥有自己满意的展位。

方法二是对展位进行投标。即由参展单位依照组织者所公告的招标标准和具体条件自行报价，并据此填具标单，而由组织者按照“就高不就低”的常规，将展位分配给报价高者。

方法三是对展位进行抽签。即先将展位编号，然后将号码写在纸签之上，再由参展单位的代表在公证人员的监督之下，每人各取一个，以此来确定其各自的具体展位。

方法四是按“先来后到”分配。即以参展单位正式报名的先后为序，谁先报名，谁便有权优先选择自己所看中的展位。

不管采用上述何种方法，组织者均须事先将其广而告之，以便参展单位早做准备，尽量选到称心如意的展位。

在布置展台时的根本出发点是：以参观者的感受为核心，从参观者的角度去构思、安排和布局。比如将服装放在包装盒中陈列在展台上就不如挂在模特架上给人的印象深。展台的具体布置还要考虑色彩、照明、造型等特殊视觉效果。展品布置的基本要求是：展示陈列的各种展品，在外观上要力求完美无缺，质量上要优中选优，陈列上要围绕既定的主题，进行互为衬托的合理组合与搭配。要在整体上显得井然有序、浑然一体。因此，可借助各种手法来达到这一目的，如以琅光灯烘托高档商品、用大屏幕演示产品的生产，使产品处于工作状态等。

5. 安全保卫的事项

无论展览会举办地的社会治安环境如何，组织者对于有关的安全保卫事项均应认真对待，免得由于事前考虑不周而麻烦丛生，或是“大意失荆州”。因此主办者要主动将展览会的举办详情及时地向当地公安部门通报，求得其理解、支持与合作。

如果举办规模较大的展览会时，最好从合法的保卫公司聘请一定数量的保安人员，将展览会的保安工作全权交予对方负责。

同时，为了预防天灾人祸等不测事件的发生，应向声誉良好的保险公司进行数额合理的投保，以便利用社会力量为自己分忧。

此外，在展览会入口处或展览会的入场券上，应将参观的具体注意事项正式成文列出，使观众心中有数，以减少不必要的纠葛。

对于展览会组织单位的全体工作人员来讲，均应自觉树立良好的防损、防盗、防火、防水等安全意识，为展览会的平安进行竭尽一己之力。

按照常规，有关安全保卫的事项，必要时最好由有关各方正式签订合约或协议，并且经过公证。

6. 辅助的服务项目

主办单位作为展览会的组织者，有义务为各参展单位提供一切必要的辅助性服务项目。否则，不但会影响自己的声誉，而且还会授人以柄。

由展览会的组织者为参展单位提供的各项辅助性服务项目，最好有言在先，并且对有关费用的支付进行详尽的说明。

具体而言，为参展单位所提供的辅助性服务项目，通常主要包括下述各项：其一，是展品的运输与安装；其二，是车、船、机票的订购；其三，是与海关、商检、防疫部门的协调；其四，是跨国参展时有关证件、证明的办理；其五，是电话、传真、电脑、复印机等现代化的通讯联络设备；其六，是举行洽谈会、发布会等商务会议或休息之时所使用的适当场所；其七，是餐饮以及有关展览时使用的零配件的提供；其八，是供参展单位选用的礼仪、讲解、推销人员等。

5.2.4 展览会的参加礼仪

参展单位在正式参加展览会时，必须要求自己的全部派出人员齐心协力、同心同德，确保展览会收到预期的效果。因此在整体形象、待人礼貌、解说技巧等三个主要方面，参展单位要予以特别的重视。

1. 要努力维护企业整体形象

在参与展览时，参展单位的整体形象直接映入观众的眼里，因而对自己参展的成败影响极大。参展单位的整体形象，主要由展示之物的形象与工作人员的形象两个部分所构成。对于二者要给予同等的重视，不可偏废其一。展示之物的形象，主要由展品的外观、展品的质量、展品的陈列、展位的布置、发放的资料等构成。如前所述用以进行展览的展品，外观上要力求完美无缺，质量上要优中选秀，陈列上要既整齐美观又讲究主次，布置上要兼顾主题的突出与观众的注意力。而用以在展览会上向观众直接散发的有关资料，则要印刷精美、图文并茂、资讯丰富，并且注明参展单位的主要联络方法，如公关部门与销售部门的电话、电报、电传、传真以及电子邮箱的号码，等等。

工作人员的形象，则主要是指在展览会上直接代表参展单位露面的人员的穿着打扮问题。在一般情况下，要求在展位上工作的人员应当统一着装。最佳的选择，是身穿本单位的制服，或者是穿深色的西装、套裙。在大型的展览会上，参展单位若安排礼仪小姐迎送宾客，则最好请其身穿色彩鲜艳的单色旗袍，并胸披写有参展单位或其主打展品名称的大红色绶带。为了说明各自的身份，全体工作人员皆应在左胸佩戴标明本人单位、职务、姓名的胸卡，但是礼仪小姐可以例外。按照惯例，工作人员不应佩戴首饰，同时，男士应当剃须，女士最好化淡妆，以体现企业的良好形象。

2. 要时时注意礼貌待人

在展览会上，不管它是宣传型展览会还是销售型展览会，参展单位的工作人员都必须真正地意识到观众是自己的上帝，为其热情而竭诚地服务则是自己的

天职。

展览一旦正式开始，全体参展单位的工作人员即应各就各位，站立迎宾。不允许迟到、早退，无故脱岗、东游西逛，更不允许在观众到来之时坐、卧不起，怠慢对方。

当观众走近自己的展位时，不管对方是否向自己打了招呼，工作人员都要面含微笑，主动地向对方问候："您好！欢迎光临！"随后，还应面向对方，稍许欠身，伸出右手，掌心斜向上，指尖直指展台，并告知对方："敬请参观。"

当观众在本单位的展位上进行参观时，工作人员可随行于其后，以备对方向自己进行咨询；也可以请其自便，不加干扰。假如观众较多，尤其是在接待组团而来的观众时，工作人员亦可在左前方引导对方进行参观。对于观众所提出的问题，工作人员要认真做出回答。不允许置之不理，或以不礼貌的言行对待对方。

当观众离去时，工作人员应当真诚地向对方欠身施礼，并道以"谢谢光临"，或是"再见！"

在任何情况下，工作人员均不得对观众恶语相加，或讥讽嘲弄。对于极个别不守展览会规则而乱摸乱动、乱拿展品的观众，仍须以礼相劝，必要时可请保安人员协助，但不允许对对方擅自动粗，进行打骂、扣留或者非法搜身。

3. 要善于运用解说技巧

解说技巧，此处主要是指参展单位的工作人员在向观众介绍或说明展品时，应当掌握的基本方法和技能。具体而论，在宣传型展览会与销售型展览会上，其解说技巧既有共性可循，又有各自的不同之处。

在宣传型展览会与销售型展览会上，解说技巧的共性在于：要善于因人而异，使解说具有针对性。与此同时，要突出自己展品的特色。在实事求是的前提下，要注意对其扬长避短，强调"人无我有"之处。在必要时，还可邀请观众亲自动手操作，或由工作人员为其进行现场示范。此外，还可安排观众观看与展品相关的影视片，并向其提供说明材料与单位名片。通常，说明材料与单位名片应常备于展台之上，由观众自取。

进而言之，宣传型展览会与销售型展览会的解说技巧又有一些不同之处。在宣传型展览会上，解说的重点应当放在推广参展单位的形象上。要善于使解说围绕着参展单位与公众的双向沟通而进行，时时刻刻都应大力宣传本单位的成就和理念，以便使公众对参展单位给予认可。而在销售型展览会上，解说的重点则必须放在主要展品的介绍与推销上。即解说时应当以客户利益为重，在提供有利证据的前提之下，着重强调自己所介绍、推销展品的主要特征与主要优点，从而使客户觉得言之有理并乐于接受。

5.3　新闻发布会礼仪

新闻发布会，简称发布会，通常也称新闻招待会。它是一种主动传播各类有关信息，谋求新闻界对某一社会组织或某一活动、事件进行客观而公正的报道的有效沟通方式。对商界而言，举办新闻发布会，是自己联络、协调与新闻媒介相互关系的一种重要手段。新闻发布会的礼仪规范应包括以下内容。

5.3.1　会议筹备礼仪

1. 确定新闻发布会的主题

新闻发布会的主题，即新闻发布会的中心议题。主题确定是否得当，往往直接关系到本单位的预期目标能否实现。新闻发布会的主题大致有两类：

1）说明性主题。如企业推出新产品、企业的经营方针有所改变等，此时新闻发布会主要是对外宣布决定。

2）解释性主题。如企业产品质量出现了问题，企业出现了重大事故等，此时，新闻发布会主要是对所发生的事件进行解释。

2. 选定新闻发布会举行的时机

时机选择是否理想，对新闻发布会的效果有着重要影响。适于举办新闻发布会的时机包括：

1）公司及产品（服务）已成为公众关注问题的一部分。

2）公司或其他成员已成为众矢之的。

3）新产品上市。

4）开始聘用某大腕明星为自己的产品作形象代言人。

5）公司人员重大调整。

6）公司扩大生产规模。

7）公司取得最新记录的销售业绩，等等。

选定时间时要注意。通常，一次新闻发布会所使用的全部时间，应当限制在两个小时以内。举行新闻发布会的最佳时间，在周一至周四的上午 10 点至 12 点，或下午 3 点至 5 点左右。在此时间内，绝大多数人都是方便的。

3. 确定新闻发布会举行的地点

可考虑以下地点：

1）本单位所在地。

2）事件发生地。

3）当地著名的宾馆、会议厅等。

发布会现场还应考虑交通是否方便，采访条件是否优越，扩音、录音、录像、照明设备是否完好、齐备，座位是否够用等。

4. 确定邀请的对象

应根据新闻发布会的主题，确定邀请对象。

新闻记者是新闻发布会的主宾，邀请哪些记者参加应根据新闻发布会的性质而定。如果是为了扩大影响和知名度，可以邀请多种类多层次的记者；如果只是进行宣传解释则邀请面可小些。

此外，广告公司、客户、同行等也是受邀请的对象。

要拟订详细的邀请名单，提前7～10天发出邀请，临近开会时还应打电话联系落实。

5. 选择新闻发布会的主持人和发言人

新闻发布会的主办方必须做好有关人员安排工作。

1）新闻发布会的主持人大都由主办单位的办公室主任或秘书长、公关部部长担任。主持人的基本条件是：仪表端庄、见多识广、反应灵活、语言流畅、幽默风趣，善于把握大局，长于引导提问，并具有丰富的主持会议的经验。

2）新闻发布会的发言人是会议的主角，通常由本单位的领导人担任，因领导人对本单位的方针、政策及各方面情况比较了解，由他们回答记者的提问更具说服力和权威性。

发言人代表公司形象，必须具备以下条件：

第一，要有有效传播与沟通的能力。包括广博的知识面，清晰准确的语言表达能力，倾听的能力及反应力，良好的个人形象。

第二，身居要职。新闻发布会的发言人应有较高职务，有权代表公司讲话。

3）主持人与发言人的配合：新闻发布会上，主持人与发言人要配合默契，既要分工明确，又要彼此支持。主持人主要是主持会议、引导提问，发言人主要是做主旨发言、答复提问。在发布会上主持人、发言人的彼此配合是极其重要的，两者必须保持一致的口径。

除了要慎重选择主持人、发言人之外，还应精选一些人员负责会议现场的接待工作。通常，他们应是品行良好、相貌端正、工作负责、善于交际的年轻女性。

为了宾主方便，主办方所有正式出席新闻发布会的人员，都应佩带统一制造的姓名胸卡，其内容包括姓名、单位、部门、职务等。

6. 准备会议材料

新闻发布会应准备四方面材料：

1）发言人的发言稿。它是发言人在新闻发布会上进行正式发言的发言提纲。

它既要紧扣主题，又要全面、准确、真实、生动。

2）回答提纲。为使发言人在现场回答问题时表现自如，可事先预测一下记者将要问到的问题，并准备好答案，以使发言人心中有数，必要时予以参考。

3）报道提纲。为了方便新闻记者在进行宣传报道时抓住重点、资讯翔实，主办单位可事先将报道重点、有关数据、资料编印出来，作为记者采访报道的参考资料。在宣传报道提纲上，应列出单位名称、联络电话、传真号码和网址等，以供新闻记者核实之用。

4）其他辅助材料。最好在新闻发布会的现场准备一些可以强化会议效果的形象直观化视听材料，如图片、实物、模型、录音、录像、影片、幻灯和光碟等，目的是增强发言人的讲话效果，加深与会者对会议主题的认识和理解。

7. 预算会议所需费用

根据新闻发布会的规格和规模做出可行的经费预算。费用项目一般有：场租、会场布置、印刷品、茶点、礼品、文书用品、音响器材、邮费、电话费和交通费等。需要用餐时还应加上餐费。

8. 其他准备工作

如会场的布置、音响设备的调试、礼品的准备、座次的安排、工作人员胸卡的制造以及与会人员的仪态举止训练等。

5.3.2　新闻发布会的程序

1）签到。

2）分发会议资料。应发给每位来宾一个事先准备好的资料袋，其中有：信息发布稿、技术性说明（必要时发放）、主持人的传略材料和照片，以及会上要展示的产品或模型的照片。

3）宣布会议开始。会议开始时主持人简要说明召集会议的目的、所要发布信息或事件发生的背景和经过等。

4）发言人讲话。

5）回答记者提问。

6）接受重点采访。

5.3.3　发布会的善后工作

发布会结束后，应在一定时间内对其进行一次认真的评估工作。

1. 了解新闻界的反应

对照来宾签到簿与来宾邀请名单，核查新闻界人士的到会情况，了解一下与

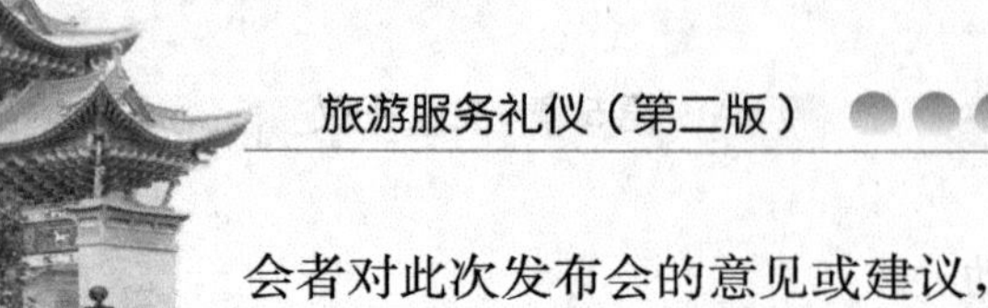

会者对此次发布会的意见或建议，尽快找出自己的缺陷与不足。

2. 整理保存会议资料

需要主办单位认真整理保存的新闻发布会的有关资料，大致上可以分为两类：一类是会议自身的图文声像资料：它包括在会议进行过程中所使用的一切文件、图表、录音和录像等；另一类则是新闻媒介有关会议报道的资料：它主要包括在电视、报纸、广播、杂志上所公开发表的涉及到此次新闻发布会的消息、通讯、评论、图片等。具体可以分为有利报道、不利报道、中性报道三类。

3. 及时采取补救措施

在听取了与会者的意见、建议，总结了会议的举办经验，收集、研究了新闻界对会议的相关报道之后，对于失误、过错或误导，都要主动采取一些必要的对策。对于在新闻发布会之后出现的不利报道，特别要注意具体分析，具体对待。

这类不利报道大致可分三类：一是事实准确的批评性报道，二是因误解而出现的失实性报道，三是有意歪曲事实的敌视性报道；对于批评性报道，主办单位应当闻过即改，虚心接受。对于失实性报道，主办单位应通过适当途径加以解释、消除误解。对于敌视性报道，主办单位则应在讲究策略、方式的前提下据理力争、立场坚定、尽量为自己挽回声誉。

5.3.4 举办新闻发布会的注意事项

1）主持人应充分发挥其主持者和组织者的作用，言谈庄重而幽默，能把握会议议题，掌握会议时间，活跃会议气氛。

2）发言人讲话应简明扼要，重点突出，清晰流畅，对记者提问要回答诚恳而巧妙。

3）发布的信息必须准确无误，发现错误应立即更正。对于不便发表和透露的内容，应委婉地做出解释。

4）各位发言人在重大问题上要统一口径，切忌说法不一。

5）不要随意打断记者的发言和提问，对各方记者要一视同仁，尊重他们的劳动，以礼相待、以诚相待、不能厚此薄彼。

6）注意仪表修饰。在新闻发布会上，代表主办单位出场的主持人、发言人，是被新闻界人士视为主办单位的化身和代言人的。因此，主持人、发言人对于自己的外表，尤其是仪容、服饰、举止，一定要事先进行认真的修饰。按惯例，主持人、发言人要进行必要的化妆，并且以淡妆为主。应当庄重而大方，男士宜穿深色西装套装、白色衬衫、黑袜黑鞋，打领带，女士则宜穿单色套裙、肉色丝袜、高跟皮鞋。服装必须干净、挺括，一般不宜佩戴首饰。在面对新闻界人士时，主持人、发言人都要注意做到举止自然而大方。要面带微笑，表情自若，坐姿端正。

5.4 舞会、音乐会、沙龙礼仪

5.4.1 舞会礼仪

舞会是现代社会交往的重要形式之一，也是人们经常进行的高雅社交娱乐活动。舞会可以结识朋友，加深友谊，消除疲劳，陶冶性情。因此，舞会吸引着社会各阶层人士。

1. 组织舞会的礼仪

(1) 布置舞场

舞场的大小应根据客人多少而定。舞场布置要求典雅、大方。灯光适中。如果是专场舞会，应在舞场周围张贴欢迎字样，以示主人热情友好之意。舞场周围要摆放足够的座椅，备好饮料、水果等。

(2) 选好舞曲

好的舞曲是创造高雅、美妙气氛的保证。舞会组织者可根据主要来宾的素质、年龄、喜好等特点选择舞曲，不同舞步的舞曲穿插播放。如来宾以中老年人居多，可多选择世界名曲，节奏稍缓的曲目；如来宾中以年轻人居多，则可多选择节奏感较强、较快的流行曲目，其中穿插较长时间的跳迪斯科时间，使年轻人尽情、尽兴，活跃舞场气氛。

(3) 安排舞伴

交谊舞一般是男女相伴而跳。舞会组织者应事先考虑来宾的男女比例，根据需要有意安排一定数量的伴舞人。对主要宾客可适当安排舞伴，轮流邀舞，使其尽兴。

(4) 做好安全保卫工作

在舞会进行过程中，应做好安全保卫工作。安排专人把门，闲散人员、衣冠不整者谢绝入场；有专人保管衣物；发现个别宾客因醉酒有失风范时，礼貌得体地劝阻，严重者劝其退场。

2. 参加舞会礼仪

(1) 讲究仪容仪表

参加舞会者应讲究仪容仪表。级别较高的舞会在请贴上通常会注明男女宾服饰要求。

一般而言要求穿正式服饰参加舞会。男士着西装，打领带，装扮整齐。女士穿质地讲究的晚礼服，也可以穿裙装代替，配以合适的首饰。女士化妆可比白天

的淡妆稍浓，在灯光暗的舞场中才有美化效果。

仪容方面，舞会的参加者均应沐浴，并梳理适当的发型。男士务必要剃须，女士在穿无袖装时须剃去腋毛。注意个人口腔卫生，认真清除口臭，并禁食气味刺激的食物。感冒患者以及其他传染病患者，应自觉地不参加舞会。

（2）邀舞、应邀礼仪

正式的舞会，第一曲舞是主人夫妇、主宾夫妇共舞，第二曲舞是男主人邀主宾夫人、男主宾邀女主人共舞。接下来，男主人还须依次邀请在礼宾序列上排位第二、第三的男士的女伴各跳一支舞曲，而那些被男主人依照礼宾序列相邀共舞的女士的男伴，则应同时回请女主人共舞。就来宾方面而言，有下列一些女士，是男宾应当依礼相邀，共舞一曲的。她们主要包括：舞会的女主人；被介绍相识的女士；碰上的旧交的女伴；坐在自己身旁的女士。

舞曲开始，一般由男士主动邀请女士共舞。邀舞时，男士向女士行鞠躬礼，伸出右手邀舞，同时伴随语言“请您跳个舞，行吗?”女士受到邀请后，回应起身。如果女士已有舞伴，应礼貌解释：“谢谢，已约好别人了，等下一曲，好吗?”如因某种原因不能接受邀请时，可委婉推辞：“对不起，我很累了，想休息一下。”为尊重邀舞者，此舞曲女士不应再接受别的男士邀请，直到此曲终了。

男士在邀请不相识的女士时，应先观察其是否有男士相伴，如果有，一般不宜上前邀请。如果前去邀请，则应先向其男伴点头致意，再向女士邀舞。

在较为正式的舞会上，尤其是在涉外舞会上，同性之间避免相邀共舞。两位男士一同跳舞意味着他们不愿意向在场的女士邀舞，这是对女士的不尊重，而在西方则是同性恋的表现。而两位女士一起跳舞，又表示无人邀请。

（3）跳舞礼仪

1）舞姿要端正、大方和活泼。整个身体应始终保持平、正、直、稳，无论是进是退，还是向前、后、左、右方向移动，都要掌握好重心。如果身体摇摇晃晃，肩膀一高一低，甚至踩了对方的脚，都是很不恰当的。跳舞中，男女双方都应面带微笑，说话和气，声音轻细，不要旁若无人地大声谈笑。

2）在跳舞时，男女双方的神情姿态要轻盈自若，给人以欢乐感受；表情应谦和悦目，给人以优美感；动作协调舒展，和谐默契。男方不要强拉硬拽，女方不可挂在或扑在对方身上，或耸肩挺腹、驼背屈身。这样即使对方有不胜负担之苦，自己也有失雅观。

3）跳舞时，男士用右手扶着女方腰时，正确的手势是手掌心紧贴女方腰部。男方的左手应让左臂以弧形向上与肩部成水平线举起，掌心向上，手指平展，只将女伴的右手轻轻托住，而不是随意的捏紧或握住。女方的左手应轻轻放在男方的右臂上，而不应勾住男方的颈脖。跳舞时双方握的或搂的过紧，都是有失风度的。

4）跳舞时，双方身体应保持一定距离。跳四步舞（勃鲁斯）时，舞步可稍微大些，表现出庄重、典雅和明快的姿态。跳三步舞（华尔兹）时，双方应保持一臂的距离，让身体略微昂起向后，使旋转时重心适当，表现出热情、舒展和流畅的情绪与节奏。跳探戈舞时，随着乐曲中切分音所含节拍的弹性跳跃，因男女双方的步伐与舞姿变化较多，舞步可稍大些，但男方应注意不可将脚伸到女方两脚间过远，回旋时，也不要把女方拉来拖去。跳伦巴时，男女双方可随着音乐节奏轻轻摆动腿部及脚踝，但臀部不应大幅度地摆动。

5）当一曲结束后，男方应热情大方地对女方说一声“谢谢”，然后再离开，也可以伴送女方回到原来的座位，并进行适当的交谈。但如果女方已有男伴，切不要造次硬挤过去，特别是不要始终盯牢一位舞伴不舍，以免发生误会。

（4）舞会的文明规范

交谊舞是一种形式活泼、内容健康、节奏欢快、群众性强的集体活动。它通过舞曲优美动听的音乐旋律和男女舞伴协调的舞蹈动作，表现出一种整体的美。但为了使舞会开得气氛热烈，达到社交目的，参加舞会的每一个人都应该遵循一些必要的文明规范。

舞会前不要吃大蒜等有异味的食物，不能穿汗衫、背心和短裤去参加舞会。

自觉维护舞场卫生与秩序。不吸烟，不乱扔果皮、纸屑，不乱倒茶水。

不在舞场中大声喧哗，不借酒闹事，不在舞池中穿行或聊天。

尊重舞伴，切莫放浪形骸，使对方感到难堪。即使是热恋的一对，也不应显得过分亲昵，有失体统。

在舞会上结交新朋友，通常有三种方法可行。其一，是主动把自己介绍给对方。其二，是请主人或其他与双方熟悉的人士代为介绍。其三，是通过邀请舞伴的方式直接或间接地认识对方。在舞会上结识新友之后，一般不宜长时间深谈。

舞会结束，向主人道谢告辞。男士可护送女士回家，但不应勉强，更不应勉强女士留下联络方式。

5.4.2 音乐会礼仪

观看音乐会，在早期多是皇宫贵族或是达官富豪参加的集会社交活动，因此往往给人以庄严、高尚的感觉。即便在今天，观看音乐会已越来越大众化，但仍沿袭了不少的传统礼仪。

1. 服装礼仪

观看音乐会，要求穿着比较正式，如男士们穿西装、打领带，或穿小礼服，打领结。女士们穿小礼服或大礼服，戴薄纱手套，并化妆。这是对音乐艺术与演奏家一种基本的尊重。

2. 音乐会进场礼仪

听众应在音乐会开始前入座。如若迟到，则应等一曲终了或中途休息时方可入内。

国外音乐厅里设有衣帽间，男士应协助女士脱下大衣，并代为存放。入座时，男士应请女士先行。

3. 音乐会鼓掌与倾听礼仪

适当的掌声是观众对演奏者的回应，但是过于热情或是不合时宜的掌声则会扰乱演奏者的情绪。听众可在音乐会前先了解演出的曲目，在欣赏过程中，注意观察指挥者的双手是否已完全放下，音乐是否有完全停息的气氛，不要跟着他人盲目鼓掌。

安静倾听是音乐会最起码的礼仪，不仅表示对演奏者和其他观众的尊重，也间接表达了自己的修养。在音乐会中发出噪音是很不礼貌的，手机暂时关闭，避免在音乐进行中交头接耳或走动，以及其他不必要的声音，如打拍子、清喉咙以及咳嗽声、嚼口香糖声等。

4. 音乐会结束礼仪

一个正规乐团在常规音乐演出中，正式曲目结束后，一般是没有加演曲目，而那些交流、访问性质的演出，他们的加演曲目的多少很大程度上取决于听众掌声、喝彩声的热烈程度。

出于礼节考虑，只要乐队首席（坐在第一小提琴最前面的那一位）没有起身退场，听众最好不要匆忙起身退场，并留心带走座位上的物件以及寄存的物品。

5.4.3 沙龙礼仪

沙龙，本是法语之中“客厅”或“会客室”一词的音译。由于在法国大革命前后，法国人对哲学、文学、艺术、政治、经济和社会问题异常关注，经常喜欢聚集在某些私人的客厅里，对此进行私人之间的室内聚会，并逐渐成为一种时尚，后来传到了欧洲和世界其他地方，相沿成习，人们便将这种主要是在室内进行的专门的社交性聚会称之为沙龙。

沙龙在我国，尤其是在商界也非常流行。商界人士看中沙龙这种社交的形式，主要是因为它形式自然、内容灵活、品位高雅，可以使渴望友谊、注重信息的人们，既正规而又轻松愉快地与其他人进行交际。

1. 沙龙的分类

按照人们在聚会中所讨论的中心话题或从事的主要活动来区别，沙龙分为许多种类。具体来讲，包罗万象，内容众多的，叫做综合沙龙；亲朋好友、同事、同学相互之间以保持联络为目的的，叫做交际沙龙；主要是为了接待来访者，意在相互了解，加深认识的，叫做联谊沙龙；以学术讨论为主要内容的，叫做学术沙龙；主要由文学艺术爱好者发起、参加的，叫做文艺沙龙；以休闲、娱乐为主要活动形式的，则叫做休闲沙龙。

2. 交际型沙龙礼仪

交际型沙龙，主要目的是为了使参加者之间保持接触，进行交流。因此，它的具体活动形式可以灵活多样。平日商务人员经常有机会参加的座谈会、校友会、同乡会、聚餐会、庆祝会、联欢会、生日派对、节日晚会、家庭舞会等，实际上大都属于交际型沙龙。

(1) 举办沙龙礼仪

在通常情况下，交际型沙龙的地点、时间、形式、主人和参加者，均应事先议定。它可以由一人发起、提议，也可以由全体参与者群策群力，共同讨论决定。

举办交际型沙龙的地点，应当选择条件较好的某家客厅、庭院、或是宾馆、饭店、餐馆、写字楼内的某一专用的房间。它至少应当做到面积大、通风好、温度适中、照明正常、环境幽雅、没有噪音、不受外界的其他任何干扰。

举办交际型沙龙的时间，一般应为2到4小时。在具体执行上，则不必过分地“严守规章”。只要大家意犹未尽，那么将其适当地延长一些是完全必要的。通常，为了不影响正常工作，交际型沙龙以在周末下午或晚间举行为好。

如果交际型沙龙是在某家私宅内举行，其主人自然就是此次沙龙的主人。如果是在外租用场地举行，则一般应由其发起者或组织者担任主人。若他独身未婚或配偶不在本地，则应由其父母、子女、同事或秘书来临时充任男主人或女主人。按惯例，沙龙的主人应当有男有女，以便“对口”去分别照顾男宾、女宾们。

(2) 参加沙龙礼仪

交际型沙龙的参加者，大体上应当事先确定好。在某些较为正式的交际型沙龙上，参加者彼此之间相识者居多。但也不绝对地排斥“新人”加入。只不过“新人”的加入，应提前征得主人的首肯，并以不会同有前嫌的人在沙龙上“狭路相逢”为前提。

参加交际型沙龙之前，应认真对自己的仪表、服饰进行必要修饰与斟酌。一般着正式服装参加。

参加沙龙时，遵守时间，按时赴约，不得无故早到、迟到、早退或是爽约。万一临时有事难以准点到达，或不能前往，需提前通知主人，并向大家表示歉意。迟到太久了，一定要向主人和大家说“对不起！”体谅主人，设身处地的多替主人着想，并尽可能地对其援之以手。至少，商界人士也应该做到，不为主人忙中添乱、雪上加霜。

在主人家中参加沙龙时，即使与主人过从甚密，也须讲公德。比方说，不管主人有无要求，都不可吸烟、随地吐痰或乱扔东西。不允许擅自闯入非活动区域，例如书房、卧室、阳台、储藏室等处“参观访问”，翻箱倒柜，乱拿或乱动主人的物品。

主动与他人进行交流。可以主动地同身边的人进行攀谈，可以旁听他人的交谈，也可以加入他人的交谈。在同他人交谈时，应当表现得诚恳虚心。同时，有可能的话，还应当扩大一下自己的交际范围。

3. 休闲型沙龙礼仪

休闲型沙龙，与交际型沙龙相比，同样也具有社交的功能，只不过休闲性、娱乐性相对来说较为突出罢了。具体是在家中、乡间别墅、度假村或休闲性的会员制俱乐部中进行一系列活动，如打台球、网球、保龄球、高尔夫球、卡拉OK、游泳、钓鱼等。

有一位颇有成就的西方大企业家曾经说过：“我的成功，主要不是来自谈判桌上，而是来自乡间别墅或是俱乐部里同对手的友好接触。”他的话，对休闲型沙龙的功能，做出了最通俗的正确表达。

1）在休闲型沙龙里，应当表现得像玩。所谓像玩，就是要求“轻装上阵”，脱下西服套装、西装套裙、时装、礼服和磨人夹脚的皮鞋，卸下表明地位与身份的首饰，洗去脸上厚厚的铅华，换上与休闲型沙龙的具体环境相般配的休闲装，穿上运动方便的休闲鞋，实实在在地进入自己此时此地的角色之中。

2）在休闲型沙龙里，应当表现得会玩。所谓会玩，有两层含义。一方面是指玩的技巧，另一方面则是指对玩的内容的选择。不会玩，只要肯去学，又有人教，一般不难对待。而在对玩的内容的选择上误入歧途，那可就因小失大，害己害人了。

3）在休闲型沙龙里，应当表现得以玩为主。既然是休闲、娱乐，商务人员在沙龙里，就是以玩为主，以玩为中心，以玩为主要活动内容。不要表现得过分急功近利。

有经验的商界人士都懂得：该工作时就要工作，该休息时就要休息，“不懂得休息，就不懂得工作”。因此，参加休闲型沙龙时，切勿忘记应当以“休闲”为主，以“交际”为辅，不要随便将二者倒置。

典型案例

2006年元旦晚上，一年一度的广州新年音乐会即将奏响。距离开场还有40分钟，星海音乐厅的礼服租借处一派忙碌景象：一位身着便装的摄影记者，放下摄影包，挑了一套合身的西装，在工作人员的帮忙下，赶紧换上才进入音乐厅。

一位穿着中山装的父亲给上初中的儿子租了一套礼服，他说："虽然主办方对未成年人着装没严格规定，但为了让儿子从小就注意社交礼仪，该这么做。"

开始了。放眼整个音乐厅，1500 多个座位，座无虚席。再看看观众们的着装：男士大都身着西装，一些人还穿上了中山装或唐装；女士就更加仪态万千，穿旗袍的、穿套装的、着露臂晚礼服配披肩的不少。牛仔裤、T 恤衫、在这个大厅里，几乎绝了影。

1993 年，广州在全国首开先河，举办新年音乐会。最初几届在友谊剧院举行，自 1999 年开始移师星海音乐厅。新年音乐会这个品牌创立开始，主办方就提醒观众要着西装礼服进场。但"不守规矩"的，大有人在。

2004 年年底，一个有趣的话题——"进星海音乐厅听新年音乐会，要不要穿西装礼服?"成为广州人街谈巷议的热点。有人认为，广州是典型的平民城市，广州人一向穿着休闲随意，听音乐会穿西装礼服，实在是附庸风雅；而有人则认为，穿西装礼服，符合国际社交礼仪惯例，这既是对台上艺术家的尊重，也是对自己的尊重。

? 思考与练习

一、思考题

听音乐会，穿礼服，你对此有何看法，请分析。

二、情境模拟

以班级为单位举办一次舞会，组办者与参加者有意识遵循舞会的礼仪规范进行。

三、练习题

1. 会议通知包括哪些内容?
2. 主席台的座位安排应遵循哪些礼仪规范?
3. 参加会议应遵循哪些礼仪要求?
4. 什么是新闻发布会? 其现场的应酬礼仪包括哪些内容?
5. 展览会按照不同的标准划分为哪些类型?
6. 参展商参加展览会应遵循哪些礼仪规范?
7. 沙龙分为哪些类型?

第 6 章

旅游接待与服务礼仪

［本章导读］

- 了解旅游接待与服务礼仪的基本理论；旅游接待人员语言修养的基本知识；饭店服务礼仪基本要求；导游服务礼仪基本知识；旅游商品导购礼仪的基本内容。
- 理解旅游接待与服务礼仪的重要性；旅游接待人员的语言修养必要性；饭店各部门接待礼仪的重点；导游带团各阶段接待服务礼仪要点。
- 熟悉旅游接待与服务沟通礼仪的内容；旅游接待人员语言的礼貌性；饭店处理投诉的服务礼仪；导游处理突发事件的礼仪。
- 掌握旅游接待人员的语言修养；饭店各部门接待与服务礼仪；导游带团各环节的礼仪要求；旅游商品导购人员的导购技巧和礼仪。

6.1 旅游接待与服务礼仪的基本理论

服务业的迅速发展，导致服务市场的竞争日益激烈。任何一个服务企业，在这种环境中求发展，最根本的条件是要有良好的服务质量来保证。服务礼仪在服务行业内推广、普及，具有多方面意义。一是有利于提高服务人员的个人素质；二是有利于对服务对象表示尊重；三是有利于提高服务水平和服务质量；四是有利于塑造服务单位的整体水平；五是有利于服务单位创造更好的经济效益和社会效益。

旅游行业工作的特殊性决定了旅游企业为了实现自身经营目标，必须面对纷繁的社会，与各行各业的个人、群体或其他社会组织直接或间接地发生着广泛的联系与交往。为了使这种联系与交往更为有序、有效地进行，各旅游企业必须牢牢把握住社会交往的一般原则，以力求在各项社会活动中使交往双方彼此认同，相互尊重，而这其中的关键则在于首先要知礼懂礼。

6.1.1　旅游接待与服务礼仪的本质

旅游服务礼仪是指旅游企业从业人员在旅游服务活动中所遵从的体现对他人表示尊重与友好的行为规范和处世准则。旅游接待与服务礼仪的实际内涵，是指为了提高服务质量，要求旅游接待与服务人员在自己的工作岗位上向服务对象提供服务标准的、正确的做法。同礼仪的其他门类比较，旅游接待与服务礼仪具有明显的规范性和可操作性的特点，并且旅游接待与服务礼仪主要以服务人员的仪容、仪态、服饰、语言等方面行为规范为基本内容，也体现在企业以尊重客人、方便客人、满足客人为原则所设计的服务操作规程中。

6.1.2　旅游接待与服务礼仪的基本理论

旅游接待与服务礼仪的基本理论，指的主要是运用服务礼仪的一般规律。它是对服务礼仪及其运用过程的高度概括和抽象。

1. 职业道德

所谓职业，是指个人在社会上所从事的作为个人主要生活来源的工作，所谓道德，实际就是在社会上做人的规矩和道理。职业道德指的是从事某一具体职业的人，在其工作岗位之上，所遵循的与其职业活动紧密联系的行为准则，它受到个人素质与自我良心的制约。在旅游接待与服务行业中，职业道德的具体内容，主要包括服务人员在经营风格、工作作风、职业修养等方面的规范化的要求。具体就是热爱祖国、热爱本职工作、忠于职守、在工作中严格要求自己等。

2. 服务态度

所谓服务态度，只要是服务人员对于服务工作的看法以及在为服务对象进行服务时的具体表现。旅游接待与服务人员在做好本职工作时，必须对自己有一定的、规范化的要求。在我国，对于旅游接待与服务人员在服务态度上的总的要求是：热情服务，全心全意为游客服务；礼待宾客，在工作中，为对方提供礼貌服务；以质见长，要求服务人员在为服务对象进行服务的过程中，不仅要重视数量问题，而且还要对质量问题更加关注，要做到质量取胜。

3. 接待服务

服务礼仪的重点，就是对旅游接待与服务工作具有普遍指导意义的基本原则。主动、热情、文明、礼貌、周到，就是属于旅游接待与服务工作必须严格遵照的原则要求。所谓主动服务，就是要在宾客开口之前提供服务；热情服务是服务人员发自内心地满腔热情地向客人提供的良好服务。但在热情服务中必须把握分寸，过度热情和热情不够都是不行的；文明服务要求服务人员在一定的规范和标准下，提供科学服务和优质服务；礼貌服务要求服务人员在服务过程中衣着整洁、动作规范；周到服务是指在服务过程中，处处为客人着想，为客人提供个性化服务，这也是现代服务行业竞争的一个重要影响因素。

6.1.3 旅游接待与服务礼仪的形式

旅游接待与服务礼仪是指在旅游服务工作中形成的，并得到共同认可的礼节和仪式。它贯穿于旅游接待服务的全过程，并贯穿于旅客从旅游活动开始到结束的始终。它可分为两种形式。

一是语言性的，它包括各种交际场合中的礼貌用语。如“您好”、“谢谢”等，这些语言体现了尊敬、爱护、友好的信息，使对方感受到你的友善。还包括回避性的语言。它首先是对表示恐惧事物的词的避讳。比如关于“死”的避讳语相当多，就是与“死”有关的事物也要避讳，如“棺材”说“寿材”、“长生板”等；其次是对谈话对方及有关人员缺陷的避讳。比如现在对各种有严重生理缺陷者通称为“残疾人”，是比较文雅的避讳语；最后是对道德、习俗不可公开的事物行为的词的避讳。比如把到厕所里去大小便叫“去洗手间”等。

二是非语言性的，即仪容、仪表、举止、各种礼节等，如握手、敬礼、微笑、点头、拜访等，这些肢体语言体现了对对方的关怀和敬意。

6.2 旅游服务人员沟通礼仪及语言修养

沟通是人们进行思想交谈，以取得彼此的了解、信任，建立良好人际关系的一种活动，是我们达到目标、满足需要、实现抱负的重要手段之一。它是一门学问，更是一门艺术。沟通包括语言沟通和非语言沟通。在旅游接待与服务中，旅游从业者与旅游者的沟通礼仪尤为重要。

6.2.1 沟通要点

1. 沟通对象

俗话说：“到什么山唱什么歌，见什么人说什么话。”在旅游接待与服务中，沟通方式要因人而异，否则双方很难顺利沟通。

(1) 年龄差异

与年纪较大的游客交流时，应以商量的口吻，真诚地表示出对他们的尊重，且交谈一些过去的事情更有共鸣；与中年游客交流，应谈论事业等令他们感兴趣的话题；与青年游客交流时，更多的是谈论一些时尚的话题，这样才有共同话题。

（2）地域的差异

对于生活在不同地域的旅游者，旅游接待与服务过程中采用的沟通是不一样的，北方人性格豪爽，可采用粗犷的方式；对南方人，则应细腻一些。

（3）职业的差异

对于不同职业的旅游者，在沟通过程中的方式也是不一样的。如不论遇到从事何种职业的人，如果能运用与对方所掌握的专业知识相关的语言与之交谈，就能缩短与对方的心理距离。

（4）文化程度的差异

一般而言，与文化程度较低的人进行沟通时，所采用的方法应简单明确，多用浅显语句，多使用一些具体的数字和例子；对于文化程度高的人，则可以运用一些抽象的说理方法。

（5）兴趣爱好的差异

无论什么性格的人，当你谈起与他的兴趣爱好有关的事情时，对方会兴致盎然，同时，对你无形中也会产生好感。

（6）文化背景的差异

与旅游者进行沟通时，所说的话要与其特定的文化背景协调一致。如英美人称已婚妇女为“夫人”，未婚女子为“小姐”，在比较严肃的场合，一般统称“女士”。但是，在日本对妇女一般不称“女士”、“小姐”，而称“先生”。

2. 沟通注意场合

在旅游接待与服务中，沟通必须讲究场所，否则可能导致说出来的话与初衷恰得其反。场合是指双方进行沟通时的地点与氛围。在严肃的场合，应谨慎；在轻松的场合，应较放松。如在参观英雄纪念碑时，应以严肃的话题和语气来与游客沟通。

3. 沟通注意时机

在与人进行沟通时，能否把握说话的时机，直接关系到交流的效果。所谓时机，就是指双方能谈得开、说得拢，对方愿意接受你的话题，并能够倾听的时候。如当旅行社没有预定到游客合同标准的住宿酒店时，应在旅游者心情较好的时机告之此事，这样旅游者更易于接受。

4. 沟通要把握分寸

在旅游接待与服务中，沟通应注意分寸。如两个旅游者参与唱歌，如果旅游服务人员对甲说：“你唱得不如他”，乙也许比较高兴，而甲心中一定不悦；如若对乙说“你唱的比他还要好”，乙固然很高兴，甲则很扫兴，两个人对同一句话

的反应相比较，就显出了说话分寸的重要性。

6.2.2 旅游行业沟通的职业特点

1. 态度诚恳

与宾客交流时，礼貌用语要求说话者应做到态度诚恳、亲切。并且通过耐心的倾听、细致而全面的解答、和颜悦色的面部表情、清晰悦耳的声音，将尊重、热情、关怀等信息传递给宾客，让宾客从中获得一种美的享受。

2. 表情自然

用礼貌用语与宾客交流时，表情要自然、大方，要注意与宾客在眼神上的交流：注视对方的眼神应是自然、柔软的，目光的高度也应恰到好处，与宾客始终保持1米左右的距离，正视客人时，目光应停留在客人的鼻眼三角区，要注意避免诸如打哈欠、搔头、掏耳、抠指甲、卷衣角、玩弄小物件等小动作。

3. 姿态得体

与宾客交流时，姿态应大方、得体；站立服务时与客人交流应该按照站立服务的规范要求，不要用手指指点点，也不要抓耳挠腮，倾听别人说话可以将双手交叉在胸前，也可以用一只手支在腮前略为前倾，但不能用双手抱住头部低头听讲，也不能双手合拢抱着自己的后脑。

6.2.3 旅游服务的语言修养

语言是社会交往的工具，是人们表达意愿、思想情感的媒介和桥梁。在旅游接待服务过程中，从业人员必须做到语言礼貌性。礼貌用语是旅游服务人员在接待宾客时需要使用的一种礼貌语言。它从问候客人开始，到告别客人结束。

礼貌用语具有体现礼貌和提供服务的双重功能，直接反映旅游接待服务的质量和管理水平。准确、亲切的语言反映旅游服务人员的文化素质和精神面貌，同时在很大程度上也决定着客人对旅游服务人员的评价，甚至对整个旅游目的地的评价。因此，旅游接待人员一定要加强这方面的修养。其作用主要表现在以下几个方面：

第一，能够较快地缩短旅游接待服务人员同宾客之间的心理沟通距离。

第二，能够充分地展示旅游接待人员较高的职业道德意识和礼貌修养。

第三，可以为旅游企业树立自身良好的品牌形象。

第四，可以为宾客营造一个良好文明礼貌的氛围。

第五，可以作为一种营销方式为旅游企业创造经济效益和社会效益。

总之，旅游行业礼貌用语的广泛使用，实际上是一个“形象工程”。它可以起到塑造自身品牌形象；为宾客营造一个良好的文明礼貌环境；扩大企业的知名度与号召力；推销和宣传产品，在提高企业社会效益的同时提高经济效益等方面的重要作用，可以说它将直接关系到旅游业的生存与发展。

6.2.4 旅游接待人员语言规范原则

1. 以宾客为中心原则

在旅游行业中，接待与服务工作的本身就是以满足客人的需要为前提的。旅游行业接待与服务工作的语言规范之一，即语言表达力求体现“以宾客为中心”的原则，讲求言辞的礼貌性。

旅游行业用语言辞的礼貌性，主要体现在敬语的使用上。且在旅游接待服务中，有“五声”的要求，即为宾客来时有迎客声；遇到宾客有称呼声；受人帮助有致谢声；麻烦宾客有道歉声；宾客离去有送客声。

2. 赞美原则

赞美是一种卓有成效的交往艺术。国外有社会心理学家把赞美看作“仙人的魔棒”，如果运用不恰当，会引起不良的心理反应。因此，赞美也讲究艺术。

(1) 赞美的态度要恳切

态度恳切是影响赞美效果的首要因素，只有真诚的赞美才最能打动人的心灵。因此，赞美别人需要有一颗真诚、热情的心，善于发现、欣赏别人的优点和长处。

(2) 赞美的语言要得体

不同年龄、性别、个性、职业的人，对赞美的心理需求是不一样的。因此，在具体的语言表达方式上要因人而异，如对年轻人要多些夸奖，对长者则多些尊重。

(3) 赞美的内容要具体

赞美的内容具体是指赞美什么、为什么赞美要明确，并要实事求是，恰如其分。

(4) 赞美的频率要适度

赞美的频率要适度是指在一定的时间内对他人或对同一事物、同一对象赞扬的次数要适度，过于频繁的赞美不但会降低赞扬的激励作用，而且会让人产生反感情绪。

(5) 赞美的时机要恰当

适时赞美，有利于促使或激励其把良好的动机转变为行为，就比等他把事做完之后再赞美更有意义。学生或孩子有了进步时，及时赞美，能强化其行为，推动他们逐步形成良好的行为习惯。

3. 征询与委婉的原则

与客人交流，语气要温和，多采用商量式、询问式、建议式、选择式的方法进行表达，避免转达式、通知式、命令式、指责式。让客人始终拥有主角意识，得到被尊重、被重视的精神享受和满足。

总之，旅游服务人员在与客人交流时，一定要注意语言的规范性。如：某旅游团在某饭店用餐，当服务员发现一位70多岁的老人面前是空饭碗时，就轻步走上前，柔声说道："请问老先生，您还要饭吗?"那位先生摇了摇头。服务员又问道："那先生您完了吗?"只见那位老先生冷冷一笑，说："小姐，我今年70多岁了，自食其力，这辈子还没落到要饭吃的地步，怎么会要饭呢？我的身体还硬朗着呢，不会一下子完的。"

由此可见，由于服务员用词不合语法，不合规范，不注意对方的年龄，尽管出于好心，却在无意中伤害了客人，这不能怪客人的敏感和多疑。

6.2.5 旅游行业礼貌用语的分类

服务礼貌用语作为旅游行业的职业用语，按照不同的标准，可以把它分为不同的类型：

1. 基本形式

（1）敬语

敬语是表示尊敬、恭敬的习惯用语。这一表达方式的最大特点时当旅游接待服务人员与宾客交流时，常常以"请"字开头、"谢谢"收尾，而"对不起"则常挂嘴边。称呼客人须用尊称，如："您"、"阁下"、"贵方"等，使用敬语，应注意神态的专注和语气的真诚，应让宾客感受到后面所包含的谈话人的真情实感，要根据时间、地点、环境、对象的不同，准确地使用敬语。

（2）谦语

谦语是向人们表示一种谦恭和自谦的词语。它作为礼貌用语的一种，在旅游接待服务工作中的应用相当广泛。谦语通常和敬语同时使用，在对宾客使用敬语的同时，对自己则用谦语表达。如：在交谈时，常用"愚"、"敝人"等。

（3）雅语

雅语又称为婉辞或委婉语。是指一些不便直言的事用一种比较委婉、含蓄的方式表达双方都知道、理解但不愿点破的事。在礼貌服务用语中，雅语的广泛使用是与宾客沟通思想感情，使交际活动顺利进行的途径。它既能使双方传达信息，同时又因为没有点破要表达的内容，所有一旦交往不顺利时便容易"下台阶"。如，用"我去方便一下"或"去一趟洗手间"代替"去上厕所"；用"不新鲜"代替"臭了"等，雅语的使用不是机械的、固定的，它需要根据不同场合、不同人物、不同时间灵活运用。

2. 用法分类

(1) 问候语

旅游接待服务人员在工作区域遇到客人时，应主动与客人打招呼并礼貌问候，能否灵活地运用问候语，是检验旅游从业人员语言沟通与交际能力高低的一个重要依据。问候语是指在接待宾客时根据不同的对象、时间、地点所使用的规范化问候用语。

1) 初次见面时，首先用“您好”，欢迎语再跟上，如“欢迎到中国来”，“欢迎参加我们旅行团”等。

2) 一天中不同时间段分别用：“早上好”、“中午好”、“晚上好”等问候语问候客人。

3) 节日问候语有“祝您新年快乐”、“节日愉快”等。

4) 表示祝贺的问候语：“祝您生意兴隆”、“祝你们演出成功”等。

5) 根据接待地点使用不同的问候语，在宾馆，可以说“您好，欢迎下榻我们饭店”，在博物馆，可以说“您好，欢迎您来参观访问”。

6) 祝福问候语有“祝您生日快乐”、“祝您健康长寿”。

7) 表示关切的问候语“您现在好点了吗”、“您太劳累了，要注意休息”。

8) 表示安慰的问候语“您别着急”、“放宽心，一切都会好起来的”。

9) 服务工作中的问候语通常用“您需要帮忙吗”、“您有什么需要”。

(2) 应答语

旅游从业人员，在接待服务工作中经常要回答客人提出的各种问题，如何巧妙作答，让客人满意，里面既包含礼貌规范的要求，同时又反映出员工的语言表达技巧，不同的问题需要用不同的表达方式去回答。

1) 对前来问讯的客人在客人开口之前，应面带微笑，倾身向前的同时主动说：“您好，我能为您做什么?”。

2) 接受客人吩咐时应说：“好，明白了!”

3) 没听清或没听懂客人的问话时应说：“对不起，麻烦您，请您再说一遍。”

4) 不能立即明确回答客人问话时应说：“对不起，请稍等一下。”

5) 对等候的客人应该说：“对不起，让您久等了。”

6) 当客人表示感谢时应说：“别客气，这是我应该做的。”

7) 当客人因误解而致歉时应诚恳地说：“没关系，这算不了什么。”

8) 当受到客人地赞扬时应说：“谢谢，您过奖了。”

9) 当客人提出无理或过分地要求时，应该说：“很抱歉，我们没有这种做法”，或者是满怀遗憾地说：“哎呀，我也特想满足您的这种要求，但是我不能这么做。”

3. 旅游细分行业分类

（1）饭店业礼貌用语

饭店业礼貌用语是饭店业服务的规范用语。如：对初次见面的入住客人应该说，“欢迎您下榻我们的饭店”、“欢迎光临”；客房部服务员在将客人安排好以后，临走前应该说，“祝您在这儿生活愉快”、“您有什么需要我帮助的，请尽管吩咐”等。

（2）旅行社业礼貌用语

旅行社业礼貌用语是旅行社业旅游服务的规范用语。如：对前来咨询的客人应该说“您好，请问您需要了解哪条线路”；在游览观光途中提醒客人注意有关问题时应该说“请小心”、“请注意安全”；送别客人应该说“祝大家旅途愉快”、“祝大家一路顺风”、“欢迎您再来”。

（3）旅游交通礼貌用语

旅游交通礼貌用语是旅游交通业服务用语。如：对乘坐交通工具表示感谢时应说，“欢迎乘坐本次列车”；对因道路不好或在水上航线因风大引起的颠簸向旅客致歉时说“对不起，让大家受苦了”。

（4）旅游商店礼貌用语

这是旅游商店服务用语。如：对进店的顾客说“欢迎光临”；客人看商品时，可以问：“您好！请问我有什么可以帮你的吗？”

6.2.6 沟通技巧

在旅游接待与服务中，要建立良好的人际关系，就必须与别人进行沟通，与同事、与游客、与上司的沟通，乃至与相关行业的从业人员的沟通，要想在沟通当中处于不败之地，需要一定的沟通技巧。笔者从语言沟通和非语言沟通两方面来阐述沟通技巧。

1. 语言沟通技巧

我们前面讲到了旅游服务的礼貌用语，除此以外，在旅游接待服务过程中，我们要把语言加一定的成分进去，这样更能增强语言的感染力。

（1）幽默语言

幽默是人们面对不同环境的乐观态度。在旅游接待与服务中，幽默可以使气氛变得轻松，可以扭转不好的状况。

请看一位导游员在接待一个由医生组成的旅行团时所致的欢迎辞：各位团友，大家好！我是某某旅行社的导游。我姓谭，单名一个捡。大家一定奇怪我为什么叫这个名字，告诉大家一个秘密，我的命是捡来的。我出生的时候难产，多亏了医生，我才得以“死里逃生”，所以今天见到各位，我感到非常亲切。我从小就有一个心愿，长大后一定要为重新给我生命的医生做点什么。今天我终于有了这样一个机会。我一定会尽力而为，让大家玩得开心，游得尽兴……

这种欢迎辞的形式比较轻松，旨在通过欢迎辞来增强与游客的情感，制造一种活泼、愉快的气氛，缓解游客旅途的疲劳。

（2）赞美语言

“爱美之心人皆有之”，人总是喜欢听到被别人称赞。在旅游接待与服务中，旅游从业人员应适当的给予游客赞美。如在见到游客时，称赞其漂亮，打扮得体等；在游客表演节目时，给予充分的赞美等。这样更易于游客与服务者心理距离的靠近。

（3）倾听

国外有句谚语：“用十秒钟的时间讲，用十分钟的时间听。”听，可以从谈话对方获得必要的信息，领会谈话者的真实意图。在旅游接待与服务中，服务人员要充分重视听的功能，讲究听的方式，追求听的艺术。怎样才能掌握聆听的艺术呢？

1）认真耐心。在游客阐述自己的观点时，应该认真耐心地听完，并领会其意图。许多人对别人的话题不感兴趣，或产生强烈的共鸣就忍不住打断对方而插话或做出其他举动，这是不礼貌的行为。如果必须打断，应适时示意并致歉后再插话；插话结束时，要立即告诉对方：“请您继续讲下去”。

2）专注有礼。在听对方讲话时，应该目视对方，以示专心。因为语言只传达了部分信息，要真正了解对方，应注意说话者的神态、表情、姿势以及声调、语气等非语言符号的变化。同时，认真聆听，对说话者来说也是一种尊重和鼓励，可以使他感觉到自己的重要性。

3）呼应理解。聆听者在听取对方信息后，为使对方觉得你的确在听而非发呆，应感觉情景，或微笑，或点头，适时插上一两点提问“真的吗？”等，就能实现谈话者与聆听者不断的交流，形成心理的默契，使谈话更为投机。

（4）柔性语言

在旅游接待服务中，从业人员应注意柔性语言的运用。这样的语言能使人愉悦，并有较强地说服力，往往能达到以柔克刚的效果。

如：一名导游员在带团过程中很积极、主动，游客对他的感情也很好。但是，有一天一位游客夜间外出访友，因多年未见加上贪杯，所以到了深更半夜回来后才打电话告诉导游员，说是报个平安。谁知导游员接到电话，劈头就责问：“怎么搞得？怎么这么晚才回宾馆？人家等你到现在，还没有睡觉，你好意思吗？”导游员的话使游客心里很不高兴，于是发生了争吵。如果导游员换一种方式，说：“你回来我就放心了，洗个澡赶紧睡吧，明天还有很多景点要玩呢。”游客听了这番话，心理肯定充满感激。所以，说话时一定注意语言的柔性。

(5) 寒暄

寒暄对社交来说尤为常用，尤显重要。有的外国商店就对使用频率高的最必要的寒暄用语做了规定，要求店员能纯熟运用。顾客买好东西，店员马上会说："欢迎下次光临！"，如果店员一时实在忙得来不及接待，那更是连连抱歉："对不起，让你久等了！"，这些寒暄让客人感到如沐春风。但是同样的寒暄用语对同一个人或同一时间反复使用，则让人感到僵硬甚至虚伪。

2. 非语言沟通技巧

非语言沟通是除了语言沟通以外的其他沟通方式。它具有以下特性：

1）无处不在、不可避免。

2）较少意识得到。

3）着重感受和情绪的表达。

4）要配合语言沟通技巧运用。

非语言沟通技巧包括面部表情、身体距离、姿势、手势、动作、眼神、声调音量、仪表服饰、身体接触，甚至你所布置的环境等。

(1) 面部表情

面及眼是身体上最易引起注意的部位，是非常复杂的表情管道，因为产生出来的表情实在太多，而表情的变化也实在太快。面部表情基本上可分为惊讶、害怕、生气、厌恶、伤心，但也可同时多种结合在一起。若你对对方或当时的情况了解的话，你很可能正确地判断出对方面部表情所代表的心绪。

与游客交往时，面部表情应该生动，并要配合说话内容。而笑容也是面部表情重要的一个环节，一个友善的笑容，表示友善，愿意开放与人交往。而别人接收了这个友善的信息后，也较愿意接近及与你交往。

如某年深秋的一天，上海的导游员王小姐在机场接到了两位英国客人。由于飞机晚点，他们很不满意，表情十分冷淡。去饭店的途中，王小姐面带微笑，热情耐心地介绍着沿途地城市夜景，但他们仍是不言不语。王小姐并不灰心，在接下来的带团中继续用微笑的表情、热情的态度和耐心地讲解去感化他们，最终两个人被感化了。他们开始询问王小姐一些问题，交谈的次数也越来越多了。总之，在旅游接待与服务中，微笑的魅力是永恒的。

(2) 眼神接触

如果你避免注视某个人，他将猜测你是不诚实的，或比较有兴趣于你的眼神正在看着的事物。眼神交流过多，如瞪视，会令人尴尬和不自然。适当的眼神接触是敬意和注意的有力象征。在旅游接待服务过程中，与人交流时不要全时间望着对方的眼睛。可以不时转移到对方面部。

(3) 身体姿势

你的身体摆出来的姿势等于告诉别人，你希望和别人有什么样的交往关系，以及对方所说的话你有没有兴趣。双手交叉或双腿交叠得太紧，都是封闭式的姿势，暗示着你紧张的情绪，或没有兴趣和别人交往。双手不交叉，双腿交叠而方向指向对方或微微张开，都是开放式的姿势，这些姿势可被理解成你精神放松，而且愿意和别人保持交往。旅游接待服务人员在工作中要根据实际情况调整好自己的身体姿势。

(4) 手势及其他动作

在旅游接待服务过程中，说话时可以适当地配合手势的运用，加强内容表达和感染力，不过要注意手势运用得宜和自然，不要太夸张。生气的人会手握拳，或扳折手指关节等。当一个人想表达他的友谊时，经常是张开手臂的。动作要清晰、刻意、简单，适当的动作能有助表达，加强说服力，过分则会令人觉得神经质。同时点头是聆听技巧的一种，表示正在聆听及明白对方的说话。

(5) 声线

声线包括语调、声量、清晰程度及流畅程度。

旅游接待与服务人员语调要恰当，并且高低抑扬，给人有亲切感；声量要适中，不要过大声或过细声。过大声令人有凶恶的感觉，过细声令人听得困难；说话尽量要清晰及流畅，不要过于简略或含糊。

(6) 距离

人与人之间维持距离的远近，表示不同的意义。不同的场合及熟悉程度有不同的距离标准。每个人都有无形的“私人领土”，若自己的领土被人入侵就会有不舒服的感觉。可分为亲密距离、私人距离、社交距离、不同的人所需要的“私人领土”可能不同。旅游接待服务人员与游客要保持一定的距离说话，不能过于亲密。

(7) 外表

外表包括发型、衣着等，它是给人的第一印象。外表可以表示某种角色，也可作为隐瞒角色的工具。有时人会特意以穿着来传送某些有关个人的信息，我们也会根据外表来评价他们，试着去判断其个性，态度等。不同的非语言技巧组合会做成不同的效果，黄崧提出的柔化技巧就指出某些现组合起来会发挥很好的功能，表示出友善的态度。其中包括微笑、开放的姿势、倾向前的坐姿、点头、适度的眼神和身体接触等。

6.3 旅游饭店的接待与服务礼仪

旅游饭店是旅游业的三大支柱之一，它是旅游者在旅游目的地开展一切活动的基地，是旅游者的“家外之家”。它也是创造旅游收入的重要部门，饭店业的发展水平标志着接待地区、接待国家旅游业的发展水平。

6.3.1 饭店服务人员的基本观念

在饭店服务中，服务人员首先应该有一种饭店意识，即饭店观念，树立在客人面前代表饭店的观念，只有这样才会为顾客提供优质服务。

1. 服务观念

饭店服务人员服务观念的树立，对搞好饭店经营管理，提高服务质量，取得双重效益，都有极大的意义。饭店的服务观念从六方面去细化：一是客人是饭店的衣食父母；二是客人需要我们提供舒适完美的服务；三是我们提供服务的依据是客人的需求；四是以优良的服务感化客人；五是麻烦留给自己，方便给予别人；六是避免与客人争论。

2. 质量观念

饭店的服务质量是指饭店向宾客提供的饭店产品在使用价值上、物质上和精神上适合和满足宾客需要的程度，是服务的客观现实和客人的主观感觉融为一体的产物。

饭店服务质量既有硬件质量也有软件质量。硬件质量主要是饭店服务设施、设备和实物产品的质量；软件质量是指一系列服务活动给客人的主观感受。衡量饭店服务质量主要从以下三方面认识：一是服务质量是饭店经营的生命线；二是饭店质量是一个综合性的范畴；三是认识“100－1≤0”的永恒理念，饭店工作无小事，每一个细节的疏忽都会导致前功尽弃。如餐厅上菜的速度太慢或太快等，都会导致客人对整个饭店服务的否定，而且还会将这种负面影响传播给更多的“潜在客人”。

3. 角色观念

饭店服务人员要有强烈的角色意识，遵循“客人永远是对的”服务准则，维护客人的合法利益，满足他们的合理要求。饭店服务人员有了这种立场观点，才能从容大度，处理得当。

6.3.2 饭店服务人员的基本要求

1. 仪容仪表美观

饭店的工作性质决定服务人员必须仪容仪表端庄大方，服务语言礼貌周全。服务人员要仪表端庄、仪容整洁、面带微笑、亲切和蔼、着装统一、发型大方、精神饱满，面部表情要自然、大方，和颜悦色，面带微笑，眼神运用要准确得体、亲切、热情、集中、自然。服务语言要体现服务人员具有良好的思想文化修养，做到说话热情、礼貌简明、周全得体，正确运用语音语调，正确运用迎送语言、称呼语言、交谈语言、应答语言和告别语言。行为举止要形成规范，坐立行说要讲究姿势。坐有坐姿，站有站姿，行有走姿，说话讲究语言艺术。手势运用要得当，不可乱用，且要配合服务语言和面部表情。

2. 品德和修养良好

饭店良好的品德主要表现为爱国、有强烈的事业心、爱饭店、诚实和良好的职业道德；同样，修养也是一个人的内在素质，它体现在一个人的心理素质、行为举止之中，是一个人自我认识、自我养成、自我提高的过程。任何一名饭店服务人员都应把修养看成自我素质不可或缺的一部分。

3. 服务态度热情

服务态度主动热情，服务操作耐心细致。要充分发挥主观能动作用，对客人具有热烈和真挚的感情；要牢固树立全心全意为客人服务的思想，坚持"宾客至上，服务第一"的经营宗旨，主动迎接，主动问好，主动介绍服务项目，主动做好各项服务工作，主动征求客人意见，主动改进服务工作和主动告别客人，要做到不急躁、不厌烦、心平气和、理智冷静、周详细致、通情达理。

4. 服务技能优良

对于饭店服务人员来说，不仅要有"肯干"和"愿干"的思想认识，还应有"能干"和"干好"的能力，饭店服务人员的服务技能主要有六方面：观察能力、记忆能力、推销能力、语言表达能力、应变能力和操作能力。

6.3.3 饭店各部门的服务礼仪

1. 前厅部服务礼仪

前厅部也称前台部、大堂部，一般设在饭店最前部的醒目位置，主要承担销售客房、联络和协调对客服务、为客人提供各类前厅服务，建立客账、处理及提供信息和资料等一系列工作的综合性部门。前厅部服务人员的服务质量直接影响到客人对饭店第一印象的产生和最后印象的形成。因此，前厅部服务人员的素质和服务接待礼仪，直接关系和影响到整个饭店在客人心目中的形象定位，这其中包括了客人对饭店工作效率、服务质量、管理水平等方面的心理定位。

(1) 门厅服务礼仪

门厅服务主要是负责宾客进出大门的迎送工作。主要服务礼仪有：

服饰挺括华丽、仪表整洁、仪容端庄大方，要精神饱满地站在正前，恭候宾客的光临。

见到宾客抵达时，要立即主动迎上，引导车辆停妥，接着一手拉开车门，一度鞠躬礼；问候客人要面带微笑、热情地说："您好，欢迎光临！"并致 15 度鞠躬礼。

对年老体弱者给予必要地帮助，观察车内是否有遗留物品，如客人乘坐出租车还要帮客人记下车牌号码。

轻关车门。

帮有行李的客人整理行李。

门童在客人离门约 2 米处拉开大门，呼唤大厅行李生将客人引领到总台办理入住登记手续。

客人离店时，要引领车开到客人容易上车的位置，并拉开车门请客人上车，在看清客人已坐好、衣裙不影响关门时，再轻关车门，并向客人致意送别，欢迎客人下次光临。

（2）行李服务礼仪

行李员的主要职责是负责客人的行李接送工作，在工作中应做到：

着装整洁，仪容端庄，礼貌值岗，精神饱满，思想集中。

客人抵达时，热情相迎，微笑问候。

主动帮助客人提携行李，并问清行李件数，陪同客人到总服务台办理入住手续时，应站在客人身侧后二三步处等候，看管好客人行李并随时接受宾客的吩咐。

待客人办完手续后，应主动上前向客人或总台服务员取房间钥匙，提上行李引送客人到房间。在此过程中，行礼员在客人右前方 1 米左右，遇到转弯应回头向客人示意，并注意根据客人情况介绍饭店设施。

引领客人至电梯，先将一只手按住电梯门，请客人先进电梯，进电梯后应靠近电梯按钮站立，以便于操作电梯，出电梯时自己携行李先出，出梯后继续在前方引领客人到房间。

进入房间前，先按房间门铃，再敲门，房间内无反应再用钥匙开门。

开门后，先开总开关，立即退出将钥匙交回客人，请客人进入房间。

随客人进入房间后，将行李放在行李架上或按客人吩咐将行李放好。

根据客人情况向客人介绍房间设备的用法。

房间介绍完毕后，征求客人是否还有吩咐，若客人无其他要求，即向客人道别，并祝客人住店期间愉快，迅速离开，将房门轻轻关上。

客人离开饭店时，行李员在接到搬运行李的通知后，进入客房之前无论房门是否关着，均要按门铃或敲门通报，听到“请进”声，方可进入房间，并说“您好，我是来运送行李的，请吩咐”，当双方共同清点行李件数后，即可提携行李，并负责运送到车上，如客人跟行李一起走，客人离开房间时，行李员要将门轻轻关上，尾随客人到大门口，安放好行李后，行李员要与大门接应员一起向客人热情告别，方可离开。

(3) 总台服务礼仪

总台工作的效果直接影响前厅的客房销售、信息的提供、客账的建立等一系列功能的发挥。

1) 服务台接待员。宾客来到饭店住宿时，给客人以深刻的第一印象的主要是服务台接待员。因此，接待员应做到：

着装整齐，仪容端庄，礼貌站立精神饱满地恭候宾客的光临，如图 6.1 所示。

图 6.1 大厅服务

当客人来到总台时，应面带微笑问候客人，确认客人是否有预订，如有预订，应复述客人地订房要求，并请客人填写入住登记表。

如无预订，开房员应首先了解客人的用房要求，运用一定的客房销售技巧，促使客人选择一种类型的客房。当客人确认某一种客房类型时，请客人填写登记表，验看、核对客人的证件与登记表时要注意礼貌，确认无误后，要迅速交还证件，并表示感谢。

把住房钥匙或磁卡交给客人时，应注意礼貌。

如客房已客满，要耐心解释，并请客人稍等。

2) 问讯服务礼仪。对大多数住店客人来说，饭店所在城市是陌生的，客人很可能会遇到很多麻烦，作为问讯员，要耐心、热情地解答客人的任何疑问，做到百问不厌。

(4) 总机服务礼仪

话务员是饭店“看不见的服务员。”虽然不和客人直接见面，但通过声音传播，也是从另一侧面反映饭店服务的水平和质量。故话务员在服务中应做到：

坚守岗位，集中精神，话务时坚持用礼貌用语，接外线时，应立即问候并报出饭店的中外名称，切忌一开口就“喂”。

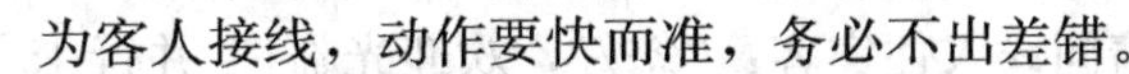

图 6.2 亲切、热情

为客人接线，动作要快而准，务必不出差错。

话务员的发音要准确、清晰，语速快慢要适中，保证客人听得懂、听得清，音质要甜润、轻柔，语调要婉转、亲切，语气要友好、诚恳。接线中语言要简练，用词要得当；要避免使用“我现在很忙”、“什么”等不耐烦语句，如图 6.2 所示。

话务服务必须热心、耐心、细心，如果接听电话的客人不在时，应问清对方是否留言，如需留言，应认真做好记录，复述肯定；讲究职业道德，不偷听他人电话；通话结束后，应热情告别，待对方挂断电话后，方可关掉电键。

(5) 商务中心服务礼仪

商务中心是现代高级饭店的标志，主要为客人提供打印、复印、电传、传真、电报、租用、翻译、会议室出租、设备出租等服务。作为商务中心服务员，在严格遵守工作守则的基础上，要热情、主动的满足客人提出的各种服务要求。

(6) 大堂副理服务礼仪

图 6.3　大堂服务

大堂副理是饭店管理机构的代表，对外负责处理日常宾客的投诉和意见，平衡协调饭店各部门与客人的关系；对内负责维护饭店正常的秩序和安全。它要求工作人员顾客至上，服务第一；且依法维护饭店、宾客及员工的利益。当客人有投诉时，要设法使对方平静下来，耐心倾听客人诉说，对客人的投诉表示理解、同情和感谢，并且根据客人投诉动机和事实提出建设性意见，如图 6.3 所示。

2. 客房服务礼仪

在现代饭店中，客房是饭店的主体，是饭店经济收入的主要来源，是饭店出售的最主要产品，其收入占饭店全部营业收入的 40%～60%，饭店一般设有客房部或房务部来负责饭店所有客房的清洁、保养、设备的配备、生活用品的供应及补充，此外还有公共区域的卫生保养以及提供相关服务项目。

(1) 客房服务的基本要求

客房服务的基本要求是清洁、宁静、温馨、舒适、安全。每一位住客都期望有一个舒适的、符合自己生活习惯方式的住宿环境，并受到各种热情周到的服务，得到满意的物质享受和精神享受，而只有高质量的客房服务才能满足住客这一需求。

(2) 楼层接待员服务礼仪

仪表整洁，仪容端庄，精神饱满，恭候来宾。

热情问候入住宾客：“您好，欢迎光临！”并行 15°鞠躬礼。

对客人手中的行李物品，可主动提供帮助，但不得硬性坚持把宾客手中的东西拿过来，要尊重客人的意愿。

对于老、弱、病、残的宾客，要及时适度的搀扶，给予关心和帮助。

引领宾客时位于宾客侧前方两三步处，按客人的步频向前引导。

开门后要侧身一旁，礼貌地敬请宾客先进入。

对于不太了解如何使用客房设备地宾客，要及时、有礼貌地做些介绍。

要婉转地向宾客说明清楚客房内冰箱里饮料的收费方式。

宾客还想了解诸如商场、美容等其他的服务，有义务为之介绍。

在确认宾客没有其他需求后，应立即离开，不得逗留。

当客人离开房间时，送客人到电梯旁，并说声“再见”。

(3) 客房服务员服务礼仪

进门前，先看清房门是否挂有“请勿打扰”的牌子，绝对不要擅自入门。

进房时，首先必须按门铃，如未见动静，再用中指的第二关节有节奏地轻敲房门三下，同时自报：“服务员”在征得客人同意后方可入内。

在客房内工作时，要把房门打开，工作车置放于房门口。

在打扫客房时，不得擅自翻阅宾客的物品，打扫后物归原处，切勿移位或摔坏。在服务过程中不得在房内看电视、听音乐或使用电话以及接听宾客的电话。

整理房间应避免干扰客人的休息与工作，最好是在客人外出时进行，打扫完毕，不要在房间逗留。

平时见到宾客进出，要主动招呼问候，微笑示意。

宾客在与别人交谈时，不得随便插话或无意识地以其他形式进行干扰。

不可在客房地走廊上奔跑，以免造成气氛紧张；工作中若发生差错，要主动、诚恳地道歉，求得宾客谅解，不得强词夺理，推卸责任。

宾客离店时，要送别告别，并祝旅途愉快；宾客离店后，若发现宾客有遗忘物品，要尽快设法送还。

3. 餐饮部服务礼仪

餐饮服务是餐饮部门服务人员为就餐宾客提供食品、饮料等一系列行为的总和，它能满足宾客地多种需求，包括宾客生理、心理需求，餐饮服务水平是饭店服务水平地标志，因此，餐饮服务质量高低影响整个饭店的经营。

餐饮服务可分为前台服务与后台服务两部分。前台服务主要是指餐厅、酒吧、咖啡厅等餐饮设施中面对面为宾客提供的服务；后台服务主要指在客人视线所不能到达的场所，如厨房、采购部、粗加工间等部门服务人员为生产加工菜点所进行的一系列工作。本书主要是讲前台服务中的礼仪规范。

(1) 餐厅迎宾员

迎宾员在服务中应做到：

迎宾员是宾馆的脸面，工作时要着淡妆，精神抖擞，穿好制服。当顾客乘车抵达时，迎宾员应主动上前帮客人打开车门，同时微笑地用敬语同客人打招呼，并引领客人进店。对步行而至的客人，也要表示尊敬和欢迎。凡遇老、弱、病、残、幼的客人，要主动搀扶，倍加关心。客人离店时，仍然以规范的礼节欢送客人。接待团体宾客时，应连续向宾客点头致意，躬身施礼。如遇宾客点头致意，要及时鞠躬还礼。为了使每一位宾客都能听到问候语，应不厌其烦连续多次重复，问候时要目视宾客，不得东张西望或注意力不集中。

(2) 餐厅引位员

客人进入餐厅时，迎宾员主动开门迎接，微笑并致以“您好，欢迎光临”的问候。然后询问客人是否有预订及客人人数，如有预订应在第一时间内引领客人至相应座位。若无预订则按照客人人数并征询客人意见安排合适座位。

引领客人时，先轻声招呼“请跟我来”或“请这边走”同时伴以手势给客人指引方向，目光也随之看去，动作不宜过大过猛。行走时迎宾员应走在客人左前方，相距约1.5米左右，身体向右微侧约15°。步速以每分钟90～100步为宜；两眼平视，同时用眼睛的余光观察客人的动态。同时与客人保持联系，如介绍一下餐厅的菜肴，客人是否第一次来及我们的特色在于不沾小料直接食用等。

到达台面时，迎宾员伸手向客人示意，并主动为客人拉椅让座，还要告诉值台服务员客人人数，同时把值台服务员介绍给客人。并向客人说“希望您吃得满意”或“希望您在这里愉快。”然后立即返回工作岗位，在餐位登记表上记录下引领客人的人数和厅房号或桌位号等情况．

(3) 餐厅服务员

点菜时，注意观察客人的目光停留在菜单的哪一部分，服务员要灵活为客人介绍这一部分的菜品，也就是介绍要随着客人目光的移动而改变、转换；当客人走到餐台前，应主动拉椅子，当客人脱掉外套时，及时帮其套上椅套；要及时帮助续水；随时注意客人的酒水、饮料，当客人所饮酒水、饮料剩余最后一瓶，且只有1/4时，主动询问是否要添加，跟进推销，如图6.4所示；及时撤换空盘，并主动把菜架下层的移到上层，上层移至桌面，以方便客人食用；看到客人目光离开餐台，四处寻望时，主动上前询问“请问我能帮您做些什么?”来捕捉服务需求；看到客人洗手湿着回来，要及时递送餐巾纸；当用餐快结束时，主动递送餐巾纸、牙签；看到客人招手，距离远时要用目光看着客人，先点头示意马上服务，随后跟进；客人用餐结束，如有未打开的酒水，要主动征询“您有一瓶××未打开，请问需要退掉吗?”；对于未食用的菜品，主动询问是否打包；客人买单起座时，主动帮客人撤椅套，并提醒客人带好随身物品；路遇客人，减速慢行，问候、礼让；当看到客人落座后，出现取烟的动作，要及时为客人点烟，同时适当增加烟缸；听到、看到客人筷子落地，要先取新筷子给客人，再捡起地下的筷子；针对不同的宾客提供个性化的服务，在不同场合，可适当打破常规标准来提供服务。

图6.4 餐厅服务

(4) 走菜员

走菜员在服务中应做到：配合值台员工作，及时取得联系并随时与厨房互通情况，搞好协作、适时上菜；要做到冷菜先上，热菜及时上，火候菜随做随上，以保证色、香、味、形不走样；安放餐具及上菜等一律用托盘，不应用手直接端拿，以免手指触及碗碟、菜肴，影响食品卫生；走菜繁忙时，天再热也不得挽袖，以示对客人的尊重；走菜途中，切忌私自品尝，这是不文明的行为；走菜时，要注意步姿的端正和自然，遇到客人要主动礼让。

(5) 酒吧间服务礼仪

酒吧间以销售各种酒类和饮料为主，兼营各种小吃。要求环境舒适、高雅、独具风格。

1) 酒吧服务员。酒吧间服务礼仪主要体现在以下方面：热情引宾，引领入座；恭送酒单，微笑等待客人点酒；轻盈地为客人提供送酒服务。用托盘端送，先女宾后男宾，先放杯垫后上酒或饮料；送酒时手指不能触摸杯口，拿着杯地下半部或杯脚，放酒杯时，不宜拿的过高，要站在客人的右侧从低处慢慢地送到客人面前；对背相坐地客人，上酒时要提醒客人注意，以免将酒水洒到客人身上；如果客人要求消费瓶装酒时，在开瓶之前，应以左手托瓶底，右手扶瓶口，酒标正对着客人，经客人查验确定后，才可当面打开瓶盖斟酒，让客人放心饮用；斟酒时，本着先宾后主、先女后男、先老后少的原则或由主宾开始、按顺时针放心依次进行的原则，以示尊重与礼貌；注意餐间巡视，服务在客人开口之前；喝酒过多的醉客或已有醉意的客人，对他们应注意分寸，以礼相待，如图 6.5 所示。

图 6.5 酒吧服务

2) 酒吧调酒员。在吧台面对客人调制各种饮品时，应注意以下礼仪：

尊重客人的选择，按要求、标准严格操作；坚持站立服务，不背对客人，拿取背后的酒瓶时，应侧身进行，以示对客人的尊重；讲卫生，文明操作，摇晃调酒壶的动作要适度；对常来的客人要记住其姓名、爱好；调酒服务时，不能将胳膊支撑在柜台上，不能双手交叉相抱或斜倚酒柜，更不能与同事聊天；宾客离去时，要热情道别，欢迎再次光临。

(6) 咖啡厅服务礼仪

咖啡厅一般与大堂相连，24 小时服务。它与酒吧间服务礼仪基本相同，只是提供的消费品不同而已，咖啡厅主要提供果酱、黄油、果汁、热咖啡、茶、鲜奶、面包、水果等以西餐菜肴为主的消费品。

4. 康乐部服务礼仪

(1) 游泳池服务礼仪

端庄站立在服务台旁，恭候客人的到来；礼貌地递送衣柜钥匙和毛巾，引领客人到更衣室，并提醒客人妥善保管好自己地衣物；客人离开时，主动收回衣柜钥匙，并礼貌地提醒客人衣物是否遗忘；送客到门口，向客人表示谢意，欢迎再次光临。

图 6.6 健身房服务

(2) 健身房服务礼仪

笑脸迎客，礼貌问候；热情主动地介绍设备器材性能和操作方法，介绍健身项目的运动规则；客人借用或租用物品，应以礼貌的态度示意客人此物完好，提醒用毕归还；客人要求指导时，应立即示范、热情讲解；客人健身完毕，要礼貌送客、热情告别，如图 6.6所示。

(3) 桑拿浴服务礼仪

客人来到桑拿浴服务台，要热情问候欢迎；对初次光临地客人要根据情况介绍桑拿浴地方法与注意事项；主动帮助客人寻找相应地更衣柜，并提示客人锁好更衣柜；客人在吸烟区吸烟，应及时送上烟灰缸，并及时更换；客人离开时，要提醒是否遗忘物品，热情道别。

(4) 保龄球服务礼仪

客人到来时，要热情问候，并把干净完好的保龄球鞋送给客人；敬请客人选择适当的保龄球，对初次来的客人，要根据他们的性别、年龄、体重等，帮助选择重量适当的保龄球，并详细介绍活动的步骤与方法，恭敬地分配好路道，并送上记分单，主动询问是否需要协助记分；提醒客人注意避免发生扭伤或损坏设备等意外事故；热情周到服务；活动结束后，要礼貌地收回保龄球鞋，恭请结账，礼貌告别。

(5) 卡拉 OK 舞厅礼仪

客人来到舞厅，要表示欢迎，并引领客人到厅房内适当地位置上；迅速将酒水、食品从右侧送到客人的桌上，递送酒水时不要挡住客人的视线；主动向客人介绍歌曲，帮助客人查找歌名；在合适的时机为客人鼓掌，调动客人情绪；结束后，全体服务员到门口欢送，礼貌道别。

(6) 美容服务礼仪

热情迎候，并将客人引领到休息室，帮助接挂衣帽；美容美发毕，要用手镜打闪，并礼貌地征求客人对后头部地意见，直至客人满意为止；收款准确；送客时，帮助客人穿戴衣服，礼貌告别。

5. 商场部服务礼仪

商场部一般设在饭店地公共区域，是以旅游消费者为中心，以旅游商品和纪念品为主，以最佳的服务状态和方式提供给宾客地经营活动场所。

商场部地服务礼仪主要有以下方面：主动、热情迎接客人，耐心、周到地服务于客人；主动介绍商品的特点、性能、用途、产地、价格等情况；耐心解答顾客提出的各种问题；当顾客犹豫不决时要多为顾客提供建议和意见；当顾客购买某商品后，将商品包装美观大方而且要牢固；客人离开柜台时，向客人说“再见，欢迎下次光临”。

6. 保安部服务礼仪

保安部时饭店不可缺少的一个职能部门，担负着保障饭店、来店客人与本饭店服务人员财产和人身安全的职责，是饭店进行正常经营的前提和保证。保安部员工在知法懂法的基础上，注意如下几个方面：值勤时，仪表整洁，姿态端庄，精神振作，反映出工作特点，如图 6.7 所示；讲究文明礼貌，注意礼节；自觉维护客车道和停车场秩序，礼貌规范地指挥客车进出；掌握大堂等公共区域活动地客人动态，维护公共场所地治安和营业秩序；发现客人有遗留物品要监护好，防止他人取走；严格控制客人进入员工区域；要严格执行国家的各项法规、政策，不做超越职权范围的事情。

图 6.7 保安

6.3.4 饭店处理客人投诉礼仪

消费者投诉是由于饭店提供的服务和管理水平与消费者的需求和期望值不一致引起的。投诉是服务接触后非常重要的后续服务，饭店必须认真对待和处理投诉，以挽回由于服务失败而造成的声誉损失。

1. 理解投诉对企业的重要性

许多饭店害怕投诉，回避投诉。但实质上投诉是顾客给企业改正错误的机会。许多顾客对服务不满意并不投诉而采取不再光顾的做法，甚至告诉亲朋也不要光顾。这使饭店就无法拥有改正错误的机会，永远地失去了客人。

2. 了解顾客投诉的动机

不同的顾客怀有不同的目的前来投诉。有的是出于经济上的原因，希望得到经济补偿；有的是出于心理上的原因，希望通过投诉来求得心理平衡，满足自己能受到尊重和照顾的心理需求。

3. 提供能满足顾客投诉目的的补偿性服务

在客人投诉饭店时，饭店应从以下几方面着手解决：

1）认真倾听顾客诉说，保持冷静；同情、理解、安慰客人，并向客人致歉。

2）给客人以足够重视；注意过程询问，记录要点。

3）提出解决问题的具体措施，对顾客进行补偿，甚至是“超额”补偿。

4）提出解决问题所需时间，顾客投诉时心情很急切，对于小问题，一线员工就能解决，对于大问题，也必须有一个迅速传递信息的渠道，使有权处理者能迅速来到现场解决问题，总之，尽最快速度解决问题；追踪、督促补救措施的执行。

5）投诉得到解决后，饭店还应该进行跟踪，万一有什么顾客不满意的地方，还要继续补救。

6.4 导游服务礼仪

导游服务，是导游人员代表被委派的旅行社，接待或陪同游客旅行、游览，按照组团合同或约定的内容和标准向其提供的旅游接待服务。导游服务从接团开始，至送团结束，是一种完整的礼貌服务过程，并有一套完整的服务程序。

6.4.1 导游基本素质

导游工作与其他工作相比较，具有工作复杂多变的特点，因服务对象复杂，游客需求多种多样，接触人员多，人际关系复杂。为保证导游服务质量，导游人员应具备以下基本素质。

1. 爱国主义意识

导游人员应具有爱国主义意识，在为旅游者提供热情有效服务的同时，要维护国家的利益和民族的自尊。

2. 法规意识和职业道德

(1) 遵纪守法

导游人员应认真学习并模范遵守有关法律及规章制度。

(2) 遵守公德

导游人员应讲文明，模范遵守社会公德。

(3) 尽职敬业

导游人员应热爱本职工作，不断检查和改进自己的工作，努力提高服务水平。

(4) 维护旅游者的合法权益

导游人员应有较高的职业道德，认真完成旅游接待计划所规定的各项任务，维护旅游者的合法权益。对旅游者所提出的计划外的合理要求，经主管部门同意，在条件允许的情况下应尽力予以满足。

3. 业务水平

(1) 能力

导游人员应具备较强的组织、协调、应变等办事能力。无论是外语、普通话、地方语和少数民族语言，导游人员都应做到语言准确、生动、形象、富有表达力，同时注意使用礼貌用语。

(2) 知识

导游人员应有较广泛的基本知识，尤其是政治、经济、历史、地理以及国情、风土习俗等方面的知识。

4. 仪容仪表

导游人员应穿工作服或指定的服装，服装要整洁、得体。导游人员应举止大方、端庄、稳重、表情自然、诚恳、和蔼，努力克服不合礼仪的生活习惯，如图 6.8 所示。

图 6.8 导游

6.4.2 导游接团礼仪

导游的迎接对象就团队而言，可分为一般旅游团队和重要旅游团队（VIP）两种。由于对不同类别的客人具有不同的接待规格，因此，在迎接时同样存在不同的礼仪要求。

1. 对一般旅游团队的迎接礼仪

(1) 接站准备

全陪应与地陪商定碰头地点和出发时间，并一同前往机场（车站、码头）迎接入境旅游团。

(2) 携带必要的证件、资料（如：导游证、接待计划等）

提前半小时到达接站地点与地陪一起迎候旅游团。

(3) 飞机（火车、轮船）抵达后，旅游者出站时

地陪一旦确认是自己应接的旅游团后，应面带微笑，情绪饱满、热情、积极地举起接团标志，向到达的客人致意。与客人见面时，导游人员首先应向领队做自我介绍，若有比自己职位高的同事在场，应先把自己的同事介绍给领队，还要主动、热情招呼、礼貌问候其他客人：“各位辛苦了”或“大家辛苦了”，而且要保证在场的全体客人都能听到你的亲切问候。如与原计划有出入或变更情况，则及时与接待社联系，并报告组团社。

情况介绍完后，迅速引导客人来到早已安排好的旅游车旁，应及时向领队或全陪核实实到人数。

（4）注意事项

协助领队、地陪向行李员清点交接行李，并提醒旅游者检查自己的行李物品是否完好无损；在与领队、全陪对行李件数核对无误后，移交行礼员，双方办好交接手续。在客人上车时，导游人员要恭候在车门旁，微笑并以手示意，招呼并搀扶或协助客人上车。导游人员最后上车，并礼貌地清点人数。在清点人数时，切忌用手指点旅客。在行车过程中，导游人员一般应站在车辆前部的驾驶员侧面或近门处，这样导游人员既与客人相互可见，便于情感交流，同时，也便于与司机联系，以处理随时发生的事情。

在乘车赴饭店途中，地陪首先应热情、友好地代表组团社和个人向旅游团致欢迎辞（全陪致欢迎辞可在接站地点，也可在前往饭店的途中）。

1）欢迎辞的内容包括：代表所在的接待社、本人及司机欢迎客人光临本地。

自我介绍，并介绍司机。

简介日程安排，表示服务愿望，希望得到合作。

预祝旅行顺利、愉快等内容。

2）致欢迎辞的常用模式。致欢迎辞是沟通导游与旅游者的第一座桥梁。所以导游人员在接团时应认真准备，并根据不同客人的特点（如国籍、年龄、职业、旅游动机等方面的因素），选择不同的欢迎辞模式。

① 风趣式。风趣式欢迎辞的特点，是出语幽默，妙趣横生。在致欢迎辞时，轻松的开场往往是导游与游客建立友好关系的最有效的手段之一。它不仅能够缩短导游与游客之间的感情距离，而且能够调谐游客的心理，制造活泼的气氛，激发游客的兴趣。而导游自身也能在游客心目中建立起良好的第一印象。

② 闲谈式。闲谈式的欢迎辞语言朴实、自然，语气平和，如同拉家常式地缓缓道来，使人感觉贴近生活。这种方式看似平淡，但字里行间都透着随和、亲切，虽是第一次相逢，却似老朋友一样没有拘束感，有利于旅游者与导游之间情感的交融。这种模式的欢迎辞用于中老年归国探亲访友旅游团，效果相当好。

③ 感慨式。感慨式的欢迎辞大都渗透较为浓郁的情感，以善解人意的语言有感而发，句句都能唤起游客心灵的“共鸣”，从而起到激发和调动客人情绪的作用。感慨式欢迎辞一定要有真情实感，要求导游致欢迎辞时的所言所叙，犹如身临其境，决不能“无病呻吟”，那样会使游客大倒胃口，并从心里滋生出一种对导游矫揉造作的厌烦情绪。

并且在途中，应向客人介绍沿途风光，当地风情。在介绍时，应注意灵活，必须根据游客的精神状态进行。抵达饭店前，应介绍饭店的名称、星级、位置及一些明显的标记。

2. 对VIP旅游团队的迎接礼仪

对于重要的旅游团队，导游人员应更注意服务礼仪：迎接贵宾时，应事先在机场或车站、码头安排贵宾休息室，并准备好饮料、鲜花；如有条件，在客人到达之前可将饭店的客房号码及所乘车辆的牌号通知客人；派专人协助办理出入住手续；客人抵达前，应通知饭店总台，在客人入住的房间内摆上鲜花、水果；客人抵达饭店后，一般不宜马上安排活动，应留一些时间让宾客休息更衣。

6.4.3 入店服务

当旅游团进入饭店后，全陪应积极与地陪配合尽快完成旅游团的入住登记手续，并照顾旅游团和行李进店及用餐事宜。

1. 办理入住手续

全陪应和地陪一起积极主动地向总服务台提供团名、团队名单、旅游团住房要求等，协助领队办理旅游团的入住登记手续。

2. 分房

请领队分配住房，全陪应掌握分房名单，并与领队互通各自房号，以便联系。

3. 照顾客人和行李进房

主动查看客人进房情况，询问客人是否都拿到各自的行李。

6.4.4 导游带团礼仪

导游带团，是导游工作的重心，团员中，兴趣、爱好、要求各不相同，素质参差不齐，要使每个团员满意确实相当不易。这就很需要导游的沟通协调。

1. 沟通协调礼仪

带团旅游，涵盖了旅游六大要素中吃、住、行、游、购、娱的方方面面。对于导游人员来说，要做好沟通协调工作，也应遵循一定的礼仪规范。

(1) 洞悉游客心理

一名合格的导游，要圆满完成带团任务，并尽量使每个游客游得满意，应对所接团成员的个人资料进行详细了解，并对他们的旅游动机、游览偏好等情况做出大致的预测，从而对合理安排旅游路线、合理分配游程。

(2) 调节游客的情绪

旅游活动中，有相当多的不确定因素随时都会导致计划的改变。例如有时由于客观原因游览景点要减少，游客感兴趣的景点停留时间要缩短；预订好的中餐因为某些不可控制的因素，临时改变吃西餐，类似事件在接团和陪团时会经常发生。这些都会直接或间接影响到游客的情绪。导游应运用幽默、风趣的语言，化解游客的不满情绪。

（3）增强游客的兴趣

游客游兴如何是导游工作成败的关键。游客的游兴可以激发导游的灵感，使导游在整个游程中和游客心灵相融，一路欢声笑语；相反，如果游客兴味索然，表情冷漠，尽管导游竭尽所能，也会毫无成效。游客兴趣具有多样性和复杂性，在旅游过程中，一定要根据不同游客的心理特点，善于变换游客感兴趣的话题。

（4）导游沟通协调技巧

1）原则问题坚定立场。客人提出的某些问题涉及到一定的原则立场，一定要给予明确的回答。

例如：西方游客在游览河北承德时，有人问“承德以前是蒙古人住的地方，因为它在长城以外，对吗?”导游员答：“是的，现在有些村落还是蒙古名字。”又问：“那么，是不是可以说，现在汉人侵略了蒙古人的地盘呢?”导游答：“不应该这么说，应该叫民族融合。中国的北方有汉人，同样南方也有蒙古人。就像法国的阿拉伯人一样，是由于历史的原因形成的，并不是侵略。现在的中国不是哪一个民族的国家，而是一个统一的多民族国家。”客人听了都连连点头。

2）拒绝技巧。游客的性格各异，要求五花八门，有些合理要求作为导游人员应当尽量予以满足，而有些要求却不尽合理，如何让客人在要求得不到满足时又不至陷入尴尬境地呢？下面介绍几种符合礼貌服务的拒绝艺术：

① 一笑了之。遭人拒绝是最令人尴尬难堪的事，不论是何种情况，导游人员都不应直截了当地拒绝客人的要求。但有时客人提出的一些要求，我们又不得不拒绝，此时，微笑不语可谓是最佳选择。

② 先肯定后否定。在必须就某个问题向客人表示拒绝时，可采取先肯定对方的动机，或表明自己与对方主观一致的愿望，然后再以无可奈何的客观理由为借口予以回绝。

如：北京的导游员郭先生陪同一个十多人的美国旅游团去八达岭长城游览。大家在长城玩得很开心。下午参观完定陵后，有些游客提出要继续参观长陵。但是计划上是没有安排的，况且时间不够用。于是郭先生对他们说，可以去与旅行社联系一下，尽量满足大家要求。第二天，他对客人说，已经与旅行社联系过了，由于日程安排太紧，无法抽出时间去长陵游览，希望大家谅解。客人见他确实为此事尽了心，也就同意了。

③ 婉言谢绝。婉言谢绝，是指以诚恳的态度、委婉的方式，回避他人所提出要求或问题的技巧。这种方法显得较有涵养，既能达到断然拒绝的目的，又不至于伤害对方的面子。

总之，多数情况下，拒绝客人是不得已而为之，只要措辞得当、表达得态度诚恳并掌握适当的分寸，客人是会予以理解和接受的。

2. 讲解礼仪

(1) 要注意树立自己良好的服务形象

导游人员从第一次接触宾客时起，就要注意自己的仪表风度和言谈举止，做到称呼得体、握手文雅、谈吐大方、态度热情友好、办事稳重干练，给游客留下良好的印象。

(2) 工作走在前面

导游作为旅游活动的组织者，时时处处要以身作则，走在游客的前面。带团时，导游应提前 10 分钟到达出发地点，以便与领队交流沟通信息、协商工作；要有礼貌地招呼早到的旅游者，听取他们的意见和建议，不断提高服务质量。

(3) 端正讲解姿态

在旅游车上讲解时，应面对游客，而不能背对游客坐着导游；讲解时目光要巡视全体游客，不可仅注视一两个人，面部表情要亲切、自然如沐春风；姿态端正、优美，给人以落落大方的感觉。

(4) 要尽其所能为游客介绍景点

导游在工作中要尽职尽责，不可只游不导，应该充分发挥自己的口才，为客人介绍景点，如图 6.9 所示。

图 6.9 讲解

(5) 遵守导购职业道德

旅客在旅游过程中，会选购一些有地方特色的土特产以作纪念或馈赠亲友，导游应积极主动给游客当好向导和参谋，将他们带到商品质量好、物价公平合理的商店，而不应该唯利是图，为了一点“好处费”，昧着良心违背职业道德，把游客带进贩卖伪劣商品的“黑店”，给中国旅游业抹黑。

3. 处理突发事件的礼仪

(1) 末轮效应理论

中国人在为人处世方面，有一句人人皆知的至理名言：“善始善终”。在服务行业里，服务人员在为服务对象提供服务的过程中，同样有必要关注这一问题。个别服务人员在为服务对象进行服务时，往往存在有始无终的不良情景。

末轮效应理论是服务礼仪的一种重要基础理论。在这里，“末轮”一词是相对与首轮效应理论之中的“首轮”一词而言的。末轮效应的主要内容是：在人际交往之中，人们所留给交往对象的最后的印象，通常也是非常重要的。因此，首轮效应理论与末轮效应理论并不是对立的、矛盾的，实际上它们只不过讨论的是

同一个过程之中的两个不同侧面而已。

末轮效应理论的核心思想，是要求人们在塑造单位或个人的整体形象时，必须有始有终，始终如一。在服务过程之中，得体而周全地运用末轮效应的理论，至少对于服务行业存在三大好处。

其一，有助于服务单位与服务人员始终如一地在服务对象面前维护自己的完美形象。

其二，有助于服务单位与服务人员为服务对象热情服务的善意真正地获得对方的认可，并且为对方所愉快的接受。

其三，有助于服务单位与服务人员在服务过程中克服短期行为与近视眼光，从而赢得服务对象的人心，并因此逐渐地提高本单位的社会效益与经济效益。

根据旅游行业目前的具体情况，旅游行业与服务人员在掌握并运用末轮效应理论时，应当关注如下三个方面的问题。

1）抓好最后环节。

2）做好后续服务。

3）着眼两个效益。

在旅游服务工作中，倡导服务人员热情为服务对象进行服务，从根本上自然是着眼于服务单位社会效益与经济效益双丰收。在强调热情服务、推广热情服务的同时，完全不讲任何经济效益，不但毫无必要，而且也是不现实的。

（2）对突发事件做到防患于未然

也就是先以预防为主，以防事件的发生。

（3）常见的突发事件及其处置原则

由于旅游活动有较多的不确定因素，加之涉及需要协调、衔接的部门、环节较多，很难预料在组织游览过程中，会发生怎样的突发事件。一旦突发事件发生，导游应该如何面对呢？

1）尽量在带团出游前对游览计划、线路设计、搭乘交通工具、景点停留时间、沿途用餐地点等做出周密细致的安排，并根据以往的带团经验充分考虑容易出现问题的环节，准备好万一出现问题时所采取的对策及应急措施。

2）应准备一些常用的药品、针线及日常必需品，将应付突发事件需要联系的电话号码（如急救、报警、交通票务服务、旅行社负责人、车队调度等）随时带在身上。

3）出发前应亲切询问团队客人的身体健康状况，对老年团队成员尤其要细心。

4）游览有危险因素的景点或进行有危险的活动，如爬山、攀岩、游泳等，一定要特别强调安全问题，并备有应急措施。

5）事件发生以后要沉着冷静，既要安抚客人、稳定客人情绪，又要快速做出周密的处理方案和步骤，尽量减少事件带来的负面影响。

6.4.5　导游送团礼仪

旅游团队接送是导游人员的一项十分重要的工作，接团工作的礼仪是否周全，直接影响着旅行社和导游本人在客人心目中的第一印象；而送团则是带团的最后一项工作，如果前面的工作客人都非常满意，但送团工作出现了礼貌不周的问题，同样会破坏旅行社和导游人员在客人心目中的整体形象，并使陪团前期的努力前功尽弃。为此，搞好导游服务工作，迎送礼仪是十分重要的。

客人活动结束前，要提前为客人预订好下一站旅游或返回的机（车、船）票；客人乘坐的车厢、船舱尽量集中安排，以利于团队活动的统一协调；为客人送行，应使对方感受到自己的热情、诚恳、有礼貌和有修养。临别之前应亲切询问客人有无来不及办理、需要自己代为解决的事情，应提醒客人是否有遗漏物品并及时帮助处理解决；致欢送词；火车、轮船开动或飞机起飞以后，应向客人挥手致意，祝客人一路顺风，然后再离开。如果自己有其他事情需要处理，不能等候很长时间，应向客人说明原因并表示歉意。

导游工作的性质与任务，不仅仅是景点介绍、讲解，还包括许多其他的工作。简单地说，在游览过程中游客的一切需要和需求，都属于导游工作的范畴。让客人玩得开心、游得尽兴，是导游工作者的基本职责。

6.5　旅游商品导购礼仪

旅游购物是旅游的六要素之一，也是弹性最大的一项。旅游商店是为旅游者提供购物的场所。它是以旅游消费者为中心，以旅游商品和纪念品为主，以最佳的服务状态和方式提供给宾客的经营活动场所。旅游导购服务对象复杂，顾客要求更高，这就要求商店服务人员应做好如下工作。

6.5.1　旅游商品服务员基本礼仪

旅游商品服务员必须保持仪容整洁、仪表端正、精神饱满，按规定要求统一着装，女士要求化淡妆；应坚持站立服务，均匀站岗，姿势端正，面向顾客；不聊天；不边和同事聊天边迎接客人；不要将手插在衣袋、裤带里、抱着胳膊、倒背手；服务员之间用语也要注意文明礼貌，如图 6.10 所示。

图 6.10　旅游商品服务员

6.5.2 旅游商品导购礼仪

当有顾客到来时，主动、热情地迎接客人，耐心、周到地服务于客人，使用合乎礼节的“称呼语”和第一句“询问语”，语气要亲切、柔和，要勤用敬语、敬称、敬辞等，说话要面带笑容；不要客人一走进商店就追问客人：“您想买点什么?”这样做往往会使一些尚未打定主意购买什么商品的客人感到不舒服；当顾客浏览商品时，主动介绍商品的特点、性能、用途、产地、价格等情况；学会观察，对于随便闲逛的客人要给其充分的欣赏时间；当客人对某商品表现出兴趣时，服务员可上前与客人答话，侧重于从审美的角度，从商品的造型、色泽、典故或是真假商品的鉴别方式等着手，进一步引发客人的兴趣。耐心解答顾客提出的各种问题，不能表现出不耐烦情绪；接待中外顾客应一视同仁，热情接待，做到五个“不能”，即不能以年龄取人，不能以服饰取人，不能以性别取人，不能以职业取人，不能以地域取人；在顾客多的情况下做到“接一应二联系三”，让顾客感觉到你时刻都在关注他们。

服务员推销商品时，要把握客人的购物心理，掌握不同国籍、不同层次客人的购物能力，审美情趣，需求状况等，投其所好，展示推销商品。如：一次，导游员王力接待一个美国旅游团，在旅游商店看到一位美国游客在看一幅“嫦娥奔月”的国画，并在考虑是否要购买，王力便走上前去，向他介绍中国国画的艺术和与之相关的背景知识，客人很感兴趣，最后，王力告诉这位美国游客，在华盛顿的宇航馆里也有一幅“嫦娥奔月”图，图旁的说明是：“在人类历史上，是谁第一个有到月亮上去的想法？是中国古代的嫦娥女士……”这位美国游客非常感谢王力的帮助，终于买下了这幅“嫦娥奔月”的国画。王力的介绍，把物品的文化价值与实用价值巧妙地结合起来，促成了这位美国游客的购买。

同时，日本人、德国人购物“满意第一，价格第二”，美国人、法国十分顾面子，若有女士同来，可以将商品介绍给女士，只要女士表示出兴趣，推销便事半功倍；西方人忌讳“13”，日本人忌讳“4”和“9”，所以在商品销售中应尽量回避这几个数字；当客人不能购买商品向服务员说：“对不起，我再转转，先不买了。”服务员要有相应的应答语，如“没关系，您再随便看一下吧！”否则会让客人感到难为情。顾客购物后，要求提供送货上门或办理托运服务时，应尽量予以满足，不应流露出厌烦，为难情绪。此外，还要注意当商店临近下班仍有客人时，不能提前清扫地面，整理柜台，以免使客人产生被驱赶的感觉。

6.5.3 旅游购物纠纷处理技巧

旅游购物纠纷是指在开展旅游购物活动过程中，发生于买卖双方之间的争执、矛盾或者冲突。旅游商品服务人员对于商务纠纷的正确态度，除了要事先对纠纷积极进行预防外，还要及时发现纠纷，及时制止纠纷，并妥善进行调解。

1. 认真对待纠纷

顾客的投诉，一般是指顾客因为服务人员的工作有不周之处，而正式向有关部门、有关人员进行申诉或反映。任何微小的纠纷，如果不能得到及时的处理，都有可能一再升级，迅速扩大，甚至还会最终酿成重大事端，对双方造成损失。因此对待顾客的投诉必须认真对待。

在大中型购物单位，应设立专门机构负责此事；在小型购物单位，则可由主要负责人对其直接进行过问；有条件的单位，均应设立一定用以接待顾客投诉的电话，并将其号码正式对外公布，且这种电话，一定要保证有人接听。

2. 仔细调查纠纷

处理购物纠纷的妥善办法，是要摆事实、讲道理，以理服人。这就要求必须做仔细的调查。调查纠纷的常用方法有以下几种：

现场调查，即在纠纷发生地所进行的调查。采用这种方法进行调查，可以防止纠纷进一步升级。

上门调查，是指特派专人，专程上门拜访投诉者。这种做法，可以体现出单位处理纠纷的恳切态度，不过若没有先预约，可能会吃“闭门羹”。

电话调查，是指在接听投诉者电话时，对投诉者所直接进行的调查。

信函调查，利用书信、传真或电子信函等具体形式所进行的书面调查。

3. 妥善处理纠纷

在具体处理纠纷时，有关人员要依据总的指导思想“顾客总是对的”，当顾客提出批评或进行投诉时，不论其方式、方法是否正确，都应当将其视为对于单位的关心与激励，认真倾听顾客的申诉，积极了解顾客进行有效的沟通，了解顾客的合理要求，并尽可能地予以满足。

典型案例

一天上午，某公司在一家五星级酒店的多功能会议厅召开会议。其间，该公司职员李小姐来到商务中心发传真，发完后李小姐要求借打一个电话给总公司，询问传真稿件是否清晰。

“这里没有外线电话。”商务中心的服务员说。

“没有外线电话稿件怎么传真出去的呢？”李小姐不悦地反问。

服务员：“我们的外线电话不免费服务。”

“我已预付了20元传真费了。”李小姐生气地说。

服务员：“我收了你的传真费，并没有收你的电话费啊?！更何况你的传真费也不够。”

李小姐说：“啊，还不够？到底你要收多少呢？开个收据我看一看。”

“我们传真收费的标准是：市内港币10元/页；服务费港币5元；3分钟通话费港币2元。您传真了两页应收港币27元，再以1∶1.08的比价折合成人民币，我们要实收人民币29.16元。”服务员立即开具了传真和电话的收据。

李小姐问：“传真收费还是电话收费是根据什么规定的?”

“这是我们酒店的规定。”服务员出口便说。李小姐：“请您出示书面规定。”

“这不就是价目表嘛。”服务员不耐烦地回答说。李小姐：“你的态度怎么这样?”

“您的态度也不见得比我好呀。”服务员反唇相讥。

李小姐气得付完钱就走了。心想：五星级服务，难道就是这样的吗?

? 思考与练习

一、分析题

1. 在参观英雄纪念碑时，导游员小李一直在与游客谈论时尚和娱乐，这种做法是否得体，为什么？

2. 一位英国老妇到中国游览观光，对接待她的导游小姐评价颇高，认为她服务态度好，语言水平也很高，便夸奖导游小姐说：“你的英语讲得好极了！”小姐马上回应说：“我的英语讲得不好。”英国老妇一听生气了，“英语是我的母语，难道我不知道英语该怎么说？”

请分析英国老妇为什么会生气？双方沟通存在什么问题？

3. G先生入住一家五星级酒店，头天晚上11时左右曾委托总台李小姐叫醒，但李小姐未能准时叫醒客人，从而耽误了航班，引起了客人的投诉。下面是大堂副理（A）与客人（G）的一段话：

A：G先生，您好！我是大堂副理（A），请告诉我发生了什么事？

G：什么事你还不知道？我耽误了飞机，你们要赔偿我的损失。

A：你不要着急，请坐下来慢慢说。

G：你别站着说话不腰疼，换你试试。

A：如果这件事发生在我身上，我肯定会冷静的，所以我希望你也冷静。

G：我没你修养好，你也不用教训我。我们没什么好讲的，去叫你们经理来。

A：叫经理来可以，但你对我应有起码的尊重，我是来解决问题的，可不是来受你气的。

G：你不受气，难道让我这花钱的客人受气，真是岂有此理。

A：……

大堂副理在处理客人投诉时有什么问题?

结合礼貌用语的知识，对以上案例进行分析。

二、情景模拟

1. 模拟饭店前台、饭店客房服务人员、饭店餐厅服务人员，进行基本礼貌用语的训练。

2. 以宿舍为单位，相互监督，模拟导游接团、带团、送团礼仪。

3. 两人一组，其中一人为顾客，一人为导购人员，试模拟购买场景。

4. 模拟前台部、餐饮部、客房部、康乐部、商场部、保安部接待场景，学生分别扮演服务人员及客人角色，进行相关的接待礼仪训练。

三、综合练习

1. 以宿舍为单位，在宿舍内部进行服务礼仪的基础训练，包括仪容、仪表和仪态，相互指正。

2. 如有游客来你学校参观游玩，请设计一方案，包括从接团—带团—送团的全过程，并进行模拟训练。

3. 把班级分为几个小组，每个小组为饭店的一个部门，编写一个××部的接待服务剧本，进行表演，最后进行评比。

四、问答题

1. 什么是旅游服务礼仪？它的基本理论有哪些?

2. 旅游接待人员语言规范原则有哪些?

3. 谈谈你常用的非语言沟通技巧。

4. 饭店服务人员的基本要求是什么?

5. 简述饭店前台部、餐饮部、客房部、康乐部、商场部、保安部的服务礼仪。

6. 饭店处理客人纠纷具有哪些礼仪?

7. 导游沟通协调礼仪有哪些?

8. 导游应如何处理突发事件?

9. 简单设计一份欢迎词。

10. 旅游商品服务员基本礼仪有哪些?

11. 旅游购物纠纷处理技巧有哪些?

第 7 章

涉外礼仪

[本章导读]

- 了解与外国人交往时应该注意的事项。
- 理解涉外礼仪的原则要求。
- 熟悉出入境礼节及规范。
- 掌握涉外服务礼仪的工作规范和基本技巧。

礼仪具有民族性、国别性的特点，各国的差异还体现在礼仪的不同上。某些举止在国内是完全正常的行为，到了异国他乡则可能是严重的失礼行为。

本章将介绍国际交往的礼仪规范，包括涉外交往的诸多具体方面：原则要求、常见国际礼宾活动、出入境礼节及规范以及一些国外禁忌，希望你读了之后，能心有所悟，在今后的涉外交往中做到更有礼节和风度。

7.1 涉外原则

涉外礼仪的原则，不是哪个人规定的，而是在长期国际交往中形成和发展的。在涉外接待方面，各国礼仪既有相同的地方，又具有各自的特点。其中，相同或相似的部分慢慢演化为一种国际惯例，为各国共同遵守。但又由于文化传统、风俗习惯等方面的差异，各国在礼仪工作上的具体做法，又具有本土民族和本土文化的特色。

我国的礼仪工作是在尊重国际惯例和各国民族习俗的基础上不断革新、不断完善而形成的。其中的基本原则，更需要认真领悟，相信会对每一位要接触外宾的人员有所裨益。

7.1.1 服从大局，依法办事

各国的礼仪工作主要是根据本国的对外政策组织安排的，尽管形式不一，但归根到底还是在本国的对外框架之内的，因而，在涉外交往中，要有大局观念，不能偏执任意，逆对外政策而行。如，国家禁止向某国出售某种材料，你就不能顶风而行。

国际间的交往与合作，都有一个原则时刻不能忘记，这就是合法。无论是我国法律，对方国家的法律，还是国际法和国际私法（如各种双边或多边条约、协议等等），只有尊重各种法律，才谈得上得到有关法律的保护而不是法律的制裁。

7.1.2 不卑不亢，平等互利

国际交往中人与人、国与国之间应是平等的关系。中国人与外国人交往时不卑不亢，这也是国际礼仪的重要原则。国际礼仪中的不卑不亢原则，最重要的是保持人格平等，因为“卑”和“亢”都是置对方或置自身于不平等位置上的交往态度。“卑”有损自身人格甚至国格；“亢”则显得虚张声势，也有伤对方的自尊。不卑不亢的主要要求是：每一个人在参与国际交往时，都必须意识到自己在外国人的眼里，是代表着自己的国家，代表着自己的民族，代表着自己的所在单位的。因此，其言行应当从容得体，堂堂正正。

平等就意味着相互尊重，它包括尊重对方和捍卫自尊两个方面。尊重对方就要不论对方的国家是否强大，企业是否庞大，或者风俗习惯、宗教法律等等是否和我们相同，都要不歧视对方。相互尊重的另一方面就是自尊，只有自尊才能得到对方对你、对你的单位、甚至对你的国家的尊重，才能谈得上真诚合作，平等合作。所谓互利，就要使合作双方都在合作中得到恰当的利益。无论你的单位是否掌握着主动权，都要与人为善，不要以为“商场如战场”就是你死我活的竞争而寸步不让。

7.1.3 信守约定，遵守承诺

信守约定是指在一切正式的国际交往之中，都必须认真而严格地遵守自己的所有承诺。说话务必要算数，许诺一定要兑现，约会必须要如约而至。在一切有关时间方面的正式约定之中，尤其需要恪守不怠。在涉外交往中，要真正做到“信守约定”，对一般人而言，尤须在下列三个方面身体力行，严格地要求自己。第一，在人际交往中，许诺必须谨慎。第二，对于自己已经做出的约定，务必要认真地加以遵守。第三，万一由于难以抗拒的因素，致使自己单方面失约，或是有约难行，需要尽早向有关各方进行通报，如实地解释，并且还要郑重其事向对方致以歉意，并且主动地负担按照规定和惯例因此而给对方所造成的某些物质方面的损失。

7.1.4 尊重隐私，自觉回避

在与国外人打交道时，一定要充分尊重对方的个人隐私权。也就是说：在言谈话语中，对于凡涉及对方个人隐私的一切问题，都应该自觉地、有意识地予以回避，千万不要自以为是。在同国外人士交谈时信口开河，将“关心他人比关心自己为重”这一中国式的做法滥施于人，或者为了满足自己的好奇心，不管对方反应如何，“打破砂锅问到底”，都有可能会令对方极为不快，甚至还会因此损害双方之间的关系。

一般而言，在国际交往中，收入支出、年龄大小、恋爱婚姻、身体状况、家庭住址、个人经历、信仰政见等皆属于个人隐私，与国外人交谈时，要自觉避免涉及。

7.1.5 女士优先，绅士风度

“女士优先”是国际社会公认的一条重要礼仪原则，它的含意是：在一切社交场合，每一名成年男子，都有义务自觉地以自己的实际行动去尊重妇女、照顾妇女、体谅妇女、关心妇女，而且要想方设法尽心竭力地去为妇女排忧解难。这是因为妇女被视为“人类的母亲”，对妇女处处照顾，就是对“人类的母亲”表示感恩之意。倘若因为男士的不慎，而使妇女陷于尴尬、困难的处境，便意味着男士的失职。人们一致公认，只有尊重妇女，才具有绅士风度。反之，则会被认为是一个没有修养的粗汉莽夫。

在国际交往中，非常讲究“女士优先”。在西方国家更是如此，不过在阿拉伯国家、东南亚地区，以及日本、朝鲜、韩国、蒙古、印度等东方国家内部，人们依然讲的是“男尊女卑”，对“女士优先”并不买账。

7.1.6 入乡随俗，尊重对方

在涉外交往中，当自己身为东道主时，通常讲究“主随客便”；而当自己充当客人时，则又讲究“客随主便”。从本质上讲，这两种做法都是对“入乡随俗”原则的具体贯彻落实。

所谓习俗，亦称风俗习惯。它所指的是因地域、种族、文化、历史的不同，各国、各地区、各民族相沿成习的特殊的精神文化方面的传承。具体而言，它涉及衣、食、住、行以及交往应酬等各个方面。在涉外交往中，对外国友人要表达尊敬、友好之意：至关重要的，就是要首先对对方特有的习俗予以尊重，否则其他的一切都会成为空谈。

7.1.7 提高素质，维护形象

在国际交往中，人们普遍对交往对象的个人形象倍加关注。个人形象，有时简称为形象。一般认为，它所指的是一个人在人际交往中所留给他人的总的印象，以及由此而产生的总的评价和总的看法。

个人形象在国际交往中深受人们的重视，它不仅真实地反映了一个人的精神风貌与生活态度，而且真实地体现着一个人的品位和教养。因此，在涉外交往中，每个人都必须时时刻刻注意维护自身形象。根据常规，要维护好个人形象，重点要注意仪容、表情、举止、服饰、谈吐和待人接物六个方面的问题。

7.2 常见国际礼宾活动

7.2.1 迎送礼仪

迎送是最常见的社交礼节，这不仅是整个社交活动的开始和结束，而且是对不同身份的外宾表示相应尊重的重要方式。

1. 迎送规格

确定迎送规格，各国的依据标准不尽相同，我国主要依据来访者身份、访问性质、访问目的，并适当考虑当时两国关系，以及参照国际惯例。一般来说，迎送外宾人员与外宾的身份应该对等，也可以稍低一些（如副职），即这里的基本原则是对等。

当然，也可能相应身份的迎送人因特殊情况无法到场，那就应指派代表前去，并向对方解释，适当表示歉意，即灵活变通原则。

如果双方的合作项目取得成功，双方派出最高层人士前来参加签字仪式，这时我方也应把常规作适当提高。但如果仅仅是前来洽谈，就该按常规办理，否则对方会误认为我方是急于求成而故意取悦，造成被动，即实际需求原则。

除上述原则以外，还有个不是原则的原则，即迎送规格的确定并不是一成不变的，应根据当时环境情况，相应加以运用，有很大的主观性。例如，特殊背景之下，对有些外国来访者，我们从发展大局关系出发，可以破格接待，安排较大的迎送场面。

根据规格不同，通常分为三种迎送情况：

（1）隆重迎送

这种规格的迎送仪式，一般适用于来访的外国国家元首、政府首脑或重要的官方代表团。

举行此类欢迎欢送仪式，必须讲求规范性和严肃性，还须遵从一般的国际惯例。活动的每一个步骤、每一个细节都应仔细安排，稍有疏忽，都会给国家声誉带来损害。

当然，这种规格并非都能享用和举办，所以社交中还是以下面两种为主。

（2）一般迎送

一般迎送适用于一般人员或代表团，不论是政治性还是商业性的，这种规格在平常多被使用。

对应邀来访的客人，在他们抵达或离开时，均应安排相应身份的人员前往迎接或送别。

一般迎送并不“一般”，不能马虎从事，随便应付，而应该本着热情真诚的出发点，把迎送规模、仪式适当降格。所以，即便是一般规格的迎送仪式，亦应妥善安排、合理组织，免得使客人产生不快，影响感情和工作，应力求使客人有宾至如归的感觉。

（3）私人性质的迎送

如果来访者是朋友，是属私人性质的访问，则迎送要安排的方便、实际和礼貌。而且视彼此关系，适当加以调整，但这并不意味着可以不讲礼节，随随便便。

2. 迎送程序

迎送的程序一般分为五个方面，即掌握来宾到达或离开的时间，安排有关的迎送人员，向来宾献花，介绍，以及安排来宾乘车，除此以外，还有一些细节性的事务。

（1）掌握时间

为了顺利地迎送客人，必须要准确了解客人所乘交通工具的抵离时间。如有变化，应及时通知有关人员。

由于现代交通工具常常会受气候条件等意外原因影响，可做到既不让客人扑空，又不让迎送人员长时间等待，所以，对时间的要求很高，作为东道主，一定要仔细掌握抵离的准确时刻，更不能出现让客人等候的现象。

如果根据情况准备举行一定形式的欢送仪式，应在仪式前到达，并直到客人所乘工具消逝在视野中为止。

（2）安排迎送人员

安排有关的迎送人应该和主要迎送人商议并征得他的同意，至少应该让他知道有谁参加迎送。同时，还应确定各位迎送人的正式头衔，以备主要迎送人在介绍和翻译时使用，以防止出现差错。安排迎送人员的数目不宜过多，握手是很浪费时间和精力的，但应在客人来访过程中，将要与主要人物或主要部门负责人握手。

（3）献花

对于来宾，在迎送仪式上要安排献花，这也是国际交往中的一项重要仪式。献花须用鲜花或鲜花扎成的花束，且要保持整洁、鲜艳。献花忌用菊花、杜鹃花、石竹花和一些黄色花朵。有的国家习惯送花环或一二支名贵的兰花、玫瑰花等。但也要注意，有些国家在献花方面有某种禁忌。如有接待信仰伊斯兰教人士时，不宜由女子献花。而且要注意献花的时间，适宜在迎送人和客人握手完毕之后。

（4）介绍

客人与迎接人员见面时，应相互介绍。我们知道，通常的原则是，先把身份低、年纪轻的介绍给身份高、年纪大的，把男士介绍给女士。那么，在迎接外国来访者时，就应先将前往欢迎的人员介绍给来宾，然后由来宾中的主要负责人再介绍他方人员。

被介绍者应微笑点头或者说声“您好”、“Hello”作为招呼语，千万不可面无表情，无所表示。在双方介绍人士时，遇到外宾主动与我方人员拥抱时，我方人员不应推卸或勉强应付，而应做出相应的表示。

有时，介绍时还要递送名片。涉外人员使用的名片最好能用两种文字印刷，这样就可以方便对方用他所熟悉的文字知道你是谁，也便于今后查找你的名片时，能读懂相关信息。

（5）陪车

不论迎送都应该安排陪车。有的安排主人陪车，也有的安排其他人员。如果主人陪车，应该坐在客人的左侧。如果是三排座的轿车，译员坐在主人前面的加座上；如果是二排座的，译员坐在司机旁边。上车时，最好为客人开右侧门，让客人从右侧门上车，主人从左侧门上车，避免从客人座前穿过。遇客人先上车，坐到了主人的位置，则不必请让客人重新更换座位了。

7.2.2 会见、会谈、签字

1. 会见

会见是国际交往中常用的礼宾活动形式，一般也称接见或拜见。凡身份高的人士会见身份低的，或主人会见客人，一般称为接见或召见。凡身份低的人士会见身份高的，或客人会见主人，一般称为拜会或拜见。我国一般不作上述区分，统称会见。接见或拜会后的回访，称回拜。

（1）会见的分类

会见就其内容来说，有礼节性、政治性和事务性三种。礼节性的会见，时间较短，话题较为广泛。政治性会见一般涉及双边关系、国际局势等重大问题。事务性会见则指一般外交事务安排、业务商谈等等，外交交涉一般称为召见。

会见形式根据对象不同又分个别约见和大型接见。个别约见是指国家领导人或某部门 负责人就其一方面的外交事务或业务问题，与个别人士或使馆人员进行会面商谈的一种礼 宾活动。它的特点是会见的范围小、保密性强。大型接见是指国家领导人会见一国或几国群众团体、或国际会议代表。它的特点是参加会

见的人数多，首长比较集中，场面隆重。

（2）会见座位的安排

会见在国际上通常安排在会客厅或办公室。有时宾主各坐一边，有时穿插坐在一起。某些国家元首会见还有其独特的礼仪形式。在布置形式上，各国也不一样。有的国家主宾的座位是特制的，有的则是主宾同坐一个三人长沙发。外国领导人来我国访问，会见安排比较简单，无特殊仪式。会见时的座位安排一般为客人坐在主人的右边（个别情况例外），译员、记录员安排在主人和主宾的后面。其他客人按礼宾顺序在主宾一侧就坐，主方陪见人在主人一侧就坐，如图 7.1、图 7.2 所示，座位不够可在后排加座。座位多采用单人沙发、扶手椅进行布置，人数在十几至几十人之间的会见，里圈用沙发，外围用扶手椅或靠背椅围置。

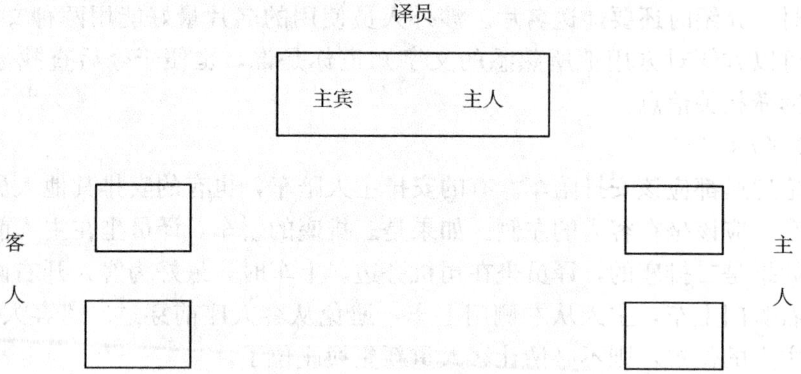

译员

主宾　主人

客人　主人

图 7.1　会议座次安排图

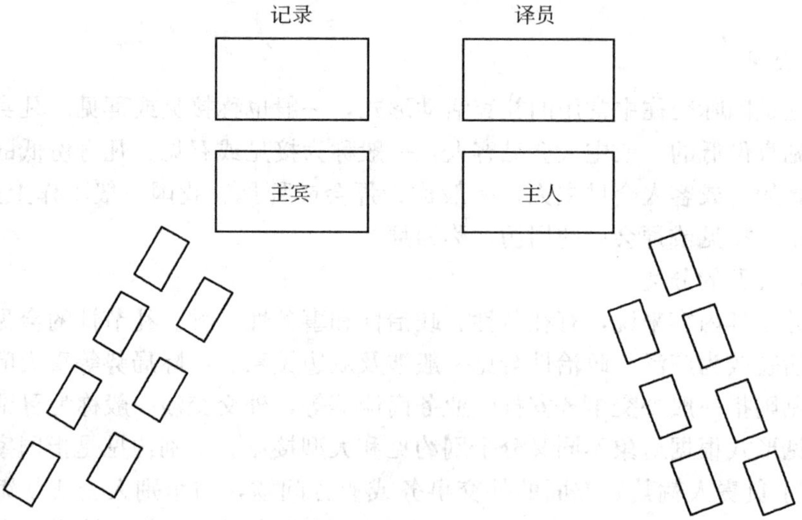

记录　译员

主宾　主人

图 7.2　会议座次安排图

(3) 会见的服务规程

当宾客到达时，服务员要利用主人到门口迎接的间隙，迅速整理好茶几上的物品和沙发上的花垫。然后，用茶杯上茶，杯把一律朝客人的右手一侧。

宾、主坐好后，一般由两名服务员从主要的外宾和主人处开始递毛巾。递毛巾时要热情地道一声“请”。如果是一名服务员递毛巾，要先从外宾处开始，然后再递给主人。如果有两名服务员，则递给外宾的服务员动作要先于另一名服务员。宾客用完毛巾，要及时收回，以保持台面整洁。如果会见中招待冷饮，上完毛巾后，接着上冷饮，其礼宾程序与上毛巾相同。上冷饮时，托盘中的冷饮品种要齐全，摆放要整齐，请宾客自选。

会见期间的续水一般在30分钟左右一次。续水用小暖瓶，并带块小毛巾。续水的礼宾程序与上毛巾相同。

会见厅内的光线和温度应根据实际情况和主要宾客的要求而定。一般夏季24～25℃；冬季在20～22℃之间为宜。

会见结束后，要及时把厅室门打开，并对活动现场进行检查。在主人送走客人返回时，应及时给主要首长上一块热毛巾，并送主要首长和其他的首长上车。

2. 会谈

会谈是指在正式访问或专业访问中，双方或多方就某些比较重大的政治、经济、文化和军事等共同关心的问题交换意见，或就具体业务进行谈判的活动。

外国领导人来我国访问，通常首次会谈安排在人民大会堂举行。如有第二轮会谈，有时安排在国宾下榻的国宾馆。会谈开始前，允许双方记者采访，但几分钟后须退场。如有分组会谈，则另行安排。

(1) 会谈活动的特点

参加会谈的双方或多方主要领导人的级别、身份原则上是对等的，所负责的事务和业务也是对口的。如外国由总统、总理率领的代表团参加会谈，我方则由国家主席、总理出面；如外方是外交部长出席，则我方也是外交部长出席。

会谈一般来说内容较为正式，政治性和业务性都较强，要特别注意保密。代表团身份和规格很高的国事会谈还要悬挂双方国旗。

(2) 会谈座位的安排

会谈时一般使用长方形桌子，宾主各自坐在桌子的一边。面向正门的为上座，由客人来坐，背向正门的为下座，由主人来坐。主人与主宾应坐在正中间，如图7.3所示。我国习惯把译员安排在主谈人右侧，但有的国家让译员坐在后面，一般应尊重主人的安排。其他参加人员按一般顺序坐在左右两侧，记录员可坐在后面。如果会谈桌的一端对着正门，应以进门的方向为准，客人坐在右边，主人坐在左边，如图7.4所示。

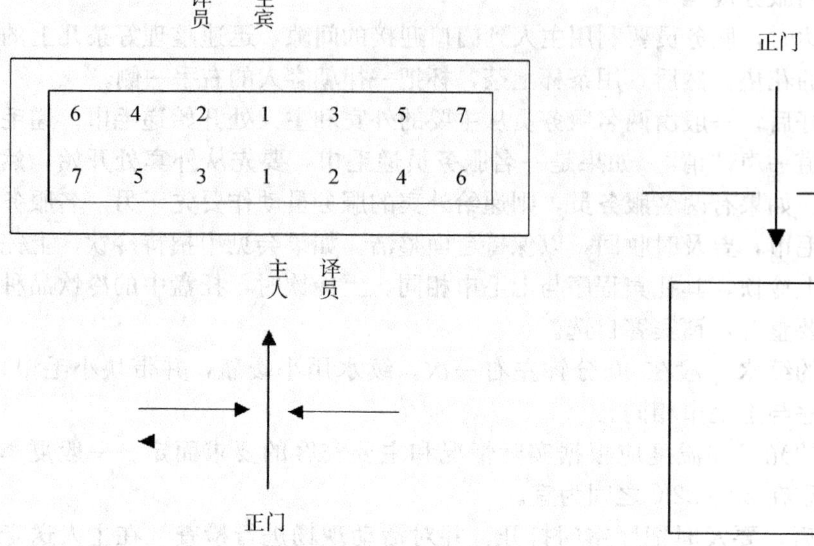

图 7.3 座位安排　　图 7.4 对正门坐

举行多边会谈时，可把座位摆成圆形或正方形，使其无尊卑可言，如 7.5 和图 7.6 所示。

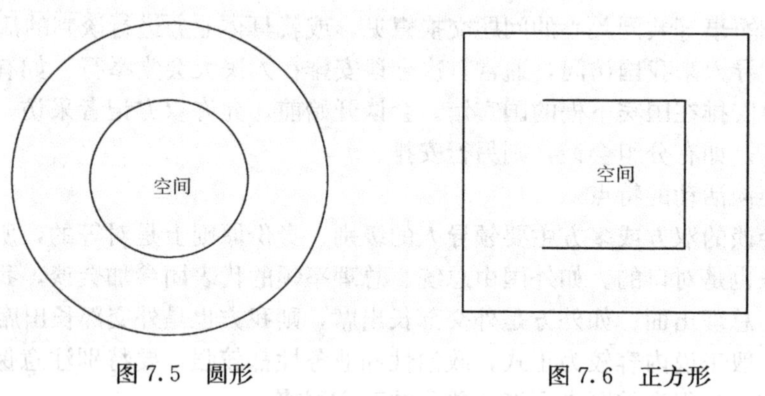

图 7.5 圆形　　图 7.6 正方形

小范围会谈，有时不用长桌，只设沙发，双方座位按会见座位安排。

(3) 会谈的服务规程

1) 会谈用品的配置。在每个座位前桌面的正中摆放一本供记事的便笺，便笺的下端距桌面的边沿约 5 公分。紧靠便笺的右侧摆红、黑铅笔各一支，便笺的右上角摆一个茶杯垫盘，盘内垫小方巾。主要宾客处每人放一个烟缸和烟盘，其他每两个放一套（摆在两个座位之间处）。

2) 会谈的服务程序。当主人提前到达活动现场时，要迎至厅内周围的沙发上就坐，用小茶杯上茶。在主办单位通知外宾从住地出发时，服务员在工作间内将茶杯沏上茶。当主人到门口迎接外宾时，服务员把茶杯端上，放在每人的茶杯垫盘上。宾主来到会谈桌前，服务员要上前拉椅让座。当记者采访和摄影完毕，服务员分别从两边为宾主双方递上毛巾。宾主用完后，应立即将毛巾收回。

会谈中间如果上牛奶咖啡、干果等，应先把牙签、小毛巾（叠成长方形，每盘两块）、奶罐垫盘、咖啡杯垫盘上桌。然后把已装好的糖罐、奶罐（加勺）、咖啡（加勺）、干果盘依次上桌。

会谈活动一般时间较长，可视宾客的具体情况及时续水、续换铅笔等。如会谈中间休息，服务员要及时整理好座椅、桌面用品等。在整理时，注意不要弄乱和翻阅桌上的文件、本册等。

会谈结束时，要照顾宾客退席。然后按善后工作程序做好收尾工作。

3. 签字

（1）签字仪式的文本准备

国与国之间通过谈判就政治、军事、经济、科技、文化等某一领域达成协议，缔结条约、协定和公约时，双方互签互换文本举行的仪式，称为签字仪式。

国内各省、市、自治区间党政或其他机构就双方或多方在某一领域内达成协议、互签互换文本举行的仪式，同样可称为签字仪式。

我国同其他国家签订的议定书，一般是中外两种文字的文本，一式两份，具有同等效力。签字后由双方各保存一份备考。出席签字的人一般视文件的性质由缔约各方确定，有国家领导人签的，也有政府有关部门负责人签的，双方签字人的身份大体相当。

安排签字仪式时，事前应做好文本的准备，同时准备好签字仪式上所需的文具、国旗等物品，安排好场地、时间。双方助签工作人员应商定相关细节。

出席签字仪式者基本上是双方参加会谈的全体人员。如一方要求让某些未参加会谈的人员出席，另一方应予以同意，但双方人数最好大体相等。

（2）签字仪式的服务规程

宾主双方到达签字大厅时，服务员要主动上前为签字人员拉椅让座。这时双方代表分别站在签字代表的身后。开始签字时，前台服务员站在签字桌两头等候，准备签字后撤椅子，后台服务员要速将香槟酒启开，倒入香槟酒杯内（约六七分满），端入签字大厅，分别站在签字台两侧约3米处，准备上酒。

涉外签字一般有两种文本，当签字人员在一种文本上签完后，由双方助签人员交换文本，当交换的文本签完后，双方签字代表站起来正式交换，互相握手时由两名服务员上前迅速将签字椅撤除。随后，托端香槟酒的服务员立即跟上，分别将酒端至双方签字人员面前，请其端取。接着从桌后站立者的中间开始，向两边依次分让。宾主举杯祝贺并干杯后，服务员要迅即上前用托盘接收酒杯，照顾签字代表退席。

7.2.3 文艺晚会与参观游览

1. 文艺晚会

对于应邀来我国访问的代表团，我国接待单位一般都安排文艺晚会招待，这也是一种对外活动的形式。这种活动形式，对客人来说是一种艺术享受和娱乐活动，而对本国来说，则是一种对外宣传我国文化、艺术等成就的有效方法。

出席专场文艺晚会的人员，除来访国代表团团长和全体成员外，主人一般都要安排与团长身份相当的领导人作陪。专场文艺晚会一般安排在正式会见、会谈后的来访空隙中举行。

在西方国家，往往把观看文艺演出作为一种隆重和高雅的娱乐活动。特别是在大剧院，剧场规矩很严格，演出时观众都自觉保持肃静，精神饱满地观赏演出，迟到者只能在幕间进场。此外，这种活动对观看演出的观众服饰要求也很高，要求像出席正式宴会一样按最隆重的方式穿戴。

在为外宾组织专场的文艺晚会演出活动时，对于精选节目、座位安排、演出入席及退 席、印制节目单、观看礼仪、演出秩序与摄影、献花和献花篮等方面，都有一定的要求。

(1) 精选节目

要从文艺晚会演出的目的着眼，针对客人的兴趣与实际的可能，精选节目。一般可安排客人观看具有本国民族风格的节目，例如民族歌舞或京剧、地方戏等。同时，对节目的内容应进行预审，以免因政治、宗教信仰或风俗习惯等原因引起不愉快。另外应尽可能安排一些来宾所属国家的节目，以表示对外宾的尊重和友好。

(2) 座位安排

凡是让重要的外宾观看文艺晚会演出，一般应把最佳的席位安排给外宾。通常，在剧场中以七、八排的座位观看效果最好，可作为贵宾席，由陪同人员陪同主宾并按礼宾次序入席就坐。其中，要穿插安排好翻译的席位，以便主人和主宾能随时交谈和适当解释演出节目的内容。其他客人则可按预先排定的座位或在贵宾区自由入座。

(3) 演出入席及退席

文艺晚会专场演出的入席，一般是由普通观众先入座，作为主宾的外国客人则在开幕前由主人陪同入场。入场时，观众应有礼貌地起立鼓掌，表示欢迎。演出结束时，主人可与客人一道起立鼓掌，或献花和花篮，向演员表示感谢。演出中观众不得中途退场。演出结束后，应待贵宾先退场，观众方可离去。

2. 参观游览

参观游览是国际交往中的又一种形式。对一般外国友人或团体安排参观游览，应根据外国友人或团体参观访问的目的、要求和外国友人的兴趣、特点来考虑。当然，也应该结合实际的可能，来选定参观游览活动的项目，进行有针对性的安排。对外国友人提出的合理要求，只要条件许可，应尽可能给予满足，如果确有困难的不能安排，则应向外宾解释清楚。外国国家元首或政府首脑来华访问，一般在我国国家领导人官方迎送或正式国事访问前后，进行外地访问、参观游览。其日程与地点的安排都事先与对方确定。

对于一般外国友人或团体参观游览活动的日程，应先与全程陪同的我方人员交换意见，然后再同外宾商谈。日程确定后，应制定详细具体的安排计划，包括先参观什么，后参观什么，是否安排休息、介绍或座谈等，其他包括参观路程的长短、各参观地点之间的距离、徒步或者乘车前往的时间等。在车辆、参观游览出发时间、集合地点等这些参观游览的具体要求和细节确定之后，应立即通知参观游览单位和有关部门以及全体接待人员，要求他们主动配合进行工作。如无特殊情况，不要随意改变日程；如要改变日程，则及时通知各参观游览单位的有关部门和参加接待的人员。

外宾参观游览时，一般都应有身份相当的人员陪同。如陪同身份较高，应提前通知对方。接待单位也要有一定的人员出面，并且根据需要安排解说员或导游人员，维持参观游览现场的正常秩序。参观游览中，我方人员不要中途离去或不辞而别。陪同外宾参观游览的翻译人员，要事先做好准备工作，态度热情诚恳，精神饱满，体现出对外宾的友好感情。在翻译中要实事求是，不擅自掺杂自己的意见，增减谈话的内容。如翻译有问题或未听清，应当即向外宾说明，绝不能不懂装懂，主观臆断。对其他人插话或外宾问及本人个人的问题，要适当告知主陪人，决定应否答复，但也应灵活掌握。

接待单位在接待参观游览之前，应尽可能了解外宾的情况、特点和要求，以及需要注意的问题，以便能有针对性地回答外宾关心的问题，进行必要的解释。介绍应力求简明扼要，内容要实事求是，方式要生动活泼，把握分寸，注意保密。参观游览时，不要随便请外宾签字留念或要求照相。参观游览中除了照顾好主要外宾外，也要兼顾其他外宾，以免冷落他们。有些外宾对参观游览的内容兴趣很大，看得仔细，应有人专门照顾，并做好前后的联络工作。

参观游览单位不要自行悬挂标语或外国领袖像等。这些安排要听从接待单位的意见。在外宾参观游览过程中，对外宾要有礼貌，不要让群众围观、尾随或指手画脚地议论。如外宾主动与群众谈话，向群众鼓掌、招手或点头表示友好，我方也应友好答话和做相应的表示。在外宾拍摄群众照片时，不应回避躲闪，态度要自然大方。

7.2.4 礼宾次序和国旗悬挂法

1. 礼宾次序

礼宾次序是指国际交往中对出席活动的国家、团体、各国人士的位次按某些规定和惯例进行排列的先后次序。一般来说，礼宾次序体现东道国对各国宾客所给予的礼遇，在某些国际性的集会上则表示各国主权地位的平等。

礼宾次序的排列虽然在国际上已有一定惯例，但各国做法不尽相同。常用的排列方法有三种：

（1）按身份与职务高低排列

这是礼宾次序排列的主要根据。在官方活动中，通常是按身份与职务的高低安排礼宾次序。如：按国家元首、副元首、政府首相、副首相、部长、副部长等顺序排列。各国提出的正式名单或正式通知是确定职务高低的依据，由于各国的国家体制不同，部门之间的职务高低也不尽一致，要根据各国的规定，按相应的级别和官衔进行安排。在多边活动中有时按其他方法排列。无论按何种方法排列，都应考虑身份或职务高低的问题。

（2）按国家名字的字母顺序排列

在多边活动中的礼宾次序也常采用按参加国国名字母顺序排列，一般以英文字母排列居多，如国际会议、体育比赛等。对于第一个字母相同的国家则按第二个字母排列，以此类推。联合国大会的席位次序也按英文字母排列。但是，为了避免一些国家总是占据前排席位，每年抽签一次，决定本年度大会席位以哪一个字母打头，以便让各国都有排在前列的机会。

在国际体育比赛中，体育代表团（队）名称的排列和开幕式出场的顺序一般也按国名字母顺序排列，东道国一般排列在最后。体育代表团观礼或召开理事会、委员会等，则按出席代表团团长的身份高低排列。

（3）按通知代表团组成的日期先后排列

在一些国家举行的多边活动中，按通知代表团组成的日期先后排列礼宾次序，也是国际上经常采用的一种方法。东道国对同等身份的外国代表团，按派遣国通知代表团组成的日期排列，或按代表团抵达活动地点的时间先后排列，或按派遣国决定应邀派遣代表团参加该活动的答复时间先后排列。究竟采用何种方法，东道国在致各国的邀请书中都应加以说明。

在实际工作中，礼宾次序的排列常常不能按一种方法进行，而是几种方法交叉使用，并考虑其他因素，包括国家间的关系、地区所在地、活动的性质与内容和对于活动的贡献大小以及参加活动者在国际事务中的威望、资历等等。例如：通常把同一国家集团的、同一地区的、同一宗教信仰的或关系特殊的国家的代表团排在前面或排在一起。对同一级别的人员，常把威望高、资历深、年龄大者排在前面。有时还考虑业务性质、相互关系、语言交流等因素。例如：在观礼、观看演出或比赛，特别是在大型宴请时，除考虑身份、职务之外，还应将业务性质对口的、语言相通、宗教信仰一致的、风俗习惯相近的安排在一起。

总之，在礼宾次序安排工作中，要全面、周到、细微、耐心、慎重地考虑，设想多种方案，以避免因礼宾次序方面的问题引起不必要的外交误解或麻烦。

2. 国旗悬挂法

国旗是一个国家的象征和标志。人们往往通过悬挂国旗，表示对祖国的热爱或对他国的尊重，在国际交往中，如何悬挂国旗，已形成了各国所公认的惯例。

按国际关系准则，一国元首、政府首脑在他国访问期间，在其下榻处及乘坐的交通工具上悬挂国旗（或元首旗），是一种外交特权。东道国接待来访的外国元首或政府首脑时，在隆重的场合下，于贵宾下榻的宾馆和乘坐的汽车上悬挂对方（或双方）的国旗（或元首旗），是一种礼遇。此外，国际上还公认，一个国家的外交代表在接受国境内有权在其办公处和官邸以及交通工具上悬挂本国国旗。

在国际会议上，除了会场悬挂与会国国旗外，各国政府代表团团长亦按会议组织者的有关规定在一些场所或车辆上悬挂本国国旗（也有不挂国旗的）。有些体育比赛、展览会等国际性活动，也往往悬挂有关国家的国旗。

在建筑物上，或室外悬挂国旗，一般都应日出升旗、日落降旗。如需降旗致哀，则先将旗升至杆顶，再下降，下降幅度约为杆长的 1/3；日落降旗时，需先将旗升至杆顶，然后再降下。国际上有些国家致哀时不降半旗，而是在国旗上方挂黑纱表示。不能使用破损或污损的国旗。平时升国旗一定要升至杆顶。

按国际惯例，悬挂双方国旗，以右为上，以左为下。两国国旗并挂，以旗本身面向为准，客方国旗在右，本国国旗在左；汽车上挂旗，则以汽车行进方向为准，驾驶员右手为客方，左手为主方。所谓主客，不以活动举行所在国为依据，而是以举办活动的主人为依据。如：外国代表团来访，东道国举行的欢迎宴会上，东道国为主人；答谢宴会上，来访者是主人。

国旗不能倒挂。一些国家的国旗由于图案和文字的关系，也不能竖挂和反挂。有的国家明确规定，竖挂需另制旗，将图案和文字转正。正式场合悬挂国旗要把正面向观众，即以旗套的右边为准。如把国旗挂在墙壁和帐幕上，应避免交叉挂法和竖挂法，而应用并列挂法。

各国国旗的图案、式样、颜色、比例均由本国宪法规定。不同国家的国旗，由于比例不同，两面旗帜悬挂在一起，就会显得大小不一。因此，并排悬挂不同比例的国旗，应将其中一面适当放大或缩小，以使旗的面积大致相同。

常用的几种挂旗法如图 7.7～图 7.11 所示。

注：多面国旗并列，主方在最后。如系国际会议，无主客之分，则按会议规定之礼宾顺序安排。

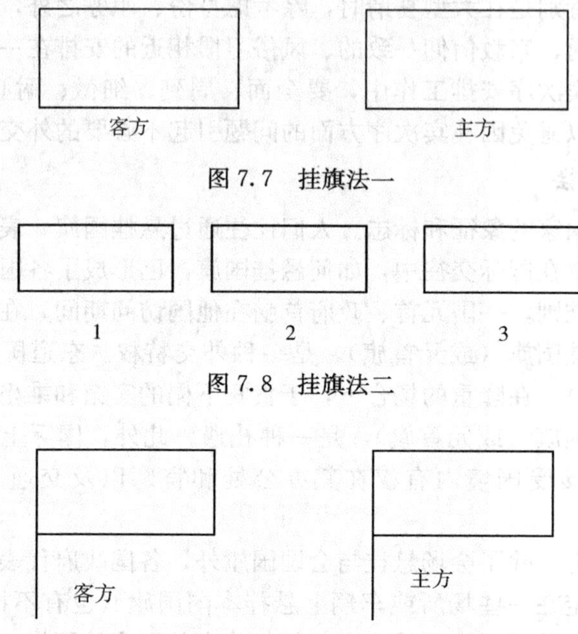

图 7.7　挂旗法一

图 7.8　挂旗法二

图 7.9　挂旗法三

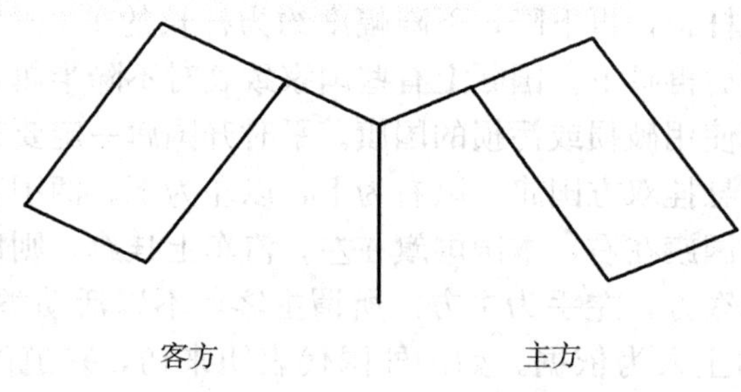

图 7.10　挂旗法四

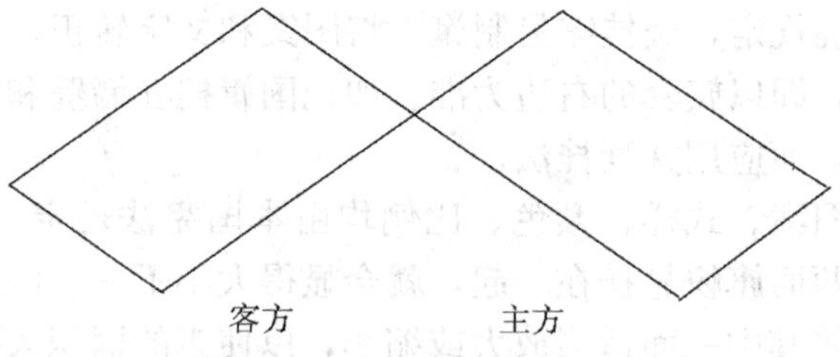

图 7.11　挂旗法五

7.3 出入境礼节及规范

7.3.1 公民申请出国的条件

公民因私事申请出国，只要理由正当、符合法律规定的条件，都能够得到批准。这些条件是：

1）申请人在国外有亲友，即在前往国有一名经济担保人。

2）出国以后具备生存条件。无论短期探亲还是长期定居，公民到达国外后，生活必须有依靠，经济必须有来源，不会因生活困难发生意外情况。

3）能够取得前往国家的入境签证，即申请人有可能得到前往国家的入境许可。只要符合上述条件，又不是具有刑事犯罪或民事纠纷，也不是会对国家安全利益造成损害的人，就完全可以得到批准。

7.3.2 公民申请出国的必备证明

公民如欲出国，在向当地市或县公安机关提出申请时，必须具备有关的证明材料。这些证明材料包括两种：一是需要首先履行国内有关手续；二是要具备国外亲友提供的证明材料。其中国内手续主要是：

1）提交本人的户口簿或是其他户籍证明。

2）出具本人所在工作单位对自己申请出国的具体意见。

在提出上述手续的同时，还必须具备下列国外的有关证明材料。

3）申请移居国外的，应当出具外国亲友办理的永久居留许可或是移民入境批准书等材料。比如美国移民局签发的《移民签证申请批准书》、加拿大移民局颁发的《赴加拿大永久居住申请表》等。

4）申请探亲访友的，应当提交国外亲友所办理的邀请证明，即前往国家主管部门签发的入境许可证明。

5）申请自费留学的，应当出示国外录取学校发给的入学许可证明和经济担保证明材料，以证明学习和生活经费具有可靠的来源。这类证明不同国家叫法不同，如日本称为《入学许可和身份保证书》，美国称为《留学生签证资格证明》和《生活保证书》等。

6）申请出国就业的，必须具备前往国雇主办理的雇佣证明或聘请证明。根据外国法律规定，这类入境申请者必须具有劳工部门核准的工作许可或者劳工证明，比如美国和英国的《工作许可证》、瑞士的《雇佣证明》等。

7）申请出国旅游观光的，必须交验外国亲友提供的往返旅费或是在外国停留期间所需生活费的外汇证明，或委托具备境外旅游组团资格的旅行社所组织的旅游团队证明。

总之，公民办理出国申请时，必须提交相应的证明，这既是我国法律的规定，又是外国政府所要求的事项。它已成为国际惯例。在国际间往来，无论哪一国的公民，也无论前往哪一个国家，都应遵循这一规定，这一点是出国申请能够得到批准的必备条件，也是外国政府给予入境许可的前提条件。

7.3.3 护照的申请和使用

护照（pass port），从英文直译过来是口岸通行证的意思。

1. 护照的使用

公民在国际间往来，必须持有本国政府颁发的护照。这既是各国法律的普遍规定，也是一项国际惯例，并发展成为国际习惯法的一项内容。

护照，其确切的含义应是一国公民到国外旅行或者居留的主要法律证明，也是一个人国籍和身份的合法证明。例如，持照人在国外居留期间，如果发生意外事情，所在国首先要依据护照，判明其身份和国籍，决定如何处置。而护照颁发国的外交领事机关，也要根据护照来决定是否提供外交保护和其他必要的帮助等等。

因此，公民从一国到另外一国从事旅游、留学、贸易或者移居等活动时，必须持有本国护照，并需同时具有前往国的入境签证。这样才能离开本国国境进入前往国家。

2. 护照的种类和有效期限

世界各国虽然普遍实行护照制度，但各国所颁发的护照种类不尽相同。多数国家所颁发的护照分为：①外交护照；②公务护照；③普通护照。少数国家颁发外交和普通护照两种，如印度、巴基斯坦。个别国家只颁发一种护照，如英国。而有的国家颁发的护照有四五种，如美国。有的国家对旅游团体、体育或文艺代表团颁发团体护照。我国政府颁发的护照有三种，即外交、公务、普通护照。普通护照又可分为因公普通护照和因私普通护照两种。它们分别用紫红色、绿色、咖啡色、红色四种不同的封皮颜色加以区别。外交护照发给我国政府高级官员，外交和领事官员及随行配偶、未成年子女等等。公务护照发给我国驻外机构的工作人员和随行配偶及临时因公出国人员。因公普通护照发给国家派出的研究生、进修生、留学生、访问学者和工程技术人员等。因私普通护照发给因私事出国的公民和旅居国外的侨民等。一般来说，由各国外交部或外交部授权的机关颁发外交和公务护照，由内政部移民局或警察局颁发普通护照。也有的国家护照完全由外交机关颁发。在我国，外交护照、公务护照和因公普通护照由外交部和各地的外事机关颁发，因私普通护照由公安部或公安部授权的各地公安机关颁发。

护照不是永久性证明，都有一定的有效期限。在有效期限内即为有效护照，是发生法律效力的证明。有效期限过时后，即属于无效护照，丧失了法律效力。关于护照的有效时限，各国不尽一致，有的规定为一年，有的为三年、五年，或者十年，我国护照最长的有效时限为五年，如逾期须继续在国外停留，可向有关部门申请延长。

3. 申领护照的程序和途径

某些国家的法律规定，本国公民到了一定的年龄，都可以向主管机关申请护照，即普通护照；未到规定年龄的公民可以与父母共同持有一本护照，必要时也可单独持有护照。

我国的护照条例规定，年满16周岁的中国公民，如有正当理由申请出国，可以申领我国护照；未满16周岁的中国公民，可以随同父母合用一本护照。护照申领程序如下：

1）向居住地县、市公安局书面申请。

2）出具户口簿或户籍证明、本人身份证和身份证复印件。

3）出示所在单位的证明。

4）提交外国入境的各类证件。

5）填写公民出国申请表。

6）缴纳护照工本费，领取出境登记卡。

4. 申领护照须知

申请者在收到公安机关批准出国的通知后，应速到公安机关领取护照，领取护照后，须对护照内填写内容逐一认真核对，如：姓名、出生地、有效日期、发照人签字、发照机关签章、护照颁发日期、护照有效期限等，是否准确无误。如任何一项出现差错，应立即申明，以便更正，避免日后在办理外国入境签证时遇到不应有的麻烦。

申请出国者取得护照，只意味着得到了本国政府的批准，还不能立即启程前往目的地国家。根据国际惯例，一国公民前往另一国家，必须到前往国驻申请人所在国的大使馆或领事馆申请办理该国入境签证。如果路途遥远，中途需转乘飞机或者火车的，还必须办理途经国家的过境签证。

7.3.4 外国签证的办理

1. 什么是签证

签证（visa），是指在出国旅行者的护照上或者其他有效旅行证件上，盖印签注的一种手续，表示准许其出入或者经过该国国境。

一个公民如果想出国旅行、移民、留学、工作等，除必须按照正常途径办理护照外，还必须持有相应的签证。如果说护照是持有者的国籍和身份证明，签证则是主权国家准许本国公民或者外国公民出入境或者经过国境的一种许可证明。

有的国家规定，公民出国必须持有本国和外国的两种签证，才能允许出入境。我国也曾有过类似规定。公民出境和华侨回国必须办理出入境或者入出境签证，这一规定于 1986 年取消。现在，公民出国只要具有我国有效护照和外国签证，就能够通过国境。

签证一般都签注在护照上，有的也签注在代替护照的其他旅行证件上，有的还颁发另纸签证，如美国的移民签证即是一种申请表。另纸签证必须与护照同时使用才能有效。

作为实施出入境管辖的一种主要手段，各签发国都根据申请者的不同身份和入境目的，发给不同种类的签证。

2. 签证的种类

签证主要分为以下几种类别：

1）外交签证，主要发给外交护照的持有者。

2）公务签证，发给公务护照的持有者。

3）普通签证，发给普通护照的持有者。

依照出入境情况，签证还可分为出境、入境、出入境、过境、再入境签证等类别。如果申请人在签证有效时限内需出入境，还须申明出入境次数。

依照目的，签证又可分为移民签证、非移民签证、旅游签证、工作签证、留学签证、商务签证、家属签证等。总之，根据不同的签证类别，入境检察官对入境者的身份、目的便可以一目了然。

我国目前的签证种类主要分为四种：外交签证、礼遇签证、公务签证、普通签证。

3. 签证的内容和有效期限

签证的内容主要包括以下几个方面：

①签证种类；②入境目的；③居留期限；④有效日期；⑤签发机构；⑥签发官员；⑦签发日期；⑧签证费用等。

签证和护照一样，都只能在一定的时限内有效使用，超过了规定的期限，如果要继续停留，必须申办延签手续。另外，签证还对进入的时间有所规定，如果超过规定时间没有入境，签证自动作废。

签证的有效期一般包含有两层意思，一个是签证本身的使用期限，即必须在规定的时间内出境或过境；另一个是许可持证人入境后停留的日期。例如，加拿大签发的旅游签证，持证人必须在一个半月内入境，入境后的停留时间为三个月。

签证的有效期一般为一个月或者三个月，最长的一般都是半年或一年。其中就业签证时间较长，通常为半年至一年，过境签证时间最短，为三天至一周。

签证除有效期外，还规定有效次数，分一次、二次或多次有效，即在有效时间内允许一次、二次或不限次数的出入其国境。

4. 外国签证的申办途径

一国公民前往另一个国家，必须到前往国家驻所在国家大使馆或领事馆申请对方国家的入境签证。

目前，公民因私出国申办外国签证，大致有三种途径。一是本人与外国驻华使馆直接联系；二是委托中国旅行社签证代办机构，向外国驻华使领馆申请办理；三是由国外亲友办理。一些在我国未设立使领馆或未建交的国家，或者虽设立有大使馆但还未开办签证业务，需要由国外担保人向前往国家的主管部门申请入境许可书；然后，申请者凭护照和入境许可书入境，或者是凭此种证明在入境口岸办理签证。

5. 办理外国签证的一般程序

我国公民申办外国签证，无论采用哪种方式，是委托代办，还是自己直接办理，一般都需要经过下列几道程序：

1）提交有效的中国护照。

2）缴验与申请事由相适应的各种证件，包括前往国的入境许可和经我国公证机关进行过公证的有关证明材料，如学历证书、培训证书等。

3）填写外国签证申请表格。签证不同，表格也不同；表格一般用外文填写，多用英文。

4）缴付合乎规格要求的照片（必须是证件照），申请者须备足同底一寸或二寸的照片若干张以备使用。所用照片必须与护照所用照片一致。

5）同前往国驻华大使馆或领事馆官员会见。有的国家规定，凡移民申请者必须面谈后，才能决定进一步的安排。也有的国家规定，申请非移民签证也必须面谈。如美国，除委托旅行社代办的旅游签证外，其余签证申请者都要经过面谈后方能得到批准。

6）大使馆或领事馆将填妥的各种签证申请表格和必要的证明材料，呈报国内主管部门审查批准。有少数国家的使领馆有权直接发给签证，但必须转报国内备案。

7）前往国家的主管部门进行必要的审核后，将审批意见通知驻华使领馆。如果同意，即发给签证；如被拒绝入境，也会通知申请者本人。

8）获得批准者向有关国家的驻华使领馆缴纳签证费用，一般移民签证费用较高，普通签证费用相对较低。

6. 办理签证所需时间

由于各驻华使馆的权限不同，有的领事馆有权直接发给短期入境签证或过境签证；有的须将申请材料呈报国内主管部门审核批准后，才能向申请者颁发入境签证；有的是完全依照本国政府的有关批准证明发给签证；有的则由于本国政府没有授权，不负责签证业务。不同的程序导致了申请者等候签证时间的差异。一般来说，快则需要一至三个月，慢则半年甚至一年以上。

7.3.5 口岸检查

1. 什么是口岸

口岸是一国允许人员、交通工具、货物、动植物和邮件出入境通行的地方。口岸大都分布在国家边境地区，如：对外贸易港口、边境上两国公路的交接地点、国界孔道、国际联运火车站、江河上准许旅客进出的地点，以及国际航班进出国境的国际机场。

口岸是一个国家的门户，是一国与世界各国保持往来的必由之路。在国际交往中，口岸的作用是十分重要的。为了维护国家的主权和利益，防止各种破坏活动和非法出入境活动的发生，各国通常在口岸设立专门的机构，对出入境人员、交通工具进行检查。

2. 口岸检查机构

口岸设置的专门检查机构有：

(1) 边防检查

各国执行边防检查的机构称谓不一，有的称边防检查站，有的叫移民局，有的叫入国管理局。我国由边防检查站负责此项工作。

边防检查的对象及内容主要包括三个方面：

1) 对进出国境的中外人员实施护照、证件检查。

2) 对出入国境的交通运输工具及运载的物资实施检查。

3) 依法处理违反边防检查制度的人。

其中护照检查主要包括：

① 核实护照与持照人是否一致。

② 护照是否在有效期内。

③ 护照是否有伪造、涂改痕迹。

④ 是否办妥前往国的入境签证和第三国的过境签证。

如果出境者持用的护照已过期失效或未办妥前往国入境签证，以及持用伪造、涂改或冒用他人护照的，边防检查人员有权阻止入境，并根据情节轻重予以处理。

(2) 海关检查

1) 海关。海关是国家设在口岸上对进出国境的货物、物品、运输工具等执行监督管理并征收关税的机关。

2) 海关检查。海关检查又称报关。凡出入国境的公民(外交人员除外)在各国际机场、车站或其他口岸出境或入境前,都要履行海关检查手续。

3) 海关检查的内容。

① 检查进出国境的货物、动植物、货币、金银、邮递物品等。

② 检查进出国境的运输工具及进出国境人员携带的行李物品。

③ 对进出口货物、物品征收关税。

④ 查禁走私、毒品、武器等违章物品。

⑤ 海关检查的设置。

关检一般设置在对外开放的贸易港口,主要国际联运火车站、国际航空站,以及陆路边境和国界江河上准许货物、旅客通行的地点和国际邮包、邮件交换的地点等。

我国的《海关法》规定,一切进出国境的运输工具、货物和物品,包括各种人员所携带的行李物品,必须在设有海关的口岸出入国境,自觉向海关申报并接受海关人员的检查。

海关检查的目的,主要是确认旅客所携带的行李物品是否符合有关规章、法令,并分别予以免税或纳税。禁止法律规定不许可出境或入境的物品通行,严重的予以没收。出入境人员应当向海关申报,不申报或不如实申报者,都是逃避海关监督的行为。情节严重的,要追究其法律责任。

4) 海关检查的原则。为扩大中外经济交流,我国海关在对进出口物品实行种类和数量限制、超量征税的同时,按照“自用、合理数量”的原则,逐步放宽了对出国人员携带行李物品的种种限制。特别是放宽了对家用电器耐用消费品的进口限制,扩大了可供选择的带进免税物品的范围和征税品种,同时对不同类型出入境旅客所携带的行李物品,规定了不同的免税限量。这里所说的不同类型旅客,是指外交人员、港澳同胞、外籍华人、外国侨民、华侨和国内公民,以及短期出境和长期出境的不同人员等。

5) 海关手续的申报程序。出入国境的公民,申报手续首先应填写《旅客行李申报单》。同行的家庭成员,包括未成年子女,可以填写同一份申报单。如携带金银首饰和货币物品应写明品种、规格、重量、数量和金额。申报单上未列项的物品,如礼品等可以在申报单的空白页上填写。然后,将全部行李物品交给海关工作人员进行查验。工作人员将依照《进出口物品限量表》中所列各种物品、限量和限值的具体规定,对行李物品分别做出免税、收税、放行或禁止出入境的决定。查验合格的，便在申报单上盖章，并将其中一联交由本人保管，待下次回国入境过关时核验。

(3) 国境卫生检疫

1）国境卫生检疫。国境卫生检疫，亦称“口岸卫生检疫”，是一国政府为防止危害严重的传染病，通过入出国境的人员、交通工具、行李和货物传人、传出、扩散，所采取的防疫措施。

2）国境卫生检疫的手续。对入出境旅客来说，国境卫生检疫手续，即检查是否具备了预防接种证书，也称黄皮书。

为防止国际间某些传染病的传播，世界卫生组织要求各国旅客出国时，需要具备必要的接种证书。目前各国对此规定不一，有的要求提供，有的则无此要求。例如智利、墨西哥、澳大利亚、新西兰等国家要求入境的外国人出具预防霍乱和黄热病的接种或复种证明书。最近，由于艾滋病的蔓延；许多国家纷纷要求外国移民或长期居留者，提供未患有艾滋病的健康检查证明。另外，不同国家在不同时期，对预防接种都有不同的要求。因此，我国公民出国前，应当到所在省、市、自治区卫生防疫站询问，并申请预防接种证书，也就是发给黄皮书。接种的种类不同，有效时间也不一致，因此每次出国前都要注意询问，并提出接种和复种的申请，以便顺利到达前往国。

出国者如果遗忘了申办接种证明书，到达某些国家时，可能会被隔离，采取强制检疫措施。

(4) 安全检查

1）安全检查。安全检查，是为了防范和制止危害民用航空安全的非法行为发生，保障旅客人身安全，而采取的一项防范措施。即对乘飞机出境的旅客和物品实施检查的一种登机手续。

2）安全检查的方法及程序。对于出国旅行的公民来说，安全检查是口岸几项检查中的最后一项检查。也就是说，是在经过海关和边防检查之后进行的检查。旅客通过安全检查后即可直接登机启程了。

目前安全检查主要采用四种方法：一是电视监视机；二是探测门；三是磁性探测器；四是简易手提式探测装置，可做近身检查。在没有安装前二种设置的机场，往往使用这种手提式安检装置对人和物品进行检查。而第一种电视监视机是专用于检查行李物品的，第二种探测门是专门用来查验旅客身体的。

安全检查程序如下：

① 检验证件。被检者将护照、飞机票、登机牌等证件和随身携带的行李、手提物品交给安全检查员，核验后便在登机牌和手提行李标签上加盖安全检查印章。

② 将手提包一类随身携带的行李物品放在电视监视机的传送带上，检查人员

则通过电视荧光屏进行观察。手提包内有何异样东西都清楚可见，没有异常情况便可到另一端从传送带上取走自己的东西。如有异物可见，还要开箱检查。

③ 旅客本人要通过探测门进行查验。探测门亦称安全门，在通过之前，需要将自己身上带有的指甲刀、水果刀、钥匙、手表等金属制品全掏出来交给检查员放在一个托盘里，通过安全门再归还。如果通过时探测门发出警示则说明贴身携带物品中还有金属制品，需仔细核查掏出，直到通过时警铃不响为止。

通过口岸时，应当接受的检查顺序如下：

① 中国出境检查。

· 海关检查。

· 边防检查。

· 安全检查。

② 外国人入境检查。

· 卫生检疫。

· 边防检查。

· 海关查验。

7.4 涉外交往礼仪

在自己的国度里，因为个人只不过是成千上万同胞中一名普普通通的公民，所以很少在意自己的行为在别人心目中形成的印象。而一旦到了国外，突然间自己在别人眼里成了一名地地道道的外国人，自己的言谈举止决定着他国人士对你的祖国的评价，这样，你还能够对自己的言行不在意吗?

7.4.1 拜访礼仪

拜访是人际交往中最常见的社交形式，来到一个陌生的国度，要重新建立自己的人际关系网络，拜访朋友总是免不了的。

拜访是指亲自到他人家里或工作单位去拜见某人。拜访可分为正式拜访与非正式拜访两种。

正式拜访是指有正当的拜访原因，通过事先预约，确定时间和地点，并按时赴约当面进行的拜访；非正式拜访一般指朋友之间的往来，原因可能是对朋友表示感谢，也可能是对朋友表示关心，还可能是向朋友求助。

拜访应当遵循一定的礼仪规范，分别叙述如下。

1. 拜访前的礼仪

1）事先预约。在国外，尤其是西方国家，拜访别人事先预约，是最基本的

礼貌准则。外国人通常有计划时间的习惯，如果不事先预约贸然造访，打乱了他人的计划安排，会使对方非常生气，同时对不速之客留下缺乏教养的印象。

与美国人预约，最好提前一周，美国人性情开朗，个人计划较多，拜访前最好再用电话联系敲定一下；德国人作风严谨，未经邀请的不速之客，有时会被他们拒之门外；日本约会的规矩较多，事先联系、先约优先和严守时间是日本人约会的三条基本原则。

2）严格守时。如果事先约好，必须严格守时，因为对方已对这段时间做出了安排。如确因意外情况而不能赴约或需要改期，也要事先通知对方，并表示歉意，因为失约或迟到均属不礼貌行为。

3）拜访时间要选择恰当。拜访的时间应以不妨碍对方为原则，一定要注意错过吃饭时间，午饭后或临睡前的时间都是不妥当的。一般说来，下午四五点或晚上七八点是最恰当的拜访时间。

2. 拜访中的礼仪

1）敲门或按门铃。不管是到拜访对象家里或者办公室，事先都要敲门或按门铃，等到有人应声允许进入或出来迎接时方可进去。不打招呼就擅自闯入，即使门原来就敞开着，也是非常不礼貌的。

2）要注意物品的搁放。拜访时如带有物品或礼品，或随身带有外衣和雨具等，应该搁放到主人指定的地方，而不应当乱扔、乱放。

3）要注意行为礼节规范。进屋随主人招呼入座后，要注意姿势，不要太过随便，即使是十分熟悉的朋友。架二郎腿、双手抱膝、东倒西歪也都是不礼貌的行为。如主人家有其他人在家，要微笑点头致礼；若主人送上茶水，应从座位上欠身，双手接过，并向主人表示感谢。

4）要控制好拜访时间，掌握谈话技巧。拜访者一般不宜在主人家待的时间太久，要根据情况控制好逗留的时间，掌握好交谈的技巧；与主人交谈要善于察言观色，选择时机表明拜访的目的。如果主人情绪较好、谈兴较浓，待的时间可长一点；如果发现主人心不在焉，说明主人有厌倦情绪，应该及时收住话题，适时起身告辞。

5）拜访时，要尊重主人的生活习惯。到别人家拜访，应尽量适应主人的习惯。如果主人客厅里没有摆放烟缸，说明主人没有吸烟习惯，应尽量克制不吸烟。如果主人没有主动邀请，最好不要到主人客厅以外的其他房间去。

7.4.2 馈赠礼仪

由于各国文化的差异和社会、宗教影响的不同，在涉外交往中选择适当的礼物、选准赠送礼物的时机，以及让收礼人做出适当的反应，都是送礼时要注意的关键问题。

1. 各国礼品的喜好

1）日本。日本人有送礼的癖好，但对于毫无用途的礼品，收礼人可以再转送给别人。

2）欧洲国家。欧洲国家，一般只有在双方关系确立以后才互赠礼物。另外，在旅游中，通常是待到旅途结束时才赠送礼物，同时表达的方式要恰如其分。

法国人喜欢知识性、艺术性的礼物，如画片、艺术册或者小艺术品。

德国人作风比较严谨，故此给德国人送礼，礼品的适当与否应特别注意，而且礼品一定要包装精美。

英国人对生活用品一般都有自己的习惯和偏好，故一般都不选生活用品送人，但食品则另当别论。一盒高级巧克力、一瓶特别好的葡萄酒兴许会令他们喜出望外。

美国人较随意，对礼物的种类并不十分计较；表情达意，只要彼此都能接受对方，送什么礼物都可以。

总之，与外国人交往，馈赠礼物方面，仪式是最重要的，而实质性的内容反而是次要的；初次见面就送礼，不合适，除非对方有意当场回赠礼物；要把送礼的主动权让给对方，以免对方两手空空感到尴尬；同时要记住，在一群人中只送某一人礼物是很不礼貌的，除非你给每个人都准备了礼物，否则就应在同受礼人单独在一起时再送礼物。

2. 礼品的选择

给异国朋友赠送礼物，就要让对方记住这份礼物，怀念这份情谊。许多中国原汁原味的物品都深受西方人士的喜爱。

1）玉饰。玉象征吉祥并有神秘色彩，玉镯、玉佩、玉坠等都受到西方人士的青睐。在挑选玉饰时，最好选择富含中国传统文化的太极、八卦或龙纹图案，以色泽温润、颜色通透无瑕疵的为上品。

2）蜡染或真丝服饰。蜡染的图案质朴、简捷，具有典型的民族风格，身材高大的西方人，穿上下分体的裤装比着直筒长裙更有味道，尤其是印有汉字、传统纹饰，盘扣、铜扣、玉扣的斜襟、对襟式上衫更受他们喜爱。真丝布料透气性好，质感强，真丝服饰多显飘逸、华丽，真丝套装、真丝饰品都是送人的首选。但要注意，不论手染蜡染还是真丝衣料，洗涤时都不宜久泡肥皂水，不能用力揉搓，不宜暴晒。

3）景泰蓝。原产中国，目前市场上有许多景泰蓝的观赏和实用品。通常送男士的是打火机、笔等；送女士的是配件饰物、镜子、化妆盒等。

4）绣品。我国的四大名绣，即苏州苏绣、湖南湘绣、广东粤绣、四川蜀绣，绣艺精湛、历史悠久，长期以来，深受外国友人喜爱。

此外，还有我国传统的漆器、瓷器、水墨字画、竹制品等，都是上好的馈赠佳品。

3. 送花常识

花是常见的一种礼品，古往今来一直如此。作为礼物，人们可送鲜花，也可送盆花、插花等。这里给大家讲一讲鲜花的馈赠礼仪。

鲜花的寓意是指人们一般认为某种鲜花因品种、色彩、数目和搭配，而具有某种含意。如果不了解鲜花的寓意，那么送花时肯定会出差错，闹笑话。

1）花语。古往今来，人们根据花卉的性格和艺术形象，创造了“花的语言”，花语是鲜花的通用寓意。花语一旦形成之后，便流传开来，需人人了解，个个遵守。不能自造，也不能篡改花语。例如：

白丁香——纯　洁	水仙花——清纯、自尊
郁金香——幸福、博爱	紫罗兰——青春永驻
柏　树——永葆青春	含羞草——知廉耻
银　杏——古老文明	紫　荆——兄弟和睦
红　豆——相　思	玫　瑰——爱　情
勿忘我——永恒的爱	杨　柳——依依不舍
并蒂莲——夫妻恩爱	百　合——百年好合
马蹄莲——永结同心	文　竹——永　恒
菊花、竹、兰花——高洁	山　茶——质　朴
蔷薇花——美　德	牡　丹——华　贵
向日葵——仰　慕	腊　梅——坚贞不屈
木棉花——英雄之花	黄月季——胜　利
葡　萄——宽容、博爱	桂　花——友好、吉祥
铁　树——庄　严	金　橘——招财进宝
茉　莉——和蔼可亲	红　枫——热　忱
石　榴——子孙满堂	富贵竹——吉祥、富贵
万年青——友谊长存	秋海棠——诚挚的友谊
龟背竹——健康长寿	大丽花——大吉大利
一品红——共祝新生	杉　木——正　直
昙　花——美好的事物不长远	

2）鲜花的民俗寓意。同一种鲜花，在不同的国家和地区，因文化、语言、风俗习惯等差异，有不同的含意。倘若忽视鲜花的民俗寓意，就常常出现差错，得不到受礼的效果。

鲜花的民俗寓意，主要体现在鲜花的品种、色彩和数量上。

① 品种。同一品种的鲜花，在不同的风俗习惯中，含意大不相同。在跨地区、跨国家的人际交往中，如以鲜花赠人，必须了解禁忌。我国喜爱黄菊，但千万不要送给西方人，因为在西方，黄菊代表死亡，仅供丧葬时用。中国人喜欢荷花，可是在日本，它也代表死亡。

在我国的广东、海南、港澳地区，送人金桔、桃花，会令对方笑逐颜开。而以梅花、茉莉、牡丹花送人，则必定会招人反感。因为在那里人们爱"讨口彩"。金桔有"吉"，桃花"红火"，所以让人来者不拒。而梅花、茉莉、牡丹则音同"霉"、"没利"、"失业"，故而令人避之不及。

② 颜色。花的颜色多种多样，五彩缤纷。一般而言，红色表示热情，白色表示纯洁，金黄色表示富丽，绿色表示青春与朝气，蓝色表示欢乐、开朗与和平，紫色表示高贵。

但在不同的地区和国家，对于鲜花的色彩也有不同的理解。

比如，我们喜欢象征大吉大利、兴旺发达的红花，在新人成婚时，也以红色鲜花相赠，但在西方人眼中，白色鲜花象征纯洁无瑕，将它送给新人，才是合适。如果要给中国新人送白色鲜花，那被认为不吉利。

③ 数量。送花的具体数目，在不同国家、不同地区的文化传统、风俗习惯也大有讲究。

在中国，喜庆活动中送花要送双数，意即"好事成双"。在丧葬仪式上送花则要送单数，以免"祸不单行"。

在西方国家，送人的鲜花则讲究是单数。比方说，送1枝鲜花表示"一见钟情"，送11枝鲜花则表示"一心一意"。只有作为凶兆的"13"才是例外。

有些数字，由于读音或其他原因，在送花时也是忌讳出现的。比如，在欧美国家，送人的鲜花不能是"13"枝。而在日本、韩国、朝鲜，以及中国的广东、海南、香港、澳门、台湾地区，送"4"枝花给人，也会招人白眼，因为其发音与"死"相近。

4. 细节要求

1）不要送过于贵重的礼物。太贵重的礼物容易使主人不安，甚至会有"重礼之下，必有所求"之嫌。选择礼品时，纪念品、特产、鲜花、小孩子的玩具等，都会受到欢迎。

2）给外国人送礼品，包装是很重要的，它表示对主人的诚意和送礼人的郑重。

3）送礼时应该落落大方，不要害羞以至偷偷摸摸把礼品放在某个犄角旮旯里；要注意选择拿出礼物的时机，刚见面或临分手时比较合适。

4）西方人接受礼物的方式与中国人不同，他们喜欢当场将礼物打开，不管是否喜欢所送礼品，都会称赞和感谢一番。这种情况，并非是对方不礼貌，而是

西方的习俗。送礼人可帮助受礼人打开礼品，并做适当介绍。

5）送礼时不要讲“真不好意思，礼品太薄，实在拿不出手”之类的话，因为外国人的思维习惯不同，如此表达，会使他们误认为你轻视他。不妨反过来说“这件礼物是我专门为你挑选的，希望你能够喜欢”。他们听了一定会非常高兴。

6）如客人回赠礼物给你，一定要欣喜地接受，并说几句赞美和感谢的话，而不要过于谦虚，用“受之有愧”和“我不能收您的礼物”这样的话予以推辞。

7）收到客人的礼物之后，最好尽快打开，长时间对礼物无反应，会使人产生你对礼物不感兴趣，或你不喜欢这类礼物的感觉。

对外交往中，馈赠礼仪和回礼都是十分重要的环节，具有强烈的情感色彩，是相互间表达友情、敬重和感激的方式。

5. 馈赠的禁忌

禁忌，是因为某种原因而对某些事物所产生的顾忌。禁忌的产生一是纯粹由受赠对象个人原因所造成；二是由风俗习惯、宗教信仰、文化背景、职业道德等原因所形成。在选择礼物时，必须慎重对待，不能随心所欲不假思索地随意拿一件礼物了事。

（1）我国内地的一些馈赠禁忌

一般来说，我国在国内、国际正式社交活动中，因公赠礼时，不允许选择以下几类物品作为正式赠与交往对象的礼品：一是现金、信用卡，有价证券；二是价格过于高贵的奢侈品；三是烟酒等不合时尚、不利健康的物品；四是易使异性产生误解的物品；五是触犯受赠对象个人禁忌的物品。

在我国，看望病人不能送盆花，因为盆花有根；看望老人不能送钟，因为“钟”与“终”谐音；友人之间忌送伞，因为“伞”与“散”谐音；乌龟虽然长寿，却有“王八”的俗名，也不宜作礼品相送。

（2）我国港台馈赠禁忌

在我国港台风俗中，丧事后以毛巾送吊丧者，非丧事一律不能送毛巾；剪刀是利器，含有“一刀两断”之意，以剪相送会使对方有威胁之感；甜果是祭祖拜神专用之物，送人会有不祥之感；港台话中“雨伞”音同“给散”，若送雨伞会引起对方误解；扇子是夏季用品，台湾俗称“送扇无相见”；台湾的居丧之家习惯不蒸甜食、不裹粽子，如果以粽子相送，会被对方误解，十分忌讳。

此外，中国内地的人送礼不会送“小棺材”，但香港人青睐红木制作的小型棺材摆件，寓意为“升官发财”。

（3）国外部分馈赠禁忌

日本人忌“9”、“4”，因为“9”与“苦”音同，“4”与“死”音同；日本人不能送菊花，菊花是日本皇室专用；日本人忌讳绿色，认为绿色不祥。

给美国女性不能送香水、化妆品、衣物、假首饰，那会以为你看不起她；美国人以绿毛龟为宠物；而在中国人看来，这样的礼物是天大侮辱。

西方人喜单数却忌“13”；英国人不能送百合花，以为有“死亡”之意；荷兰人不能送食品；意大利人忌讳送手帕，因为手帕是亲人离别时擦眼泪的不祥之物；此外，法国人不送，也不接受有明显广告标记的礼品，而喜欢有文学价值和美学内容的礼品。

在中东，回教教徒严禁偶像崇拜，洋娃娃等外形类似人像的东西禁止放在家里当装饰品。在这些国家，绝不能把洋娃娃当礼物，否则会被认为是瞧不起他们的宗教。

7.4.3 涉外交往中的穿着及个人卫生

1）任何服装均应注意清洁、整齐、挺直。

2）衣服要熨烫平整，裤子要熨出裤线。

3）领口、袖口要干净，不能有毛边、破损。

4）穿中山装要扣好领扣、领钩、裤扣。

5）穿长袖衬衣要将前后摆塞进裤内，不卷衣袖，不卷裤腿。

6）任何时候都不得穿短裤参加涉外活动。

7）出席正式活动，进入室内均应摘帽，脱掉大衣、风雨衣、套鞋等。

8）在室内不得戴墨镜，隆重仪式、礼节性场合在室外也不要戴。

9）不得在大众场合脱衣、换衣。

10）不得穿睡衣、内衣在家里接待客人。

11）过于暴露的服装，不宜在公众场合出现。

西方人虽可在日光浴时以三点式的比基尼示人，但正式场合着装却非常严谨。

7.4.4 在国外怎样付小费

来到异国他乡，付小费对中国人来说是一件陌生和不易把握的事，什么样的场合要付小费、怎样付、按照什么标准付，都是不容忽视的问题。付小费虽然是小事，处理不好同样会令人难堪。付少了，别人会觉得你吝啬、缺乏起码的教养；付多了，有时又会搞得自己囊中羞涩。因此，怎样付小费才合情合理，出门在外应当了解。

1. 小费的起源

小费起源于18世纪的英国伦敦。当时酒店饭桌中间摆有写着“保证服务迅速”的碗，顾客将零钱放入碗中，便会得到服务员迅速而周到的服务。以后这种做法不断延续扩大，逐渐演变成一种固定的用来感谢服务人员的报酬形式，并且在世界多数国家，尤其是欧美国家流行开来。

2. 付小费的一般标准

按照什么样的标准支付小费，各国比例不一，但出入也不会很大。计算方式有三种：

1）按消费金额的15%左右计算，一般不低于消费的10%。在欧洲，所有酒店在结账时都要加收10%～15%的服务费。

2）按件数计算。国外大多数机构，付给搬运工（力士）的小费是按件计算的，每件行李付50美分。对酒店的行李员，可以按照这个标准支付。

3）按服务次数计算。在欧洲的影剧院，如果有人递节目单，而你又接受了，应该给服务员25美分的小费。

3. 付小费的方式

在美国、加拿大，饭店服务员替你清扫客房，1人1天付2～4美元；送餐服务则按餐费的15%付给；在理发店理发、乘出租汽车，所付小费一般也是15%。

公共汽车司机、商店售货员、戏院服务员可以不付小费；警察、政府官员、公务员也不必支付小费。

在欧洲乘出租汽车、住旅馆、到餐厅进餐一般都要付小费，标准10%～15%。但如果酒店、餐厅将小费作为服务费列入账单，结算时一并付清，则不必另付小费。

商务活动，如有接待单位提供车辆，不必给司机小费，但最好备点小礼品给司机以示谢意；欧洲的公共汽车、地铁、自助餐厅是不用付小费的。

在英国，付给机扬、饭店行李员的小费是每只提箱25～30便士，使用盥洗室10便士。

在德国，除了必须交纳包括账单内的服务费外还要适当给服务员一些零钱。

4. 不付小费的国家

一般来说，亚洲国家均没有付小费的习惯，如：日本、新加坡、中国等。但如果延时服务，如晚上12点以后，通常还是给一点小费。

澳大利亚不流行小费，所以到澳大利亚旅游，没有付小费麻烦。但服务行业，特殊情况时最好还是给服务人员一点小费。

付小费通常用美金支付；不应张扬，在私下进行即可；所付小费有时放在菜盘、餐盘下；有时放在杯底下；有时放在房间床头；有时放在写字台上；有时以不收找零作为小费付给服务员；有时也可直接交到服务人员手上。

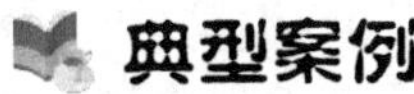

1995 年 3 月在丹麦哥本哈根召开联合国社会发展世界首脑会议，出席会议的有近百位国家元首和政府首脑。3 月 11 日，与会的各国元首与政府首脑合影。照常规，应该按礼宾次序名单安排好每位元首、政府首脑所站的位置。首先，这个名单怎么排，究竟根据什么原则排列？哪位元首、政府首脑排在最前？哪位元首、政府首脑排在最后？这项工作实际上很难做。丹麦和联合国的礼宾官员只好把丹麦首脑（东道国主人）、联合国秘书长、法国总统以及中国、德国总理等安排在第一排，而对其他国家领导人，就任其自便了。好事者事后向联合国礼宾官员“请教”，答道：“这是丹麦礼宾官员安排的。”向丹麦礼宾官员核对，回答说：“根据丹麦、联合国双方协议，该项活动由联合国礼宾官员负责。”

（资料来源：马保奉 . 1996. 外交礼仪浅谈 . 北京：中国铁道出版社）

思考与练习

一、判断题

1. 签字时，双方人员的身份应该对等。

2. 迎送中，乘车时应请客人坐在主人的右侧，翻译人员坐在司机旁边。

3. 在涉外交往中首先要坚持相互尊重的原则。

4. 与外国人初次见面交谈时，可以唠家常。

5. 在交往中，礼宾次序的总原则是“以右为尊”。

6. 在室内不得戴墨镜，在室外隆重仪式、礼节性场合可以戴墨镜。

7. 我们被邀请到外国朋友家去做客，可以给其夫人献花以表示尊敬。

8. 如客人回赠礼物给你，一定要欣喜地接受，并说几句赞美和感谢的话，而不要过于谦虚，用“受之有愧”和“我不能收您的礼物”这样的话予以推辞。

二、情景模拟

1. 模拟会见的服务规程。

2. 模拟会谈座位的安排。

3. 模拟国旗悬挂方法。

4. 模拟拜访中赠送和接受礼物的礼仪。

三、综合练习

编写一部包含迎送、会谈、签字、参观游览等内容的剧本，以小组赛的形式表演并竞赛。

编写一部包含拜访、送礼、接受礼物等内容的剧本，以小组赛的形式表演并竞赛。

四、问答题

1. 在国际交往中，官方迎送的礼仪包括哪些内容？
2. 会见和会谈有什么不同？
3. 涉外活动中，国旗应如何悬挂？
4. 申请出国要准备哪些证明材料？
5. 写出办理护照手续的程序。
6. 办理外国签证要准备哪些材料？
7. 在外国人家里拜访要注意哪些基本原则？
8. 什么是小费，在国外付小费要注意哪些事项？

第 8 章

宗教礼仪

[本章导读]

- ▶ 了解宗教的起源及其基本教义。
- ▶ 理解宗教在现实生活中存在的必然性及其特殊作用。
- ▶ 熟悉佛教、基督教、伊斯兰教的基本礼仪。
- ▶ 掌握各种宗教的有关习俗和禁忌。

宗教是一种社会意识形态，是支配着人们日常生活的外部力量在人们头脑中的一种反映，产生于史前社会的后期。在人类的历史上，随着社会意识形态和政权形式的演变，宗教也逐步由拜物教、多神教发展到一神教；由自由宗教发展到人为宗教；由氏族图腾崇拜发展到氏族宗教，最后又出现了世界性宗教。宗教教义的本质，一般都是宣扬顺从，叫人忍受现世的苦难，把希望寄托于虚构的“来世”、“天国”的命运转机。

在科学技术高度发展的今天，古老的宗教信仰还在以各种方式在人们的日常生活中占有重要的位置，仍然是许多人的主要精神寄托。目前，世界上信奉各种宗教的教徒人数约占全世界总人口的2/3，其中最有影响，信众分布最广的有三个宗教，即佛教、基督教和伊斯兰教。此外，还有其他一些著名的民族宗教，如犹太教、道教、印度教、摩尼教、耆那教、神道教、锡克教、大本教、大理教、萨满教等。可以说，每个民族都有自己独特的宗教信仰。

了解宗教的一般知识、礼仪和禁忌，是在旅游接待与交际活动中，帮助我们了解世界各国人民精神生活和日常生活习俗的一把钥匙，也是在交际活动中对客人尊重和友好的表示。宗教礼仪是宗教信仰者为表达对崇拜对象的尊敬和崇拜而形成的各种仪式活动，是巩固和发展宗教信仰、宗教组织、宗教感情的重要手段，担负着满足大众心理需要的社会功能。对大多数信徒来说，其宗教观念往往都是从实际、直观的宗教礼仪及充满宗教色彩的风俗习惯中得到的。因此，我们必须重视对宗教礼仪的习俗了解。本章将分别介绍世界三大宗教：佛教、基督教和伊斯兰教的基本情况。

8.1 佛教礼仪

在世界三大宗教中，佛教创立最早，传入中国也最早。全世界约有3亿佛教信徒，分布在86个国家和地区，主要是在亚洲。在长期的传播和发展过程中，我国已成为佛教的第二故乡，形成了各具地方和民族特色的教派，确立了佛教各派共同承认的基本教义和佛教共同遵守的礼仪习俗和节日。

8.1.1 佛教的起源

佛教起源于公元前6世纪至公元前5世纪的古代印度迦毗罗卫国（今尼泊尔南部），相当于我国的春秋时期，距今已有2500多年的历史。佛教创始人释迦牟尼，原为北印度迦毗罗卫国净饭王的儿子，本名悉达多，姓乔达摩，如图8.1所示。他大约生于公元565年，差不多与我国春秋时期的孔子是同时代人。释迦牟尼是佛教徒对他的尊称，意思是释迦族的“圣人”，以无常和缘起思想反对所罗门的梵天创世说，以众生平等思想反对所罗门的种姓制度，因而为广大群众所接受，并很快流传。

图8.1 释迦牟尼佛

8.1.2 佛教的礼仪

1. 称谓

因为佛教在各国的教制、教职不尽相同，所以称谓也不完全一致。如泰国有僧王，其他国则不设，在我国寺院中，主要负责人称住持或方丈，负责处理寺院内部事务的称为监院，负责对外联系的称为知客，可尊称其为高僧、大师、法师、长老等。出家的佛教徒俗称和尚（僧）和尼姑（尼），亦可尊称为法师、师太。不出家而遵守一定戒律的佛教信徒称为居士，或檀越、护法、施主等。凡出家的佛教徒必须剃除须发，披上袈裟，称为披剃。僧尼一经披剃，即入住寺院，开始过与世俗隔绝的生活。

旅游接待人员，尤其是导游人员，了解和掌握这些称谓的不同，能准确地说出他们的称谓，在接待工作中是非常必要的。

2. 戒规

佛教弟子在修行中，日常生活和行为方面都要受到约束，主要包括：

（1）四威仪

四威仪是指僧尼的行、住、坐、卧应保持的威仪德相，不能举止轻浮，一切都要遵礼如法。所谓“行如风、站如松、坐如钟、卧如弓”，就是僧尼应达到的境界。

（2）十重戒

十重戒即戒杀生、偷盗、淫欲、妄语、饮酒、说过罪、自赞毁他、悭惜加毁、嗔心不受悔、谤三宝戒。

3. 饮食

（1）过午不食

按照佛教教制，比丘每日仅进一餐，后来也有进二餐的，但必须在午前用毕，过午则不能进食。这是佛教中对僧尼的一个戒条，叫“过午不食戒”。在东南亚一带，僧尼和信徒一日二餐，过了中午不能吃东西，午后只能喝白开水，牛奶、椰子汁都不能喝。我国汉族地区因需要自己在田里耕作，体力消耗较大，晚上非吃东西不可，所以少数寺庙开了“过午不食戒”，但晚上所进的食称为药食。然而，在汉地寺庙的僧尼中，持“过午不食戒”的人仍不少。

（2）不吃荤腥

荤食和腥食在佛门中是两个不同的概念，荤专指葱、蒜、辣椒等气味浓烈、刺激性强的东西，吃了这些东西不利于修定，所以为佛门所禁食。腥则指鱼、肉类食品。我国大乘佛教的经典中有反对食肉的条文，所以汉族僧人都不吃肉。在蒙藏地区，由于气候和地理因素，缺乏蔬菜，所以一般也食肉。但无论食肉与否，大小乘教派都禁忌荤食。

（3）不喝酒

佛教徒都不饮酒，因为酒会乱性，不利于修定，故严格禁止。

4. 礼节

（1）合十

“合十”亦称“合掌”。其形状是两手当胸，十指相合，专注一心。一般教徒在见面时，多以“合十”为礼以示敬意。如参拜佛祖或拜见高僧时要行跪合十礼，即大礼。行礼时，右腿跪地，双手合掌于两眉中间。

（2）顶礼

顶礼为佛教最高礼节，是向佛、菩萨或上座所行礼节。行顶礼时双膝跪下，两肘跪下，两肘、两膝和头着地，而后用头顶尊者之足，故称顶礼。出家的教徒对佛像必须行顶礼，头面接足，是表示恭敬至诚，这就是俗话说的五体投地。

（3）南无

南无念“那摩”，是佛教信徒一心归顺于佛的致敬语。常用来加在佛、菩萨名或经典题名之前，以表示对佛、法的尊敬和虔信。“南无”意思是“把一切献给××”或“向××表示敬意”。如称南无阿弥陀佛，则表示对阿弥陀佛的致敬和归顺。阿弥陀佛又称无量寿佛，他是西方极乐世界的教主。

（4）功课

在寺庙里，僧尼每天的必修课为朝暮课诵，又名早晚功课，或是五堂功课。寺庙一般在早上4时就打催起板（起床号令）。僧尼盥洗完毕，齐集在大雄宝殿，恭敬礼佛，端坐蒲团，听候大钟大鼓结束声。随后即起，随众念诵早课楞严、大悲、十小咒、心经等，这是二堂功课。晚课在下午4时左右，僧尼立诵弥陀经和跪念88佛忏悔文，发愿，回向，放蒙山这是三堂功课。回向的意思就是将自己念诵的功课回归大众，使大众都能亲证佛果。社会上流行的“晨钟暮鼓”成语，就是由佛教寺庙里的早晚功课而来的。

（5）过堂

僧尼吃饭，早晨、中午到“五观堂”或“斋堂”用食。五观之意为：一是思念食物来之不易，二是思念自己德行有无亏缺，三是防止产生贪食美味的念头，四是对饮食只作为疗饥的药，五是为修道业而受此食。

（6）忏悔

佛教理论认为，只有心身清净的人才能修得正果，但是世间是污浊的，即使出家人也可能随时身遭“垢染”，影响自己的功德。然而信徒不必因此而担心，因为通过忏悔可以灭除以往所有的罪过。

（7）朝山

朝山，是指佛教教徒往名山大寺去进香拜佛。大乘佛教教徒进入寺庙不可脱鞋，进殿要朝拜佛祖释迦牟尼，还要朝拜弥勒佛、观音菩萨以及三世十方众佛和菩萨；小乘佛教教徒进入寺庙时须脱鞋，进殿只能朝拜释迦牟尼佛像。

5. 葬仪

佛教的僧侣去世后一般实行火葬，其遗骨或骨灰被安置在特制的灵塔或骨灰瓮中。佛教信徒死后每年的忌日要有其家人为之举行祈祷冥福德追荐会，并发放布施。

6. 非佛教徒进入寺庙应注意什么

佛寺被佛教徒视为清净的圣地。所以，非佛教徒进入寺庙衣冠要整洁，不能着背心、打赤膊、穿拖鞋。当寺内举行宗教仪式或做道场时，不能高声喧哗干扰。未经寺内事职人员允许，不可随便进入僧人寮房（宿舍）等地方。为了保持佛地清净，严禁将一切荤腥及其制品带入寺院。

对僧尼称呼，可称师父，或在他们的职称后加“师”宁，如：当家师、维那师、知客师等。习惯上可称为法师或师太。

值得注意的是：不能问僧尼的尊姓大名。因为僧尼出家后一律姓释，出家入道后，由师父赐予法名。受戒时，由戒师赐予戒名。因此，问僧尼名字时，可问："法师上下如何?"（或："法师法号如何?"）这样便可得到回答。

另外，非佛教徒也不要主动与僧尼握手，因为这不符合他们的礼节，僧尼往往以"合十"为礼。

8.1.3 佛教的主要节日

1. 世界佛陀日

世界佛陀日即"哈舍会节"，又称"维莎迦节"。"世界佛教徒联谊会"1954年规定，公历5月间的月圆日为"世界佛陀日"，即把佛的诞辰、成道、涅槃合并在一起的节日。节庆期间，一些佛教盛行的国家举行全国性大规模的庆祝活动。

2. 佛诞节

佛诞节又称浴佛节，是纪念佛教创始人释迦牟尼（佛陀）诞生的节日。据说释迦牟尼诞生时，有九条龙吐出香水为其沐浴洗身，故佛教徒以浴佛庆祝佛诞。世界各国佛诞节的时间不尽相同，我国汉族地区的佛教徒以农历4月初8为佛诞日；藏族佛教徒以农历4月15为佛诞日，称为萨噶达瓦节；傣族佛教徒则在清明后10天举行泼水节（浴佛节）。日本在明治维新以后改用公历4月8日为佛诞节，又称花节。

3. 成道节

成道节是纪念释迦牟尼成佛的节日。相传释迦牟尼是在12月8日悟道成佛，这一天即为佛成道节。后世佛教取意牧女献乳糜供佛的传说，每逢佛成道日，煮粥供佛。我国汉族地区，每逢农历十二月初八（腊八）要以大米及果物煮粥供佛，称为腊八粥，并逐渐演化为腊月八日吃腊八粥的民俗。而世界各国佛寺及僧众每逢此日都要举行颂经纪念活动。

4. 涅槃节

涅槃节是纪念释迦牟尼逝世的节日。佛教相传释迦牟尼80岁时在拘尸那迦城跋提河边婆罗双树林间，结束最后一次传法，于2月15日逝世。佛教称死为涅槃（修道所达到的最后的精神境界），故纪念释迦牟尼逝世的日子称为涅槃节。南北佛教对释迦牟尼逝世年月的说法不一，中国、朝鲜、日本等国的大乘佛教，一般以每年农历二月十五日为涅槃节。每年此日，各佛教寺院都要悬挂佛祖图像，举行涅槃法会，诵《遗教经》等。

8.2 基督教礼仪

基督教为世界第一大宗教，包括天主教、东正教、新教以及一些较小的派别。基督教的教义、礼仪习俗和节日在今天的欧洲、美洲、大洋洲等地区和国家的人民生活与交往中，仍有着重要影响。

8.2.1 基督教的起源

基督教起源于公元1世纪初罗马帝国统治下的巴勒斯坦地区，它是这一地区古代犹太人民反抗罗马帝国奴役的政治斗争反映于宗教的产物。相传，基督教的创始者是耶稣，他奉圣父之命，下降人世，拯救世人。后来由于叛徒犹大的出卖，耶稣在耶路撒冷被罗马总督被拉多钉死在十字架上，后人把十字架作为信仰基督教的标记。

早期的基督教会反映当时的奴隶和贫民对奴隶制度的憎恶，但又怯于暴力斗争，主张顺从、忍耐、把希望寄托于来世。随着社会中上层人士的入教、专职神职人员的出现及其对基督教会的控制以及《新约全书》中对罗马皇帝态度的变化，基督教逐渐削去了反抗罗马统治的棱角。公元313年，君士坦丁大帝发表《米兰赦令》，承认基督教的合法地位。公元392年，罗马皇帝狄奥多西一世宣布基督教为国教。随着欧洲人开辟新航路和向外开拓殖民地，基督教势力逐渐遍布全世界，信徒达10亿之多，是当今世界第一大教。

8.2.2 三大教派

在基督教的发展历史上，发生过两次大的分裂，由此形成天主教、东正教和新教三大教派。

公元395年，罗马帝国分裂为东、西两部。基督教会形成西部的罗马和东部的君士坦丁堡两个中心。1054年，东、西基督教会正式分裂，东部教会自称“正教”（东正教），西部教会自称“公教”（天主教）。16世纪，基督教历史上的第二次大的分裂在罗马天主教内部因宗教改革而引发。天主教中分离出基督教的一个新派别——新教。

1. 天主教

天主教亦称罗马公教。除信仰天主和基督外。还尊奉玛利亚为圣母。建立以罗马教皇为首的教廷和下属各级教会组织。罗马教皇成为全世界罗马系天主教徒的精神领袖。

2. 东正教

东正教亦称正教，意为正统教会。信奉上帝、基督和圣母，但不承认罗马教皇有高出其他主教的地位和权力，此外，还允许主教以外的教士婚娶。

3. 新教

基督新教在我国学术界称为新教，宗教界译为基督教，民间则称为耶稣教。基督新教不承认罗马教皇的权威，不尊圣母玛利亚为神，对基督教教义、仪式、教会管理方式做了一些改革，允许教士婚娶。

8.2.3 教义

基督教教义的主要依据是《圣经》。《圣经》包括《旧约全书》和《新约全书》两个部分。所谓“约书”，是指上帝和人们所订立的盟约。基督教各派一般都信奉下列基本信条：

1. 信仰上帝

上帝是天地主宰，是天地万物的唯一创造者。上帝本位具有三个位格，即“圣父”、“圣子”、“圣灵”，三位一体。“同受敬拜，同受尊荣”。

2. 信始祖原罪

人类始祖是亚当和夏娃，他们因违反上帝的禁令，偷吃伊甸园中“知善恶树”的果实，犯下了“原罪”，所以后来世人一出生就是罪人，世上一切罪恶和苦难都根源于此。

3. 信基督救赎

世人无法自己救自己，因此上帝派圣子耶稣降临人世。基督为赎世人之罪，甘愿自己被钉死在十字架上，以自己的血来洗刷世人的罪过。所以，世人要想赎罪，要想灵魂得救，就要信仰、祈求耶稣基督。

4. 信灵魂不灭、末日审判

基督教认为人死后灵魂不灭，总有一日现世将最后终结，所有世人都得接受上帝的最后审判（即末日审判），善者升天堂，恶者下地狱。

8.2.4 礼节

1. 称谓

信徒之间可称平信徒，指平常、普通的信徒，与教会神职人员相对而言。我国平信徒之间，习惯称教友。新教的教徒，可称兄弟姐妹（意为同是上帝的儿女），还可称同道（意为共同信奉耶稣所传的道）。

对宗教职业人员，可按其教职称之，如某主教、某牧师、某神父、某长老等，以示尊敬。

对外国基督教徒可以先生、女士、小姐、博士、主任、总干事等学衔或职衔称之，以示尊敬。

2. 洗礼

基督教徒入教仪式，即受洗后，所有的罪就得到赦免了。现有两种洗礼仪式：点水礼，用水蘸在额上；浸水礼，全身浸没于水中。

3. 礼拜

每周1次，根据《圣经·新约》记载，耶稣基督在星期日复活，因而在这一天进行礼拜，少数教派根据《圣经·旧约》规定星期六为安息日，因而定在这一天进行礼拜，称为安息日礼拜。

礼拜的主要内容有唱诗、读经、祈祷、讲道和祝福等项。

在礼拜时，教堂内常置有奉献箱，或传递收捐袋，信徒可随意投钱于其中，作为对上帝的奉献。

除每周1次的礼拜外，还有圣餐礼拜（纪念耶稣受难。每月1次）、追思礼拜（为纪念亡故者举行）、结婚礼拜、安葬礼拜、感恩礼拜等。

4. 祈祷

祈祷亦称祷告，指向上帝和基督耶稣求告，其内容可以是认罪、感谢、祈求和赞美等。依各人的信仰习惯，有出声的口祷和不出声的默祷两种。个人独立进行的称为私祷；礼拜、聚会时主礼人主领的称为公祷。祈祷毕，须称“阿门”，意为“真诚”，表示“唯愿如此，允获所求”。

5. 唱诗

唱诗即领唱或合唱赞颂、祈求、感谢上帝的赞美诗。

6. 告解

告解即忏悔，教徒单独地向神职人员告明其所犯罪行与过错，表示悔改。神职人员对告解内容应予保密。

7. 终敷

教徒临死前由神职人员为其敷擦“圣油”，赦免其一生罪过，以便安心去见上帝。

8. 守斋

每周五及圣诞节前夕（12月24日），只食素菜和鱼类，不食其他肉类。设宴招待应避开斋期为宜。

9. 婚配

教徒结婚可在教堂举行，请牧师或神父主礼，询问男女双方是否同意结为夫妇，在双方肯定回答后，主礼人诵念规定的祈祷经文，宣布他们为合法夫妻，并向新郎新娘祝福。

8.2.5 主要节日

1. 圣诞节

圣诞节是纪念耶稣诞辰的节日。由于历法不同，大多数教会定于每年的12月25日为圣诞节，东正教会则定为每年的1月6日或7日。这是西方国家每年最隆重的节日。人们相互赠送礼物和祝福，合家团圆，圣诞老人和圣诞树更为节日增添了喜庆的色彩。

2. 复活节

复活节是纪念耶稣复活的节日。耶稣复活的意义在于战胜死神。公元325年，基督教会规定每年春分月圆后的第一个星期天为复活节，一般在每年3月21日至4月25日之间。在复活节，鸡蛋和兔子是复活节的吉祥物，人们互相赠送复活节彩蛋，象征生命和繁荣。

3. 圣灵降临节

据《新约圣经》记载，耶稣“复活”后第40日“升天”，第50日差遣“圣灵”降临；门徒领受圣灵后开始传教。据此，基督教会规定，每年复活节后第50天为圣灵降临节，又称五旬节。

8.2.6 禁忌

1. 交往禁忌

基督教徒唯一崇拜上帝，忌拜别的神，忌造别的偶像。与基督教徒交往时要尊重基督教徒的信仰，不能以上帝起誓，更不能拿上帝开玩笑，基督教的教派不同，在与基督教徒交往中，要了解其教派派别，对一些问题要了解清楚，如：神父与牧师是天主教与新教对其神职人员的不同称呼，不可混为一谈。

2. 行为禁忌

非基督教徒进教堂应衣冠整洁，进去后要脱帽，与人谈话应压低声音，不得妨碍对方正常的宗教活动。当教徒们祈祷或唱诗时，旁观的非教徒不可出声，然而当全体起立时，则应当跟随其他人一起起立，若有人分饼和面包给自己，应谢绝。

3. 饮食禁忌

基督教徒有守斋的习惯，根据基督教教规，教徒每周五及圣诞节前夕（12

月 24 日）只吃素菜和鱼类，不食其他肉类。天主教还有禁食的规定，即在耶稣受难节和圣诞节前一天，只吃一顿饱饭，其余两顿只能吃得半饱或者更少。基督教徒在饭前往往要进行祈祷，如果和基督教徒一起用餐，要待教徒祈祷完毕后，再拿起餐具。

4. 特殊禁忌

向基督教徒赠送礼品，要避免上面有其他宗教的神像或者其他民族所崇拜的图腾。在耶稣受难节那一周，不要请基督教徒参加私人喜庆活动，另外，他们讨厌“13”这个数字和“星期五”这一天，传说耶稣是在死前最后一顿晚餐上被其教徒犹大出卖的，而犹大正好是晚餐上的第 13 个人。因此，基督教徒忌讳“13”这个数字，比如高层建筑没有 13 层，房间没有 13 号；与此同时，耶稣受难的日子正好是星期五，因此，如果哪个月的 13 号和星期五重合，就被称为黑色星期五，是个非常不吉利的日子，基督教徒往往会闭门不出，在这些时间，千万别打扰他们。

8.3 伊斯兰教礼仪

伊斯兰教也是一种在世界上举足轻重的宗教，信徒约有 8 亿，他们主要分布在西亚、中亚、南亚及东南亚等地区。在一些国家，伊斯兰教是法定的国教。

8.3.1 伊斯兰教的起源

伊斯兰教起源于公元 7 世纪的阿拉伯半岛，创始人为穆罕默德。当时，阿拉伯半岛由于东西商路改道，社会经济日趋衰落，又由于盛行多神教崇拜和部落混战，长期处于分裂动荡状态，要求发展经济和实现统一已成为各部落的共同愿望。正是在这种情况下，穆罕默德顺应形势，于 40 岁那年宣称他受到安拉（汉译真主）的启示，创立了伊斯兰教。公元 631 年，穆罕默德基本上统一了阿拉伯半岛，伊斯兰教成了阿拉伯半岛上占统治地位的宗教。

在中国，伊斯兰教又称清真教、回回教、回教、天方教等。该教于 7 世纪中叶传入中国，在回、维吾尔、哈萨克、乌兹别克等 10 多个民族中流传，有信徒 1400 多万人。8 世纪初，伊斯兰教进一步发展成为跨欧、亚、非三洲的世界性宗教。目前，全世界信徒有 8 亿多人。

公元 632 年，穆罕默德病逝于麦地那。由于政治、宗教及社会主张上的分歧，伊斯兰教内部形成多种教派，其中主要有逊尼派和什叶派两种。

8.3.2 教义

伊斯兰教的基本教义是“六大信仰”，即信安拉（信仰安拉是创造和主宰宇宙万物的唯一神）、信先知（信穆罕默德是安拉在人间的使者，传达神意，拯救世人）、信天神（相信神界有许多天神，根据安拉的旨意，各司其职。人的一言一行，都有天神监视、汇报）、信经典（《古兰经》是安拉降示的天经，是伊斯兰教的根本经典，同时也是立法、道德规范、思想学说的基础）、信前定（相信现世的一切都是安拉的前定，人在现世的命运是安拉早就预定的）、信后世（相信“灵魂不死”、“死后复活”、“末日审判”等。）

8.3.3 礼仪

1. 称谓

伊斯兰的阿拉伯文原意就是顺服，要顺服唯一的神安拉的旨意。信徒称穆斯林，其阿拉伯文原意就是顺服者，即顺从安拉的人。信徒之间无论在什么地方、不分职位高低。都互称兄弟，或叫多斯提（波斯语意为好友、教友）。对知己朋友称哈毕布（阿拉伯语意为知心人、心爱者）。对贫穷的穆斯林，一般称作乌巴力（阿拉伯语意为可怜者）。在清真寺做礼拜的穆斯林，统称为乡老。管理事务和办经学教育的穆斯林，称管寺乡老、社头、学董，多由当地有钱、有地位、有威望的穆斯林担任。对德高望重的、有学识和有地位的穆斯林长者，尊称为筛海、握力、巴巴和阿林等。

伊斯兰教的教职有伊玛目、海推布、穆安津，我国则称为阿訇（波斯语音译）。它是对伊斯兰教学者、宗教家和教师的尊称。年老者，称阿訇老人家。对主持清真女寺教务或教学的妇女，称师娘。在清真寺求学的学生称满拉或海里发。

2. “五功”

按照伊斯兰教的教规，穆斯林要遵奉“五功”，即

（1）念功

念诵清真言：“万物非主、唯有真主，穆罕默德，真主使者。”

（2）拜功

每天早晨、晌午、下午、黄昏、夜晚要礼拜，共5次。每星期五要进行一次主麻拜。每年开斋节和宰牲节要进行节日礼拜。日常礼拜前要小净（洗脸、洗手等），主麻拜和节日礼拜前要大净（沐浴更衣）。礼拜时要面向麦加大清真寺的克尔白（天房）。

（3）斋功

每年伊斯兰教历太阴年九月斋戒1个月。斋月里，穆斯林在日出到日落这段时间内禁止吃喝、娱乐等活动。幼儿、旅行者、病人、孕乳期妇女可不守斋。

（4）课功

课功即施舍，纳天课是伊斯兰教的宗教课税，每个穆斯林要根据自己财产的多少交纳。我国穆斯林均为自愿捐奉。

（5）朝功

朝功即朝觐，麦加（在今沙特阿拉伯境内）是穆罕默德诞生地，伊斯兰教的摇篮和圣地。凡身体健康、经济条件允许的穆斯林，不分男女，一生中至少应去麦加朝觐1次。"大朝"（亦称"正朝"）的朝觐时间为伊斯兰教历十二月八日至十二日。"大朝"之日为伊斯兰教的主要节日宰牲节（十二月十日，我国称古尔邦节），人们宰杀献祭的牲畜，向代表魔鬼的三根石柱投掷石块，朝觐仪式结束。除朝觐季节外，任何时候个人都可单独去麦加朝觐，称为小朝或副朝。

3. 饮食习惯

1）禁酒——《古兰经》规定穆斯林不能饮酒。

2）禁食猪肉、自死动物及动物血液。

3）禁食无鳞鱼（如鳗鱼、鳝鱼、鲇鱼、甲鱼等）。

4）禁食勒死、捶死、跌死等动物的肉。

5）禁食驴、骡、马、狗、虎、狼、豹、鹰、蛇等动物。

4. 服饰礼仪

伊斯兰教认为，男子从肚脐到膝盖、妇女从头到脚甚至头发，都是羞体。在公开场合，男女穆斯林必须穿着不露羞体的衣服，女性必须戴面纱和盖头。穆斯林的男子多戴无沿小帽，又名礼拜帽或回回帽。

5. 葬礼

穆斯林死后实行土葬、速葬、薄葬。不用棺椁，用白布裹尸，也不用任何陪葬物或殉葬品，主张三日必葬，入土为安；待葬期间不宴客、不披孝、不磕头、不鞠躬、不设祭品。举行殡礼时，由阿訇或地方长官，或教长或至亲等，率众站立默祷，祈求安拉赦免亡人罪过，为亡人祈福。参加殡礼的人要对着亡人胸部，向西站立，不能站在亡人面前，土葬时头北脚南，面朝西，向着圣地"克尔白"，坟墓南北向，长方形。

6. 禁用左手

接见客人的过程中，敬茶、端饭、握手均用右手，用左手被视为不礼貌。

8.3.4 主要节日

1. 开斋节

我国新疆地区称肉孜节，在伊历9月全月斋戒的最后一天，以看见新月牙为准，次日开斋（如未见月，开斋顺延，但一般不超过3天），节日期间举行集体礼拜和庆祝活动。青年男女往往选择这天举行婚礼，以增添欢乐气氛。

2. 宰牲节

又称古尔邦节。古尔邦的阿拉伯语意为献牲。传说先知易人拉欣受安拉启示，要他宰杀其子伊斯玛仪勒，以考验他对安拉是否虔诚。当他遵命即将执行之际，安拉派天神送羊1只，命令以羊代替其子。据此，穆斯林逢伊斯兰教历十二月十日就宰牲献祭，是为宰牲节。

3. 圣纪节

相传穆罕默德的诞生日和逝世日都是在伊斯兰教历太阴年三月十二日，我国穆斯林习惯将“圣纪”与“圣忌”合并纪念，称为圣会，进行诵经、赞圣、讲述穆罕默德生平事迹等活动。

典型案例

在一次印度官方代表团前来我国某城市进行友好访问时，为了表示我方的诚意，有关方面做了积极准备，就连印度代表下榻的饭店里也专门换上了宽大、舒适的牛皮沙发。可是，在我方的外事官司员事先进行例行检查时，这些崭新的牛皮沙发却被责令立即撤换掉。原来，印度人大多信奉印度教，而印度教是敬牛、爱牛、奉牛为神的，因此无论如何都不应该请印度人坐牛皮沙发。

思考与练习

1. 佛教与伊斯兰教对信徒的称呼各是什么？
2. 基督教教义是什么？基督教分为哪三大派？
3. 佛教的礼节是什么？
4. 三大教派的饮食禁忌分别是什么？

第 9 章

主要客源国和地区礼仪及习俗

[本章导读]

- 了解主要客源国国民的性格特点。
- 熟悉主要客源国国民的饮食特点。
- 掌握主要客源国的礼俗忌讳。

目前，我国入境旅游已达到空前的规模，年入境旅游人次已突破1亿大关，曾被国际知名媒体TTG评定为2004年度全球最佳旅游目的地。各旅游企业以及旅游从业人员需了解主要客源国的礼仪及习俗，才能保证为外国游客提供有针对性的个性化服务，真正提高服务质量。

9.1 亚洲一些国家和地区礼仪及习俗

9.1.1 日本

日本，位于亚洲东部、太平洋西侧的一个群岛性国家，主要宗教有佛教、神道教、基督教，有许多人兼信两种以上宗教。日语为国语，部分中老年人懂汉语，大部分商人会英语。首都东京，是世界上人口最多的城市之一。现实行君主立宪政体。

日本有“第三经济大国”、“樱花之国”、“造船王国”、“贸易之国”、“钢铁王国”等美称，日本与中国一水之隔，两国人民友好往来的历史源远流长，日本人的许多风俗习惯都可以从中国找到根，日本人对中国的文化表现出一种特有的尊重。那么与日本人交往，首先得学会日本人的基本礼仪，如互递名片、握手、打招呼等，如果能够把其礼仪模仿得惟妙惟肖，那么与日本人的会见就会显得轻松自如。

日本人办事显得慢条斯理。对自己的感情常加以掩饰，不易流露，不喜欢伤感的对抗性的和针对性的言行、急躁的风格。所以，在与日本人打交道的过程中，没有耐性的人，常常会闹得不欢而散。

“爱面子”是日本人的共性，它是一个人荣誉的记录，又是自信的源泉，情面会强烈地影响日本人的一切，一句有伤面子的言语，一个有碍荣誉的动作，都会使事情陷入僵局，“面子”是日本人最重视的东西。因此，与日本人相处，应时时记住给对方面子。日本人讲道义，重恩情，在他们看来，“一个人永远报答不了万分之一的恩情。”知恩图报，对他们而言是普通而又相当重要的事情。

送礼，在日本更是习以为常，同事的荣升、结婚、生孩子、生日、过节等都会赠送礼物，这种礼仪既是历史的遗风，又被赋予了时代新意。送礼之习，在商务交往中同样风行。给日本客人送一件礼物，即使是小小的纪念品，他都会铭记心中，因为它不但表明你的诚意，而且也表明彼此之间的交往已超出了商务的界限，说明你对他的友情，重视了他的面子，他就没法忘记你的“恩情”。日本人不喜欢在礼品包装上系蝴蝶结，用红色的彩带包扎礼品象征身体健康，不要给日本人送有动物形象的礼品。

9.1.2 韩国

韩国，位于亚洲东北部的朝鲜半岛的南部，主要宗教是佛教，官方语言是韩语，即朝鲜语，现实行总统制共和政体。

按照韩国的商务礼俗，宜穿着保守式样的西装。商务活动、拜访必须预先约会。韩国人和外国人打交道时，是准时的。宜持英文、朝鲜文对照的名片，可在当地速印。商界人士多通晓英语。他们很重视业务交往中的接待，宴请一般在饭馆或酒吧间举行，他们的夫人很少在场。宴请招待甚为频繁。吃饭时所有的菜一次上齐。到朝鲜人家里做客，进入他们的住宅或韩国式饭店时，不要将室外穿的鞋穿到屋里去，要换备用的拖鞋。如应邀做客，要准备一束鲜花或小礼物给主人，并以双手奉上，主人不当着客人的面打开礼物。

韩国商人重视对贸易对方的印象。举行商务谈判时要尊重他们的生活方式，这将会得到对方的好感。韩国人用餐时不兴交谈，更不能发出“唧唧”的声音，对这一餐桌的礼节如不遵守，极可能引起反感，而影响到谈判的成功，务必小心。与韩商相处时要避谈政治话题，多说其文化艺术的优秀可敬之处。

口味偏清淡，不喜油腻，但特别喜欢吃辣味菜肴。喜食菜肴有干烧桂鱼、豆瓣鱼、肉丝炒蛋、细粉肉丝、香干绿豆芽、四生火锅、炸虾球、辣子鸡丁、干炸牛肉丝、红鱼水饺等。辣泡菜和汤，这两种食品是不可缺少的。

韩国是一个礼仪之邦，他们在社会交往、日常生活中，无不对长辈表示敬重，不敢怠慢，对长者有必须严守的规矩。如：在与长辈握手时，要再以左手轻置于其右手之上；跟长辈同座的时候，他们总是保持一定的姿势，绝不敢掉以轻心；若要抽烟，一定要先得到长辈的允许；用餐时，切不可比年长者先动筷子；小孩决不会吃得比父母快，或比父母早离开座位。韩国人绝不说长辈的坏话，更不会背地里批评长辈。

见面时有的人习惯说一句话就施礼一次，往往在分手之前要敬礼5～6次，以示亲切。男人见面打招呼互相鞠躬并握手，或用双手，或用右手，只限于点一次头。女人一般不与人握手。

无论在什么场会，韩国人都不大声说笑，妇女笑时用手遮掩住嘴。韩国不谈妇女解放，进门时男人走在前面，妇女帮着男人脱大衣。韩国人对日常的礼节相当重视，当几个人在一起，要根据身份和年龄来排定座次。身份、地位、年龄都高的人排在上座，其他的人就在低一层的地方斜着坐下。男女同坐的时候，一定是男士在上，女士在下。要抽烟的时候，他们总是问上座的人："可不可以抽烟?"

"四"字在朝鲜语中发音、拼音与"死"字完全一样，认为是不吉利的，因而楼房没有四号楼，旅馆不称第四层，宴会里没有第四桌，医院里绝不设四号病房，军队没有四师团，吃东西不吃四盘四碗，喝酒绝不肯喝四杯。朝鲜有李姓，但决不能说"十八子"李，因在朝鲜语中"十八子"与一个淫荡词相近，绝不能在女子面前说此话，否则会被认为有意侮辱人。

韩国的姓氏很少，往往容易混淆，所以人们在介绍或在商务名片上一般会把名字附在后面，也有些韩商习惯于最后通报姓氏。如今，用先生这一称呼在韩国很普遍。韩国有一半以上姓金、李、朴这三个姓，因此称呼其头衔是区分他们的一个好办法。韩国人也很乐意交换名片。

访问韩国，最好选择在2～6月，11～12月，10月假日太多，圣诞节前后两周都不宜去访。一般勿喝生水（饭店里的水除外）。喝"波利茶"（以小麦制成的茶）比喝其他饮料更好。送礼选择外国烟酒最受欢迎。

韩国有关方面规定，旅客每次入关，可携带香烟200支，酒2瓶。韩国币禁止携带出境。外币不限，但入关时须申报数额，出关可携出。计程车收取10%的小费，饭店已在账单内附加小费10%，其他服务每次给200～300元即可。

9.1.3　泰国

泰国，意即"自由之地"，位于亚洲的东南部。95%的居民信仰佛教，佛教为国教，泰国实行君主立宪制，国王是国家元首和国家的象征。通行佛历。泰国人民的礼仪都沿用佛教的礼仪，全国有26万多和尚，一般每个20岁左右的男子都要当3个月的和尚，最短也要出家3天，才能取得成年人的资格，王族亦不例外。泰国有寺庙 4 万多，佛塔 10 万多，寺庙之多在东南亚首屈一指。泰语为国语。泰国是东盟成员国。

泰国地处东南亚，海岸线绵长，寺庙众多，为了增加外汇收入，泰国政府十分重视旅游事业，建立了许多旅馆和旅游设施，招揽国外游客，旅游业成为泰国的一棵摇钱树。

泰国人喜爱红、黄色，禁忌褐色。广告、包装、商标、服饰都使用鲜明颜色，并习惯用颜色表示不同日期：星期日为红色，星期一为黄色，星期二为粉红色，星期三为绿色，星期四为橙色，星期五为淡蓝色，星期六为紫色。群众常按不同日期，穿着不同色彩的服装。泰国的国旗由红、白、蓝三色构成。红色代表民族和象征各族人民的力量与献身精神。白色代表宗教，象征宗教的纯洁。泰国是君主立宪国家，国王是至高无上的，蓝色代表王室。蓝色居中象征王室在各族人民和纯洁的宗教之中。

俗话说，“入国问禁，入乡随俗”。凡是初到泰国访问、经商的人，必须注意遵守泰国人的风俗礼节，不然很容易发生误会。泰国人认为门槛下住着神灵，千万不要踩踏泰国人房子的门槛。

历史上，泰国人经商一般不喜欢冒险，小心谨慎，宁可依靠自己的力量，积少成多地发展，也不愿大刀阔斧，大数额地贷款，大范围地投资。由于过分地谨慎，不轻易相信别人，故很多企业带有浓重的家族色彩。泰国商人十分注重人际关系，在他们看来，与其你争我斗，费尽心思才获得一些利益，倒不如把这些利益让给那些诚实而富于人性的对手。对于商品，他们重视质量甚于牌子，只要商品货真价实，即使是名不见经传的产品，也能获得认可。此外，泰国人很考虑面子，十分重视别人对自己的外观看法，如能让对方获得心理上的满足，无疑可以使洽谈在十分融洽的气氛中进行。

人们说泰国是“微笑之国”，他们对外国人特别和蔼可亲。生意对象几乎都是华侨系统的企业，和其他国家的华侨一样，做生意要基于对个人的信赖，形式上的契约书依然有被轻视的倾向。在泰国，在众目睽睽之下与人争执，咄咄逼人的表现会被泰国人认为是最可耻的行为。由于左手被视为不洁净，所以交换名片，接受物品，都必须使用右手。

访问政府办公厅宜穿西装。商界见面着衬衫，打领带即可。拜访大公司或政府办公厅须先约会，准时赴约是一种礼貌。

9.2　欧洲一些国家礼仪及习俗

9.2.1　英国

英国，是欧洲西部的群岛国家，主要宗教是新教和罗马天主教。首都伦敦，被称为世界雾都。英国是世界上工业化最早的国家，英国有“世界工场”之称。依靠对外贸易发展本国经济的国家，是世界上最大的工业原料和食品进口国之一，世界贸易大国之一。现实行君主立宪政体。

英国的国民特性与其文化背景密切相关。英国的经济发展较早，在大部分外国人的眼里，英国人“自命清高”和“难于接近”。但是，事实上，也并非完全如此，他们之间善于互相理解，能体谅别人。无论办什么事情，总是尽可能不留坏印象，绅士风度，处处可见。他们懂得如何造就一个协调的环境，让大家和谐而愉快地生活。

职业感强烈，是英国人的另一大特性。选择了一种职业，就一定要让自己的业务精益求精。商务交往中，他们重交情，不刻意追求物质，不掂斤拨两，一副大家的作风。

对商务谈判，他们往往不做充分的准备，细节之处不加注意，显得有些松松垮垮。但英国商人很和善、友好，易于相处。因此，遇到问题也易于解决。他们好交际，善应变，有很好的灵活性，对建设性的意见反映积极。在英国经商，必须守信用，答应过的事情，必须全力以赴，不折不扣地完成。

英国的礼俗丰富多彩，彼此第一次认识时，一般都以握手为礼，不像东欧人那样常常拥抱。随便拍打客人被认为是非礼的行为，即使在公务完结之后也如此。英国人有些禁忌须注意，如他们从不从梯子下走过，在屋里不撑伞，从不把鞋子放在桌子上，忌用人像做装潢等。

虽然英国人已无昔日的雄风，可是自负心特别强。中、上层的人士由于过着舒适的生活，因此，养成了一种传统的绅士、淑女风度。但他们守旧，一般都热衷于墨守成规，矜持庄重。一般家庭喜爱以前几代传下来的旧家具、旧摆设、旧钟表，而炫耀于人。首都伦敦有许多“百年老店”，而且越是著名的商店，越对原有的式样或布置保持得越完整。汽车发动机虽然换上新型号的了，但车型还要尽量保持过去的老样子。伦敦有两家邮局，一年365天昼夜营业，从不休息，据说这是遵循英国的古老传统而保留下来的。

英国人性格孤僻，生活刻板，办事认真，对外界事物不感兴趣，往往寡言少语，对新鲜事物持谨慎态度，具有独特的冷静的幽默。他们保守、冷漠，感情轻意不外露，即便有很伤心的事，也常常不表现出来。他们很少发脾气，能忍耐，不愿意与别人作无谓的争论。

英国人待人彬彬有礼，讲话十分客气，“谢谢”、“请”字不离口。英国人对于妇女是比较尊重的，在英国，“女士优先”的社会风气很浓。如走路时，要让女士先进；乘电梯让妇女先进；乘公共汽车、电车时，要让女子先上；斟酒要给女宾或女主人先斟；在街头行走，男的应走外侧，发生危险时，保护妇女免受伤害；丈夫通常要偕同妻子参加各种社交活动，而且总是习惯先将妻子介绍给贵宾认识。

英国人注意服装，穿着要因时而异。他们往往以貌取人，仪容尤须注意。英国人讲究穿戴，只要一出家门，就得衣冠楚楚。按英国商务礼俗，随时宜穿三件套式西装，打传统保守式的领带，但是勿打条纹领带，因为英国人会联想到那是旧“军团”或老学校的制服领带。英国人的时间观念很强，拜会或洽谈生意、访前必须预先约会，准时很重要，最好提前几分钟到达为好。他们相处之道是严守时间，遵守诺言。

谈生意态度须保守，谨慎。在英国，不流行邀对方早餐谈生意。一般说来，他们的午餐比较简单，对晚餐比较重视，视为正餐。因此，重大的宴请活动，大家都放在晚餐时进行。

去英国人家里做客，最好带点价值较低的礼品，因为花费不多就不会有行贿之嫌。礼品一般有：高级巧克力、名酒、鲜花，特别是我国具有民族特色的民间工艺美术品，他们格外欣赏。而对有客人公司标记的纪念品不感兴趣。在英国，服饰、香皂之类的物品未免太涉及到个人的私生活，故一般不用来送人。菊花在任何欧洲国家都只用于万圣节或葬礼，一般不宜送人。白色的百合花在英国象征死亡，也不宜送人，其他的花都可送人。若请你到人家里做客，早到是不礼貌的，女主人要为你做准备，你去早了，她还没有准备好，会使她难堪，最好是晚到 10 分钟。在接受礼品方面，英国人常常当着客人的面打开礼品，无论礼品价值如何，或是否有用，主人都会给以热情的赞扬表示谢意。

英国商人一般不喜欢邀请至家中饮宴，聚会大都在酒店、饭店进行。英国人的饮宴，在某种意义上说，是俭朴为主，他们讨厌浪费的人。比如说，要泡茶请客，如果来客中有三位，一定只烧三份的水。英国对饮茶十分讲究，各阶层的人都喜欢饮茶，尤其是妇女嗜茶成癖，英国人还有饮下午茶的习惯，即在下午 3—4 点钟的时候，放下手中的工作，喝一杯红茶，有时也吃块点心，休息一刻钟，称为“茶休”。主人常邀请你共同喝下午茶，遇到这种情况，大可不必推却。在正式的宴会上，一般不准吸烟，进餐吸烟，被视为失礼。

在英国，邀请对方午餐、晚餐、到酒吧喝酒或观看戏剧、芭蕾舞等，会被当作送礼的等价。主人提供的饮品，客人饮量以不超过 3 杯为宜，如果感到喝够了，可以将空杯迅速地转动一下，然后交给主人，这表示喝够了，多谢的意思。

访问英国注意他们一些忌讳：忌谈个人私事、家事、婚丧、年龄、职业、收入、宗教问题。由于宗教的原因，他们非常忌讳“13”这个数字，认为这是个不吉祥的数字。日常生活中尽量避免“13”这个数字，用餐时，不准 13 人同桌，如果 13 日又是星期五的话，则认为这是双倍的不吉利。不能手背朝外，用手指表示“二”，这种“V”形手势，是蔑视别人的一种敌意做法。上街走路，千万注意交通安全，所有车辆都靠左行驶。

商务活动在2～6月、9月中至11月最宜。圣诞节及复活节前后两周最好勿去。英国有银行春假（圣灵降临）节，在6月（第一个周末）；银行暑假节，8月（最后一个周末）。饮水均安全。英国免费医疗，即便是临时来英国的外国人有急病，也不例外。

9.2.2 法国

法国，位于欧洲西部，90%的居民信奉天主教，法语为官方语言。首都巴黎，是世界著名的花都。世界贸易大国之一，素有奶酪之国、葡萄之国之美称。现实行总统制共和政体。

法国大部分人为早睡早起型，工作强度很高，而工作态度也极为认真。法国人很珍惜人际关系，据说，商业上也一样，在尚未交成朋友以前，是不会跟你做大宗生意的。

在法国从事商务活动宜穿保守式西装，访问公私单位，绝对要预约。在法国，礼节上要求你把自己的身份列在名片上。法国商人保守而正式，尤其是在较小城市如里昂，你得表现得格外正式，处处勿忘握手，多握几次更好。别问对方家事。法国人对“商业机密”也很敏感。

法国烹饪誉满全球，法国人非常讲究吃，就餐是法国人的一大快事，一般喜欢晚宴，不喜欢午餐会谈。若应邀到对方家里进晚餐，应先叫花店送些花去。进餐时法国人对味道很敏感，所以，每当有客人夸奖菜肴很好吃的时候，就会很高兴。因而，当客人把所夸奖的菜肴吃完的时候，一定会再端一盘新的上来。有这么一种说法，即法国人“夸奖着厨师的技艺吃”，英国人“注意着礼节吃”，德国人“考虑着营养吃”，而意大利人则“痛痛快快地吃”。的确，这句话把法国人的性格表露得淋漓尽致。

商谈时做出决定的速度较慢。在法国，要注意商务礼俗，法国人忌讳“13”，他们不住13号房间，不在13日这天外出旅行，不坐13号座位，更不准13个人共进晚餐。

法国人喜爱花，生活中离不开花，特别是探亲访友，应约赴会时，总要带上一束美丽的鲜花，人们在拜访或参加晚宴的前夕，总是送鲜花给主人。在法国，切记不要送菊花，因为法国（或其他法语区），菊花代表哀伤，只有在葬礼上才送菊花。其他黄色的花，象征夫妻间的不忠贞，千万别送。另外也忌摆菊花、牡丹花及纸花，在法国，康乃馨被视为不祥的花朵，你如果糊里糊涂地买一大把康乃馨，送给法国人，碰到脾气大的，不挨揍才怪呢，法国是个盛产花卉的国家，法国人民将鸢尾花作为自己民族的国花。法国人喜欢玫瑰，栽培有7000多种，玫瑰花表示爱情。

在法国，男人向女士赠送香水，有过分亲热和“不轨企图之嫌”。也别送刀、剑、刀叉、餐具之类，若送了，意味着双方会割断关系。送花通常要送单数，但别送不吉利的“13”。法国本土出产的奢侈品，如香槟酒、白兰地、香水、糖栗等，也是好礼品。在法国，一些有艺术性和美感的礼品如唱片、画或一些书籍，如传记、历史、评论及名人回忆录等会很受欢迎。法国人除非关系比较融洽，一般不互相送礼。

法国对奶酪的消费量居世界第一位。法国前总统戴高乐说过“一年 365 天，我们法国就有 365 种奶酪”。法国奶酪至少有 400 多种，是闻名世界的奶酪之国。如果到法国人家中做客，主人不仅拿出各种各样的葡萄酒来招待客人，而且还会端出各种各样的奶酪让客人品尝。

法国人的衣着一般都十分讲究，尤其是巴黎人以服饰的优美和华丽精致而享誉世界。法国妇女是世界上最爱打扮的妇女，其服饰时髦，所用的化妆品也特别多，光是口红就种类繁多，早、午、晚用的都不一样，因而法国的高级服饰、化妆品和奢侈品也驰名于世。

法国人素来爱饮酒，他们爱喝葡萄酒、苹果酒、白兰地、威士忌、杜松酒等。除非餐桌上有烟灰缸，否则别抽烟。法国人不仅在用餐时，而且在平时也有喜爱喝咖啡的习惯。他们通常爱用大杯喝有香味的浓咖啡。因而，尤其在巴黎宽敞的林阴大道边，热闹的露天咖啡座比比皆是。

法国人在贸易谈判中被认为有如下一些特点：立场极为坚定；坚持在谈判中使用法语；明显地偏爱横向式谈判。这也就是说，他们喜欢先为协议规划出一个轮廓，然后再达成原则协议，最后确定协议上的各个方面。他们都具有戴高乐式的依靠坚定的“不”字以谋取利益的高超本领。

法国人爽朗、热情，比较幽默、诙谐，喜欢交谈，特别爱好音乐、舞蹈。他们即使明天要奔赴战场，今天还要参加跳舞晚会，大家欢乐一番。

商务活动在圣诞节及复活节前后两周不宜往访。7 月 15 日至 9 月 15 日为当地人度假期。饮水安全，法律规定：不可饮的水均标明。入关可携香烟 400 支或雪茄 100 支，或烟草 500 克，酒 2 瓶，限携法郎 5000 以下出境。入境外汇不限，先申报，可携出。

9.2.3　德国

德国位于欧洲的中部，官方语言是德语，主要宗教是基督教和天主教，德国有经济巨人、啤酒之国、香肠之国、运河之国等美称。现实行内阁制共和政体。

德国还是世界四大食品出口国之一，其中酒远销 140 多个国家。德国人喝酒也是世界有名的，他们有个规矩，吃饭时应先喝啤酒，再喝葡萄酒，要是反过来就认为是有损健康的。

世界上喝酒最多的是欧洲人，而在欧洲人中又首推德国人。

德国人一般早晨起得比较早，早晨7点左右，大街上就已熙熙攘攘，人们忙着购买食品。他们还比较注意购置家具、布置家以及衣着的享受。他们平时还是较节约的，但在一年一度的旅行期间，则希望尽可能地享受一番。

德国商人的礼俗，宜穿三件套西装。往访北部，戴帽子更佳。当地可快印英、德文对照名。上午10时前，下午4时后，不宜订约约会。营业时间，每周5天工作日，通常早晨9时至下午5时，中间有1小时午餐时间，一些商店星期六开业，银行周末都休息。8月份是多数工、企业的夏季休时间。

德国商人不愿浪费时间，所以宜先熟悉问题，单刀直入。如果你就邀到德国人家中做客，通常宜带鲜花去，鲜花是送女主人的最好礼物，但必须要单数，5朵或7朵即可。德国占全世界花卉年消费总值的20%多，堪称世界上最大的花卉市场。在五彩缤纷的万花丛中，德国人尤其喜欢矢车菊，视它为国花。白鹳是德国的国鸟。白鹳是候鸟，喜欢在屋顶或高大的树上筑巢。当地人把白鹳筑巢看成吉祥之兆。

应邀到德国人家中做客，千万别带葡萄酒去，因为此举足以显示你认为主人对选酒品味不够好。威士忌酒可以作礼物。餐后，喝完咖啡如果桌上根本没有烟灰缸，那就忍着，别吸烟。德国人甚至从国家意识出发，视浪费为“罪恶”，讨厌凡事浪费的人，所以，一般人都没有奢侈的习惯，与德国人相处，务必遵守这个习惯。

德国人的口味较重，偏油，主食以肉类为主。最重视的是晚餐，主食大多为炖的或煮的肉类，其肉食品以羊肉、猪肉、鸡、鸭为主，但是，他们大多数人不爱吃鱼，只有北部沿海地区少数居民才吃鱼。他们还爱吃马铃薯、色拉等。德国人吃起马铃薯来简直不厌其多。他们种出来的马铃薯，味道之佳，有口皆碑。德国人之所以拿马铃薯为主食，原因就在这里。

向德国人赠送礼品时，不宜选择刀、剑、剪、餐刀和餐叉。送高质量的物品，即使礼物很小，对方也会喜欢。烈性威士忌比低度威士忌受欢迎。德国人对礼品的包装纸很讲究，但忌用白色、黑色或咖啡色的包装纸装礼品，更不要使用丝带作外包装。此外，在德国，送上一束包好的花，是不礼貌的。

德国人的服饰，民族色彩并不明显。在德国，汽车是人们生活中不可缺少的。人们住得分散，上班、办事、买东西、看朋友，串亲戚都坐车，有高速公路近万公里。总之，自己没有小汽车，在德国生活是非常不方便的。人们注意到，连60岁的老太太出门，也自己开小车。

圣诞节与复活节前后两周勿往访。饮水安全，味佳。邮政局规定，可可粉和“对国家安宁有害”的文学作品一律禁邮。

9.3　美洲一些国家礼仪及习俗

9.3.1　美国

美国，居民主要信奉基督教、罗马天主教，语言为英语，首都华盛顿。美国是世界第一经济大国，又是世界第一贸易大国，现实行总统制共和政体。

美国人不像英国人那样总要衣冠楚楚，而是不大讲究穿戴。他们穿衣以宽大舒适为原则，自己爱穿什么就穿什么。别人是不会议论或讥笑的。春秋季，美国人一般下身着长裤，上身在衬衣外面再穿一件毛衣或夹克，宽松舒适，无拘无束。夏天里穿短裤和着短裙者大有人在。在旅游或海滨城市，男的穿游泳裤，女的着三点式游泳衣，再披上一块浴巾，就可以逛大街或下饭馆了。但正式场合，美国人就比较讲究礼节了。接见时，要讲究服饰，注意整洁，穿着西装较好，特别是鞋要擦亮，手指甲要清洁。

美国商人较少握手，即使是初次见面，也不一定非先握手不可，时常是点头微笑致意，礼貌地打招呼就行了。男性之间，最忌互相攀肩搭臂。美国人谈话时不喜欢双方离得太近，习惯于两人的身体保持一定的距离。一般应保持120～150厘米之间，最少也不得小于50厘米。

在美国，12岁以上的男子有享有“先生”的称号，但多数美国人不爱用先生、夫人、小姐、女士之类的称呼，认为那样做太郑重其事了。他们喜欢别人直接叫自己的名字，并视为这是亲切友好的表示。美国人很少用正式的头衔来称呼别人。正式头衔一般只用于法官、军官、医生、教授、宗教界领袖等人物。尤其是行政职务，美国人从来不以此来称呼。

公私单位访问前，必须先订约会，最好在即将抵达时，先通个电话告知。美国人热情好客，有时仅仅相识一分钟，你就有可能被邀请去看戏、吃饭或出外旅游。但一星期之后，这位朋友很可能把你忘得一干二净。到美国人家去登门拜访，贸然登门是失礼的，必须事先做好约定，就是给亲朋好友送礼，如果他们事先不知道的话，也不要直接敲门，最好把礼物放在他家门口，然后再通知他自己去取。

应邀去美国人家中做客或参加宴会，最好给主人带上一些小礼品，如化妆品、儿童玩具、本国特产或烟酒之类。对家中的摆设，主人喜欢听赞赏的语言，而不愿听到询问价格的话。准时守信，相当重要。美国商人喜欢表现自己的不正式、随和与幽默感。能经常说几句笑话的人，往往易为对方接受。美国商界流行早餐与午餐约会谈判。当你答应参加对方举办的宴会时，一定要准时赴宴，如果因特殊情况不能准时赴约，一定要打电话通知主人，并说明理由，或者告诉主人什么时间可以去。赴宴时，当女士步入客厅时，男士应该站起来，直到女士找到了位子你才可坐下。美国人在招待客人时，大多用焙牛肉、焙鸡肉，因为这些菜式受一般美国人欢迎，既方便又实惠。只要另配上一二种蔬菜、芋类及谷类，如果准备点饭后甜点，就算是大餐了。汉堡包是美国人日常食用的食品，按规定，汉堡包牛肉末脂肪含量不得超过30%。

近年来，美国人的饮酒习惯发生了变化，这同各国消费者饮酒习惯的变化是一致的，即从嗜好烈性深色酒转向非烈性浅色酒。人们越来越习惯于饮用啤酒、葡萄酒和果酒。据统计，世界最大的酒类消费国美国，对烈性酒的消费正在下降，美国流行一种说法“浅色酒比深色酒有益于健康”。

在美国使用商品的商标，都要到美国联邦政府进行登记注册，不然你的商品会被别人冒名顶替。销售的商品最好用公司的名称作商标，便于促销。美国犹太人甚多，要注意当地的犹太人节日。圣诞节与复活节前后两周不宜往访。除6～8月多去度假外，其余时间宜往访。

9.3.2 加拿大

在加拿大，英语和法语同为官方语言，居民主要信奉天主教和基督教（新教），现实行君主立宪制政体，为英联邦成员国之一，并且奉英国国君为本国国家元首。加拿大地广人稀，资源丰富，经济发达，技术先进，为世界发达的工业国之一。加拿大有枫叶之国、万湖之国、真诚的北疆的美称。

加拿大人性格开朗，不保守，重实惠，自由观念较强，行动上比较随便，不太注重礼节。但他们在生活起居方面比较讲究，住房要求整洁、舒适，卫生设备齐全。在生活习俗上受宗教的影响也较大。他们通常都很忌讳“13”这个数。在他们举行的宴会上，一般都是双数的席次。他们喜欢过圣诞节，节日中，火鸡和丁香是他们不可缺少的菜肴，节日活动的内容则与欧洲其他国家相似。

1921年11月21日加拿大政府在制定国徽时，建议红、白两色代表国家的颜色，此建议得到英王乔治五世的采纳，并由他宣布确认。枫树是加拿大的国树，是加拿大民族的象征。在1860年韦尔斯王子访问加拿大时，人们就用火红的枫叶图案进行装饰，以欢迎王子的光临。此后，枫叶的标志就被广泛应用，也为世界所周知。

加拿大的商人中，90%为英国和法国后裔。大体而言，属于保守型，不喜欢产品的价格上上下下，经常波动。在加拿大做生意时，应该因人种而变换手法，否则，难免是要吃亏的。例如，和英国后裔商谈时，从进入商谈到决定价格这段时间，是很艰苦的。一会儿，卡死在这个问题上，一会儿，又卡死在那个问题上。就这样，慢慢地走向目的地，所以，商谈很费时间。但是，一旦签订了契约，就稳如泰山了。这一点是可以放心的。法国后裔则恰恰相反，他们非常和蔼可亲，容易接近，对客人很亲切，犹如款待远道而来的客人，无微不至。但是，一旦坐下来，正式进行商谈时，就判若两人，讲话慢吞吞的，难以捉摸。所以，要谈出一个结果来，是很费劲的。因此，签订了契约之后，也仍旧会有不安。

按照加拿大商务礼俗，宜穿保守式样西装。一般而言，加拿大商人颇保守，你的销售宜在上班时间，以正式方式提出，态度谨慎，美国与加拿大之间正逐年放宽贸易限制，此事对加拿大经济有利有弊，因边界放松，美加经济上的分工合作，终将实现。去魁北克省，与法裔加拿大人谈生意，如能说几句法语，有意想不到的好处。

加拿大人不像美国人那样随便，大部分招待会在饭店和俱乐部举行。如果应邀去加拿大人家里做客，可以事先送去或随身携带上一束鲜花给女主人。但不要送白色的百合花，在加拿大，白色的百合花只有在葬礼上才用。

加拿大人不喜欢外来人过分地把他们的国家和美国进行比较。加拿大人喜欢外来人谈有关他们的国家和人民的长处。

9.3.3　巴西

巴西，是南美洲面积最大人口最多的国家，巴西是世界上种族融合最广泛的国家之一，被人们称为“人种的大熔炉”，日本一些企业转到这里，大批日本人在巴西落了根，日本移民及后裔有 70 多万，它是一个天主教国家，首都巴西利亚是新兴的现代化城市，曾获得“世界建筑博览会”的称号。官方语言为葡萄牙语，其他南美洲国家以西班牙语为主。英语只能在一流饭店才行得通。在圣保罗，日裔人口很多，到东洋街去的话，日语可以通行。巴西一词，来源于葡萄牙语，意即“红木”。巴西有宝石之国、可可王国、咖啡王国、天然橡胶国之称。现实行总统制共和政体。

巴西商人的商务礼俗，饮食上习惯以吃欧式西菜为主，但有的人也喜欢吃中国菜。巴西人性格开朗豪放，待人热情而有礼貌。他们的风俗也颇有趣，如男人喜欢在自己的胸前画一只虎，以表示英勇。或者在胸前画一支箭，表示自己是最好的射手。他们还把一种稀有的“金桦果”视为幸福的象征。

在巴西，紫色表示悲伤，黄色表示绝望。他们认为人死好比黄叶落下，所以忌讳棕黄色。

另外，还认为深咖啡色会招来不幸，所以，非常讨厌这种颜色。在巴西，巴西人不羞于表露感情，人们在大街上相见也热烈拥抱，无论男女，见面和分别时都握手。妇女们相见时脸贴脸，用嘴发出接吻时的声音，但嘴不接触脸。

商务访问时，宜穿保守式样深色西装。无论访问政府机关或私人机构，均需事先订约。和巴西商人进行商务谈判时，要准时赴约。像大部分拉美人一样，巴西人对时间和工作的态度比较随便。和巴西人打交道时，主人不提起工作时，你不要抢先谈工作。随时记住，你的言谈举止，宜保持友好。谈话时要亲热，要离得近近的。巴西人特别喜爱孩子，谈话中可以夸奖他的孩子。巴西的男人喜欢笑，但客人避开涉及当地民族的玩笑。对当地政治问题最好闭口不谈。

在巴西人家里做客后的第二天，应托人给女主人送一束鲜花或一张致谢的便条。鲜花千万不能送紫色的，紫色是死亡的象征。巴西有个规定，要进入私人的土地或住处，必须先获得主人的准许。如果被问了三次而仍不回答，对方可以举枪射击。

巴西人的生活跟咖啡有不解之缘，一天内喝个数十杯咖啡是常见的事。巴西人会见客人时，请客人喝浓咖啡，用很小的杯子一杯一杯地喝。巴西是由欧洲人、非洲人、印第安人、阿拉伯人以及东方人等多种民族组成的国家，但核心是葡萄牙血统的巴西人。另外，由于从西班牙、意大利等南欧国家来的移民，在巴西占压倒的多数，因此，巴西人的习俗和葡萄牙、南欧的习俗非常相似。在饮食上，最爱吃牛肉，尤其爱吃烤牛肉。巴西人的特点是以大米为主食，喜欢在油炒饭上，撒上蕃芋粉，再加上类似花菜豆的豆一起食用。过去，巴西人不喜欢食用菜，自外来移民种植了大量的优质菜后，巴西人的家庭餐桌上变得丰盛起来了。吃鱼在巴西人当中还没有完全普及，通常只是在星期五和复活节时有吃鱼的。然而，他们都喜欢吃虾，不过价钱很贵。注意，巴西晚餐时间早则 8、9 点开始，晚则于午夜 12 点开始。

“Ash Wednesday”是巴西最著名的狂欢节——嘉年华会最后一日。事实上，在该日前后一周，巴西商业活动几乎完全停顿，此期间应避免前往。12 月至次年 2 月为当地“暑假”度假期，其他时间宜往访。

另外，巴西的印第安人有一种习俗颇有趣。洗澡和吃饭是他们生活中最重要的内容。若有人到他们家中做客便邀请客人一起跳进河里去洗澡，一次又一次，有的一天要洗上十几次。据说，这是他们对宾客最尊敬的礼节，而且洗澡次数越多，表示对宾客越客气、越尊重。

9.4　非洲及大洋洲一些国家礼仪及习俗

9.4.1　埃及

埃及地跨非、亚两洲，伊斯兰教是国教。埃及人正直、爽朗、宽容、好客。国语是阿拉伯语，现实行总统制共和政体。

按照埃及的商务礼俗，穿保守式样的西装。无论是拜访公司或朋友，都要提前订好时间。埃及人对专访的客人甚表重视，即使是不速之客，他们也会给予热情招待。但在同商人洽谈生意时，往往却需要耐心等待一段时间，他们主要是想多了解一些对方的情况。在埃及从事活动，持有阿文和英文名片均可，但英阿文对照的名片更方便，当地二三天内即可印好。

埃及进出口业及银行业均已实行国有化，自从实行经济开放政策以来，对外贸易的主要对象逐渐转向西方发达国家，如美国、意大利、法国、日本等。按照埃及最近的规定，进出口业可由政府与民间共同经营，但像棉花、大米、小麦和食油这类商品只能由政府经营。这些进出口贸易公司的官员均会讲英语，商界搞招待，一般都很豪华。但埃及商人同政府官员不同，他们时间观念较差，时常不按照约定的时间到达。

埃及人通常不愿吃用酵母蒸出来的平圆形面包。在口味上，一般喜欢清淡、香甜、不油腻的食品。他们习惯用自制的甜点招待客人，客人如果是谢绝一点也不吃，会让主人失望也失敬于人。他们在用餐时，通常不喜欢互相交谈，否则会被认为是对神的一种冒犯行为。晚餐在日落以后和家人一起共享，所以在这段时间内，有约会是失礼的。

埃及伊斯兰教徒有个绝不可少的习惯：一天之内祈祷数次。埃及人习惯用右手就餐，认为左手不洁净，不但不能用左手与他人接触，更不能用左手给别人递送食品或其他物品。埃及人一般都遵守回教教规，忌讳喝酒，但可大量饮茶。他们有饭后洗手、饮茶聊天的习惯。他们还习惯喝一种加入薄荷、冰糖、柠檬的绿茶。决不吃猪狗肉，也禁止谈论猪狗事。不吃虾、蟹以及鳝鱼等鱼类。

男士不要主动和妇女攀谈；不要夸人身材苗条；不要称道埃及人家里的东西，否则会认为你在向他索要；不要和埃及谈论宗教纠纷、中东政局及男女关系。

在埃及，一到了下午 3 至 5 点之后，人们大都忌讳针。商人决不卖针，人们也不买针，即使有人愿出 10 倍的价钱买针，店主也会婉言谢绝，绝不出售。

通常在埃及人面前尽量不要打哈欠或打喷嚏，如果实在控制不住，应转脸捂嘴，并说声“对不起”。埃及人讨厌打哈欠，认为哈欠是魔鬼在作祟。一个人打哈欠，如同犯罪似的急忙说：“请真主宽恕。”而打喷嚏认为不一定是坏事，一个人如果在众人前打喷嚏，则说：“我作证：一切非主，唯有真主。”而旁边的人说：“真主怜爱你”。他接着说：“真主宽恕我和大家。”

埃及人称亲吻为“布斯”。嘴对嘴的接吻局限于情人和夫妇之间，而且在公开场合是禁止的。据报道，曾有一对热恋中的青年男女，在公园中情到浓时禁不住拥抱亲吻，恰好被警察看见，被带到警察局，在交付罚款后释放。夫妻一方出远门，在车站或机场送别和迎接时，丈夫只能吻妻子的脸颊。有一种吻可译为“吹吻”，方法是将右手掌张开，用嘴向手掌吹一口气，把“吻”吹给远处的人。此外，有表示喜悦感情的吻，如儿女考试成绩优异或获奖，父母搂抱儿女，边说："谢谢，谢谢"，边亲吻他们的脸颊。表示尊敬的吻，则是吻手背，儿女对父母、弟弟对兄长，年轻人对长者、地位低的人对地位高的或有权势威望的人往往吻手背。

在埃及，进伊斯兰教清真寺时，务必脱鞋。埃及人爱绿色、红色、橙色，忌蓝色和黄色，认为蓝色是恶魔，黄色是不幸的象征，遇丧事都穿黄衣服。也忌熊猫。喜欢金字塔形莲花图案。禁穿有星星图案的衣服，除了衣服，有星星图案的包装纸也不受欢迎，禁忌猪、狗、猫、熊。3、5、7、9 是人们喜爱的数字，忌讳13，认为它是消极的。埃及名胜古迹很多，但有很多地方是禁止外国人拍照的，请多加注意。同埃及人相处谈话时，要多赞美埃及盛产全球闻名的棉花和古老的文明。

到埃及从事商务活动，最好在 10 月至次年 4 月往访。每年回教假日不同，因此行前必须查明。埃及货币为埃镑，埃币禁止进出关。外国货币进出关不限量，但需先报数额。埃及海关有严格的外汇申报制度，一旦有人违反该制度，将受到严厉的惩罚。

9.4.2 澳大利亚

澳大利亚，有骑在羊背上的国家、牧羊之国、坐在矿车上的国家、岛大陆、南方大陆、古老土地上的年轻国家、淘金圣地等别称。居民中主要信奉基督教、罗马天主教。澳大利亚为英联邦成员国，英国女王为澳大利亚国家元首。

澳大利亚人时间观念很强，会见必须事先联系并准时赴约。他们待人接物都很随便，如果你应邀到澳大利亚人家做客，可以给主人带瓶葡萄酒，最好给女主人带上一束鲜花。

在悉尼和墨尔本随时宜穿西装。在布里斯班，当地商人习惯穿衬衫、打领带、穿短裤。不过，初次见面时，仍不妨穿西装。拜访商界或政府办公室，须预先约会。很多生意是在酒吧中做成的。如果你提议喝一杯，通常由你付账，不可各自付账，除非事先说好。

澳大利亚人在饮食上习惯以吃英式西菜为主，其口味喜清淡，忌食辣味菜肴，有的人还不吃酸味的食品，他们的菜肴一般以烤、焖、烩的烹饪方法居多。他们在就餐时，大都喜爱将各种调味品放在餐桌上，任其自由选用调味，而且调味品要多。澳大利亚的食品素以丰盛和量大而著称，尤其对动物蛋白的需要量。他们通常爱喝牛奶、喜食牛羊肉、精猪肉、鸡、鸭、鱼、鸡蛋、乳制品及新鲜蔬菜。他们爱喝咖啡，吃水果。

澳大利亚人有个绝对无法通融的习惯：那就是每周日上午，一定到教堂听道。澳大利亚人自古至今，一直严守"周日做礼拜"的习惯。一般欧美人士，周日一清早就去打高尔夫球，有时候，还利用打球的时候，大谈生意。亿万元的合约，往往在场上就“一言为定”了。可是你想在澳洲人身上来这一招，保证不管用。因此，要避免在周日上午约他们出来打球。

澳洲人沉着者居多，且都不喜欢生活环境搅乱。但是，因居民是不同国籍的后裔，而有微妙的差异。比如，和英国后裔商人进餐，而在餐中提起生意时，他们是不会理你的。相反，美国后裔商人，就可以边吃边谈生意，而且，还会谈得很起劲。此外，遇有商谈时，对方出来接谈的人，一定都是有决定权的人。因此，我方也应该派出同样的、具有决定权的人。否则他们会不高兴，甚至不理你。这是因为他们很重视办事效率，不愿把时间浪费在不能决策的空谈上。同样，在商务谈判时，不喜欢先打开高价，再慢慢减价，尽力避免在讨价还价上浪费时间，与澳厂商谈生意时，对方在价格上往往不太计较，但对产品质量要求相当严格，一旦发现质量问题，对方将不客气的提出索赔。

澳大利亚的商务活动大多在小酒店进行。要仔细记住那一顿饭由谁付钱，付钱过于积极或忘记付钱，都是不好的。不过，不要以为一起喝过酒，生意就好做了。澳大利亚员工下班时间一到，就会即刻离开办公室。

在澳大利亚，人们相见时喜欢热情握手，彼此以名相称。澳大利亚人喜欢和陌生人交谈，特别是在酒吧，总会有人过来主动和你聊天。互相介绍后或在一起喝杯酒后，陌生人就成了朋友。

商务活动最好于 3～11 月去访。12 月至次 2 月为休假期。圣诞节及复活节前后一周不宜去访。

典型案例

国内某家专门接待外国游客的旅行社，有一次准备在接待来华的意大利游客时送每人一件小礼品。于是，该旅行社订购制作了一批纯丝手帕，是杭州制作的，还是名厂名产，每个手帕上绣着花草图案，十分美观大方。手帕装在特制的纸盒内，盒上又有旅行社社徽，显得是很像样的小礼品。中国丝织品闻名于世，料想会受到客人的喜欢。

旅游接待人员带着盒装的纯丝手帕，到机场迎接来自意大利的游客。欢迎词致得热情、得体。在车上他代表旅行社赠送给每位游客两盒包装甚好的手帕，作为礼品。

没想到车上一片哗然，议论纷纷，游客显出很不高兴的样子。特别是一位夫人，大声叫喊，表现极为气愤，还有些伤感。旅游接待人员心慌了，好心好意送人家礼物，不但得不到感谢，还出现这般景象。中国人总以为送礼人不怪，这些外国人为什么怪起来了？

（资料来源：王连义 . 1993. 怎样做好导游工作 . 北京：中国旅游出版社）

思考与练习

一、思考题

思考以上案例，这些意大利游客为什么会生气？

二、练习题

1. 涉外商务礼仪应遵循的基本原则有哪些？
2. 亚洲一些国家商务礼俗的特点是什么？
3. 欧洲一些国家商务礼俗的特点是什么？
4. 美洲一些国家商务礼俗的特点是什么？
5. 大洋洲一些国家商务礼俗的特点是什么？

第 10 章 我国主要少数民族礼仪及习俗

[本章导读]

- 了解我国少数民族在长期历史发展中，所形成的独特的民族特点。
- 理解少数民族特有的民俗习惯、宗教风俗。
- 熟悉少数民族的礼节和节庆日。
- 掌握与少数民族同胞相处时的主要禁忌。

我国是一个统一的、多民族的国家。全国共有 56 个民族，其中汉族人口约占全部人口的 92%，其他 55 个少数民族人口约占 8%。我国约 1 亿少数民族人口主要分布于西部地区。在长期的历史发展中，我国各民族经历了不同的过程，各少数民族在礼貌、礼节、礼仪、饮食、禁忌等方面形成了不同的风俗习惯和文化特点。了解并熟悉这些习俗，对于旅游服务工作人员具有重要的意义。它可以使我们在工作中更加得心应手，为加强民族团结打下坚实基础。现将我国主要几个少数民族的一些主要礼仪习俗简介如下。

10.1 维吾尔族

维吾尔族是我国主要少数民族之一，人口约 720 万，主要居住在新疆维吾尔自治区天山以南地区。语言系阿勒泰语系突厥语族。文字原用阿拉伯字母的拼音文字，共和国成立后创制了拉丁化新文字，现在新旧文字都在使用。居民多信奉伊斯兰教。

从 11 世纪起，维吾尔族就有不少书面文学巨著流传下来，如玉素甫·哈斯·哈吉甫的叙事长诗《福乐智慧》、穆罕默德·喀什葛尔的《突厥语词典》

等都是不朽之作；流传广泛的阿凡提的故事是民间文学的代表；维吾尔族民族乐器有弹拨、吹奏、打击乐等20种之多；舞蹈轻巧优美，以旋转快速和多变著称。“赛乃姆”是最普遍的民间舞蹈形式。正在发掘整理的“十二木卡姆”则是民族音乐的不朽之作。

10.1.1 节庆

肉孜节、古尔邦节和圣纪节是维吾尔族的盛大节日。每逢节日，不分男女老少都尽情地跳起“赛乃姆”（一种群众性的集体舞），家家都吃着香甜的“普鲁”，男女老幼都喜欢戴四棱小花帽，这是维吾尔族持有的标志之一。

10.1.2 习俗

在习俗方面，维吾尔族人居住的房屋是方形的，开天窗，屋顶平坦，可晾晒瓜果和粮食。室内砌实心土炕，高约0.3米，供起居坐卧。墙上开壁龛，内置食物和用具，有的壁龛还精心构成各种几何图案，以石膏作装饰。喜欢在墙上挂壁毯。冬季以火墙取暖，靠墙一边是待客的上座。住房多成院落，方形，大门忌朝西开。庭院十分洁净，多栽花木、葡萄、葫芦及果树。

服饰方面一般都穿棉布衣。男子穿长袍，右衽斜领，无纽扣，用腰带式长方巾扎腰。城市妇女多穿西式短上衣和裙子，农村妇女多穿宽袖连衣裙，外套有色对襟背心。不论男女老少，都喜爱戴四棱小花帽。妇女多喜欢耳环、手镯、项链等装饰品，喜欢画眉染指甲。少女以长发为美，将头发梳成十几条长发辫。婚后一般改梳两条，头上别一新月形梳子作装饰。也有把双辫盘成发髻的。

在饮食方面，面粉、玉米和大米现已成为维吾尔族人民的日常主食。他们喜欢喝奶茶、吃馕，喜食拉面和包子。最具民族风味的食品是烤羊肉串和“抓饭”。“抓饭”以羊肉、羊油、胡萝卜、葡萄干、洋葱和大米做成，是节日和待客不可缺少的食品。除了烤馕和奶茶外，包子、抓饭、点心都离不开果肉、果仁。据说，维吾尔族人每年食用的干鲜瓜果平均达到50公斤至100公斤。

按维吾尔族人的婚俗，男女相爱，先举行订婚礼，再举办结婚典礼。订婚礼比较简单，结婚典礼则十分隆重、热闹。结婚典礼中，先在女方家中举行“迎娶仪式”，由神态庄严的主婚人大声询问男女双方愿不愿意娶（嫁）对方，得到肯定答复后，主婚人则将两小块馕在碗里蘸点盐水，分别赠与二人。新郎、新娘双手接过礼品，当场吃下，表示从此同甘共苦、白头偕老。在男方家最热闹的要数“揭盖头仪式”。仪式于晚宴后在新房里进行，此时年长的客人多已离去，新房内挤满嘻嘻哈哈的姑娘和小伙子，以新婚夫妇为中心，特别是针对新娘，不停地逗笑、嬉戏，直到有人突然将新娘盖头的轻纱揭去。尔后，人们伴着轻快的舞曲翩翩起舞，以示祝福。新娘、新郎也在众人邀请下跳起热情奔放的维吾尔族双人舞。人们欢歌曼舞，直至更深夜阑方尽兴而归。

在丧葬习俗方面，维吾尔族实行土葬，不用棺材。人死后用白布裹尸，用移尸木匣抬到挖好的墓地入葬。人死后的7天、40天和1周年都要举行悼念活动和散“乃孜尔”（请人吃饭、念经的活动）。维吾尔族人对墓地（麻扎）十分重视，不许从墓地上取土，不许在墓地内拉土做肥料。更不许牲畜在墓地内乱跑。

10.1.3 礼节

维吾尔族人十分重视礼貌，在路上遇到尊长或朋友，或平时待人接物时，习惯将右手按在胸部中央，然后把身体向前倾30度，并互道“撒拉木”（你好）。汉族人与维吾尔族人相见时，只要握手即可。

老人吃饭或到别人家做客，常用手摸脸做“都瓦”（一种祝福的宗教仪式），有时握手后也做“都瓦”。

家里来了客人，全家都自觉地跑来欢迎，然后女主人用盆子把茶水端上来。人们端茶和接受物品都用双手，以示尊敬。

讲究卫生，常喜欢在自来水龙头下直接冲洗手脸。到维吾尔族家里做客，进门前和用餐前女主人都要用水壶给客人冲洗双手，一般洗3次。习惯一人专用茶杯，住宿期间也不要更换。当第一次给茶杯时，须当着本人面，将茶杯消毒后才使用。

维吾尔族人热情好客，总是请客人坐在靠大墙的一边，以表示尊敬。吃饭时，客人应跪坐，表示对主人的尊敬。主人一般请客人动手先吃，处于礼貌，客人应回让主人。如果他们送食物给客人，不要坚决拒绝，他们会不高兴，因此，婉言拒绝不行时，要用双手接受，忌用单手接东西。

10.1.4 禁忌

1）禁食猪、驴、狗、骡肉，自死的牲畜一律不吃。

2）吃饭时不能随便拨弄盘中食物，不能随便到锅灶前，不要剩食物在碗中。饭毕有长者领做“都瓦”时，忌东张西望或立起。

3）衣忌短小，上衣一般过膝，裤脚达脚面，最忌户外着短裤。

4）屋内就座时应跪坐。忌双腿直伸、脚朝人。

5）忌睡觉时头东脚西，故在安排客房、安放卧具与枕头时宜特别注意。

6）忌别人随意挪动和翻看他们的东西，忌当面模仿和取笑他们独特的习俗和衣饰。

7）同维吾尔族人在室内交谈，禁忌吐痰、擤鼻涕、打哈欠，尤其是忌讳放

屁。否则，便认为是对人的极大不敬。接拿维吾尔族人送的东西时，要用双手，忌单手，尤其忌左手接拿。

10.2 藏 族

藏族是我国主要少数民族之一，是一个历史悠久的民族，人口约459万，主要分布在西藏、四川、青海、甘肃、云南等地。藏族人民主要聚居的地方是川藏高原和青藏高原，平均海拔4000米。

藏族语言属汉藏语系藏缅语族藏语支。藏文系参照梵文某些字体，于公元7世纪前期形成，3次修订，为自左向右横写的拼音文字，通用至今。藏语方言差别很大，依地区分为藏、康、安多3个方言。藏族主要从事农业和畜牧业，多信喇嘛教。1965年9月9日西藏自治区建立。

10.2.1 节庆

1. 藏历新年

藏历新年是藏族一年中最盛大的节日。藏历正月一日开始，3至5天不等。牧民们相互登门祝贺，互赠哈达，点燃篝火，唱歌跳舞，通宵达旦地尽情欢畅，此外，民间还进行角力、投掷、拔河、赛马、射箭等活动。

2. 休浴节

藏语叫“嘎玛日吉”（洗澡）。在藏历七月六日至十二日举行，历时7天。休浴节传说是观音为救黎民，将仙水倒入西藏的河流溪水里。当夜老百姓在梦中看到一个面黄肌瘦、遍体疮痍的姑娘跳进一条清澈的河水中沐浴后，病态全无，容颜照人。第二天，人们都赶着牲畜到溪河里洗澡，消除了瘟疫。在每年的夏末秋初，人们在河滩草坪树阴下搭起帐篷，围上帷幕，铺上卡垫，老年人在河边洗头擦身，年轻人在河中洗澡游泳，孩子们在水里嬉戏打闹。休浴节的7天中，人们不仅天天来到河边休浴，还要把家里所有的衣服被褥统统清洗干净。所以，沐浴节既是藏族人民所喜爱的传统节日，又是一年一度最彻底的群众性卫生活动。

3. 萨噶达瓦节

西藏喇嘛教纪念佛祖释迦牟尼诞生、圆寂、成佛和文成公主进藏的日子。每年藏历四月十五日在布达拉宫后面的龙王潭畔举行，后逐渐演变成为游园和预祝农牧业丰收的群众性节日。

4. 驱鬼节

藏历十二月二十九日。这一天，各地寺庙要举行一次盛大的跳神活动，家家户户扫净灰尘，将房屋布置一新。人们认为新年将到，一切妖魔脏物必须清除，以求新年风调雨顺、人寿粮丰。

5. 酥油灯花节

每年五月十五，西藏、青海等各地寺庙的喇嘛及民间艺人用酥油捏成各式各样的灯架，将五彩缤纷的花灯挂在街上。夜幕降临，街道上花灯闪烁，人们游走于灯海之中翩翩起舞，通宵达旦。

除上述节日之外，藏族还有以“酸奶宴”和演藏戏为主的雪顿节、前藏地区为纪念释迦牟尼及转回谛法轮之期的朝山节、西藏人民渴望丰收的传统节日望果节，以及妇女们的节日仙女节等。

10.2.2 习俗

农区及城镇的藏民均居住平顶立体、墙厚窗小门也小的房屋，这是对青藏高原日温差大、多风雪气候的适应；牧区一般住帐篷。

藏民男子穿开右襟长袍。平时喜欢袒露右臂；女子则穿无袖长袍，内着长衫，腰系围裙。牧区男女常年着无里羊皮长袍，盛装的藏族姑娘如图10.1所示。

图10.1 藏族姑娘

藏族的主要食物和饮料是肉食、奶制品、酥油和青稞酒。主食是炒面，酥油是藏族人非常喜欢的饮料。一般不喜欢吃稀饭、肥肉和蔬菜，农业区的藏民也吃大米、蔬菜和面食。大部分人饮酒和吸烟。此外，就餐的餐具也很简单，只用一把小刀和一只木碗，吃肉食品习惯用手抓着吃。

藏族人对客人必以酥油招待，按当地习惯，客人把杯中茶喝光，表示不想再喝了，如果剩下一点，则表示要继续喝。

藏族人能歌善舞，男性动作朴实、粗犷、憨厚；女性的舞姿优美、细腻、轻柔。综合艺术“热巴”舞以及民间舞蹈“锅庄”和“弦子舞”颇为出名。

藏族婚姻一般经历如下步骤：第一步，合婚，双方认识，僧人算命，看是否吉祥。第二步，求婚，一般由男方或女方请亲友或媒人带一条哈达和一些酒到对方家中正式提出。若对方同意，则收下礼物，并顺敬一条哈达，托来人带回。第三步，订婚，男方向对方赠送礼品和一笔钱后制定婚约，摆酒宴庆贺。第四步，迎娶，选择吉日迎娶。迎娶新娘（新郎）时，亲友们天亮前牵马赶赴对方家。将新人迎接过来，由亲友们引入内室，向新人献哈达、送贺礼心示祝福。新婚之后

3个月或6个月，新娘或新郎偕同配偶返回自己老家小住，相当于内地的“回门礼”。

藏族的葬礼分为：塔葬——地位最高的喇嘛教人士、火葬——地位较高的喇嘛教人士、天葬——用于一般农牧民、水葬——经济条件差的农牧民、土葬——适用于患有传染疾病的人。

10.2.3 礼节

1. 敬献哈达

敬献哈达（哈达是一种白色礼巾，释为仙女身上的飘带，以其洁白无瑕象征至高无上）是藏族人对客人最普遍而又最隆重的礼节。所献哈达越长越宽，表示的礼节越隆重。对尊者、长辈，献哈达时要双手举过头顶，身体略向前倾，将哈达捧到座前；对平辈，只要将哈达送到对方手中或腕上即可；对小辈或下属，则系在他们的颈上。不鞠躬或单手送都是不礼貌的。接受哈达的人通常做与献哈达的人一样的姿势，并表示感谢。

2. 青稞酒、酥油茶

客人到藏族家庭做客，主人要敬青稞酒3杯。无论客人会不会喝酒，都要用右手无名指蘸酒弹一下。如客人不喝不弹，主人会立即端起酒边唱边跳，前来劝酒。如客人酒量小，可喝一口，就让添酒，连喝两口酒后，由主人添满杯，客人一饮而尽。这样，客人虽喝得不多，主人也会满意。

按藏族规矩，主人敬献酥油茶时，客人不能拒绝，至少要喝3碗，喝得越多越受欢迎。敬酥油茶的礼仪是；客人坐在藏式方桌边，女主人拿一只镶银边的小木碗放在客人面前，接着提壶（现改为热水瓶）给客人倒上满碗酥油茶，主客开始聊天，等女主人再提壶，客人便可端起碗来，轻轻地往碗里吹一圈，然后呷上一口，并说些茶打得好之类的话；等女主人第三次提壶时，客人呷上第二口；客人准备告辞，可多喝几口，但不能喝干，碗底一定要留下点漂酥油花的茶底。

3. 致礼方式

藏民见到长者、平辈有不同的鞠躬致礼方式。见到长者或尊敬的人，要脱帽弯腰，帽子拿在手上，接近于地面；见到平辈，头稍稍低下即可，帽子可以拿到胸前，这时的鞠躬只表示一种礼貌。在有些地区，合掌与鞠躬同时并用，合掌要过头顶，表示尊敬，这种致礼方式多用于见到长者或尊敬的人。藏族自古就有敬老的美德，在许多节日里，都有向老人祝拜的习惯。藏民在见面打招呼时，还以点头吐舌的方式表示亲切问候，受礼者应微笑点头示意。客人拜访时，藏民等候在帐外，目迎贵宾光临。

10.2.4 禁忌

1）凡行人碰到寺庙、金塔、嘛尼堆和龙树时，都必须下马，并遵守从左边绕行的规定。信仰本教的人则从右边绕行。

2）进入寺庙，忌讳戴眼镜、吸烟、摸佛像、翻经书、鼓钟鼓。对喇嘛随身佩带的护身符、念珠等宗教器物更不得动手抚摸。进入寺庙要肃静，必须就座时，身子要端正，切忌坐活佛的座位。

3）不许在寺院附近砍伐树木、大声喧哗；不准在附近的水域捕鱼、钓鱼，不准在附近打猎和随便杀生。

4）不准用单手接、递物品；主人倒茶时，客人须用双手把茶碗向前倾出，以示敬意。

5）不得在藏民拴牛、拴马和圈羊的地方大小便；不得在人面前随便吐痰、脱鞋、脱袜；不得当人面烘烤鞋袜和裤子，不得在藏民面前打喷嚏。

6）不得动手摸弄藏民的头发和帽子。

7）不得用有藏文的纸当手纸或镲东西。

8）进入藏民帐篷后，男的坐左边，女的坐右边，不能坐错位置或混杂而坐。

9）藏民家里有病人或妇女生育，门前都作了标记。有的在门外生一堆火，有的在门口插一树枝或贴一红布条，外人见到标记切勿进入。

10）藏民一般不吃鱼虾、鸡肉和鸡蛋，不过这类习惯现已有很大改变。

10.3 蒙古族

蒙古族在我国是主要少数民族之一，主要居住于内蒙古自治区、其他分布于黑龙江、辽宁、吉林、甘肃、青海、新疆、宁夏、河北以及河南等地，拥有入口约480万。蒙古语属阿勒泰语系蒙古语族，分内蒙古、卫拉特、巴尔虎布利亚特3种方言。蒙语文字最初是在回鹘文字的基础之上创制的。蒙古族人多信喇嘛教。长期以来主要从事畜牧业，也从事半农半牧业和农业。内蒙古自治区于1947年成立。

10.3.1 节庆

1. 大年

蒙古族叫过春节为过大年，农区与汉族相仿，牧区另有自己的特色。大年前家家户户都要置办送亲友的礼物，清扫蒙古包，制作新的蒙古袍、蒙古靴，购置奶桶、毡子、锅盆等用具。从年三十到初五是最欢乐的几天。年三十晚上，全家老小围坐在摆满香喷喷食物并供有祖先名字的矮桌旁“守岁”。午夜，开始饮酒进餐。首先，儿女们要给父母和长辈敬酒祝愿，全家要多吃多喝，剩得越多越好，象征新的一年里吃穿不愁。唯有黄油、红糖、白面混合烙出的大圆饼（新年饼）每人只吃一口，意思是全家永不分离，永久团圆，永远过着甜甜蜜蜜的幸福生活。蒙古族讲究熬年。三十晚上，蒙古包灯火辉煌，马头琴声和歌声不断。通宵达旦。蒙古族拜年一年拜一次，也有拜两次的。初一，天还未亮，男女老少都换上新的服装，晚辈给双亲和老年人叩头、献哈达、敬酒。老人们斟上满满一碗奶，祝愿子女幸福。有些还要全家到寺庙向喇嘛叩头，求活佛保佑。新春期间，男女青年跨上骏马，带上哈达、美酒等礼物。三五成群，挨个地给亲友拜年。拜年途中，男女青年常常利用这个机会赛马，互相追逐，气氛热烈欢乐。

2. 小年

农历腊月二十三日为小年，蒙古族对火神十分崇敬，认为火神可以赐予人们幸福与财富，把 3 天叫‘日火”，30 天叫“月火”，360 天叫“年火”。小年正是送火神爷的“年火”日子，因此特别热闹。这天，要在“灶神”龛前烧香，贡献牛羊肉、黄油、奶皮、糖果等食物，名为“灶祭”，全家团聚欢乐。晚上，把事先准备好的草或兽粪用火点着，再从各种供品中取一点，投进火堆，全家老少对着火焰向火神爷祷告，名为送灶神。

3. 敖包祭祀

敖包是蒙古语译音，也叫“鄂博”，是堆子的意思，即人工积成的石堆、土堆，在圆坛之上堆积石头为台，台基上面分成大、中、小 3 层，重叠成圆锥体，周围涂白土，高几十米。形似烽火台，远望又如尖塔。祭敖包的时间，多在水草丰茂的季节。届时，敖包上插树枝，上挂五颜六色的布条或纸旗，旗上写经文，并请喇嘛来焚香点火、诵经念咒。官民一起围着敖包，从左向右走 3 圈，祈神降福。祭祀礼仪大致有血祭——宰杀自己喂养的马、牛、羊，供奉在敖包之前；酒祭——将鲜奶、奶油、奶酒一滴滴洒在敖包前；火祭——在敖包前点燃干柴堆或动物粪便堆。各户走近火堆念自家姓氏，供上祭品，把“布呼勒马哈”（羊肉丸子）投进火里。火越烧越旺；玉祭——以玉为供品，现在一般用硬币或炒米等物替代玉。敖包礼仪结束后，要举行传统的骑马、摔绞、射箭、唱歌跳舞等娱乐活动。此后，参加娱乐活动的人开怀畅饮，男女青年往往借此机会相见，登高远游，互相追逐，诉说衷肠。

4. 那达慕

每年 6 月至 9 月份的牧闲季节，蒙古人在草原上举行盛大的民间体育娱乐活动，称那达幕大会。届时，周围 50 公里至 100 公里的牧民都驱车乘马赶来聚合。那达幕的主要项目为：

1）骑马——参赛者年龄不限，有少年儿童、青壮年，也有老年人。参赛者身着华丽彩衣，头系红绿绸飘带，马不着鞍，人不穿靴袜。比赛开始，参赛者跃马竞驰，争先恐后。沿途观众欢呼，声震原野。

2）摔跤——蒙古式摔跤是站着摔，一上来就互相抓握，膝盖以上任何部位着地都为失败。报名不分民族、地区，不限年龄，不限体重。比赛时，由裁判安排对手，实行单淘汰制，一局定胜负。摔跤手的服装上衣用牛皮制成，上边钉满银钉或铜钉，后背中间有圆形眼镜或吉祥之类的字，下身穿肥大白裤，外套绣有各种动物和花卉图案的套裤，腰间系有红、蓝、黄3色绸子做的围裙，脚蹬蒙古靴或马靴。比赛场地简单，只要有一片草坪或松软空地。就可进行比赛。

3）射箭——分静射和骑射两种。弓箭的式样、重量、长度、拉力都不限，一般规定每人射9箭，分3轮射完，以中靶的多少评定名次；骑射跑道为4米宽、半米多深、85米长的一条沟。靶位设3个，第一靶在两米高的木架上挂一个0.3立方米的彩色布袋，第二靶是一个约0.3立方米的白色布袋，第三靶是一个等边三角形的白色布袋。第一、二靶位在射手左侧，第三靶位在右侧。射手身着紧身彩袍，背上弓箭，乘马到起跑线。当裁判员发令后。便开始起跑，抽弓射箭，当射中某环时，环把便自动脱落，观众不断喝彩助威。

除上述活动之外，那达慕大会还是物资交流大会。

10.3.2 习俗

在习俗方面，蒙古族居住的房屋大体上分4类：

1）喇嘛庙宇，一般选择在风景优美的地方，砖瓦木石，结构类似清代宫殿。

2）王爷府第，王公贵族居住的地方，和喇嘛庙一样壮观。

3）蒙古包，砖块木料构成，为草原牧民主要住房。

4）汉式房屋，为牧区、半农半牧区人居住。

蒙古包分为用于牧区的可移动式蒙古包和半农半牧区使用的固定式蒙古包。“勒勒车”是蒙古人主要的传统交通工具，用以拉水、搬家、运送燃料及婚丧嫁娶。车轮直径1.45米，轴轮多用桦木做成。

蒙古族服饰大体分为首饰、长袍、腰带和靴子4个主要部分。首饰十分讲究，逢年过节、探亲访友、喜庆宴会时穿着用珍珠、玛瑙、宝石、金银装饰的首饰，平时牧区女子多用红、绿等长绸带把头缠上。男女冬季多戴尖顶大耳的羊皮帽，夏日多戴前进帽。蒙古人不分男女老幼都喜穿长袍。这种袍子宽大袖长，下端左右不分岔，领子较高，纽扣在右侧。领口、袖口、边沿常用漂亮的花边点缀。男子喜欢蓝色、棕色；女子喜欢红色、绿色、紫色。夏季穿颜色较浅的单夹袍；冬季穿老羊皮做的深色袍子。腰带是穿蒙古袍时所必备的，通常用布料或绸缎做成。靴子分布靴和皮靴两种；布靴由厚布或帆布制成，柔软轻便；皮靴用牛

图 10.2　蒙古舞

皮、马皮或驴皮制成，便于防寒防水。牧民四季离不开蒙古靴。蒙古舞热情、奔放，如图 10.2 所示。

蒙古族在饮食方面，牧民以牛羊肉和奶酪品为主食，城乡居民以米面为主食。面食喜欢做成包子、饺子、蒙古面饼等。一般每日三餐，早餐为奶茶、馍馍和酥油，午餐一般，晚餐多吃肉。喜欢饮用砖茶沏泡的浓茶，喜欢喝烈性酒。

蒙古族的婚姻习俗为：一夫一妻，同一血缘男女不能成婚。旧时婚姻多由父母做主，通常由男家派媒人带哈达、美酒等到女家说媒，如女方同意，即可订婚。结婚时，由喇嘛选定良辰吉日。结婚那天，男家在所住蒙古包附近另设一新包。清晨，新郎在媒人、伴郎陪同下，跨上骏马前去迎亲。来到女家，女方的蒙古包闭门不纳，这时伴郎向女方陈述迎娶词。如女方仍不开门，女方伴娘在门里唱民歌发问，伴郎要用民歌对答如流，伴娘才请男方入门。新郎进门先向佛像叩头，再向新娘的父母献哈达、烧酒等礼品，向亲友呈鼻烟壶问安。然后，新娘在送亲的祝酒歌声中乘马围蒙古包绕行 3 圈，向父母姐妹告别，在女家亲友陪送下到新郎家。迎亲路上，男女双方要互相追逐嬉戏，抢先到家。迎亲到家，先在蒙古包外环绕 3 圈，下马后拿着马鞭，双双通过两堆旺火，表示对爱情坚贞不渝，也表示对新人消灾避邪、兴旺发达的祝愿。进入包内，新郎、新娘向佛像和新郎父母跪拜，接着新娘同亲友一一相见，互献哈达、赠品或交换鼻烟壶。礼毕后，紧接着举行宴会款待亲友。

蒙古族葬礼极为简单，一般不设灵堂，没有供品，不穿孝服，不烧纸钱，不给亲友通讣闻。旧时一般请喇嘛念经。葬式大体有野葬——又称天葬，即人死后，用白布裹身，放在荒野里，任狐狼鹰犬鸟兽啄食。野葬后，子孙在 49 天或百日内不剃发、不饮酒、不作乐，遇宾客不寒暄，以示哀悼；火葬——给死者全身缠上白布，涂上黄油，请喇嘛念经超度，然后将尸体投入烈火焚烧。焚烧后，往往拣拾骨灰，和以麦粉，制成人形，存于喇嘛庙的宝塔，或送五台山的灵域，以示成佛；土葬——亦称棺葬，多是农区的葬法，牧区王公贵族也用此法埋葬。

10.3.3　礼节

1）蒙古族传统礼节主要有献哈达、递鼻烟壶、装烟和请安等，现今又增加了鞠躬礼和握手礼。

2）热情好客，在请客人进入蒙古包时，总是立于门外西侧，右手放在胸部微微躬身，左手指门，请客人先行。

3）客人就座后，主人按浅茶满酒的礼俗热情献上奶茶和美酒，并用哈达托着献给客人。

4）招待客人的佳宴有手抓羊肉和全羊席。接待贵宾或喜庆时要摆全羊席，有烤、煮全羊两种。

5）送客时，主人要送客人至包外或本地边界。如骑马，主人还要扶客人上马，并说“再见”或“祝一路平安”等语。当目送客人走出一段后，主人才返回住处。

6）送任何礼品，都要成双成对。送接礼品、敬茶敬酒均要用双手，以示尊重；不应用单手，更不能用左手。

10.3.4 禁忌

1）路过蒙古包时。要轻骑慢行，以免惊动畜群。进蒙古包以前。要将马鞭子放在门外；如带入包内，则被看作是对主人的不敬。进门要从左边进，入包后在主人陪同下坐在右边，离包时也要走原来的路线。

2）出蒙古包后，不要立即上马上车，要走一段路，待主人回去后，再上马上车。

3）主人要躬身端出奶茶，客人应欠身双手去接。

4）锅灶不许用脚踩碰，不能在火上烤脚，否则等于侮辱灶神。

5）蒙古包里有了病人，在包前左侧缚有一条绳子，绳子的一头埋在地下，表明主人不能待客，来访者就不应进门。

6）不吃鱼虾等海味以及鸡鸭的内脏和肥猪肉，也不爱吃青菜和糖、醋、过辣及带汤汁的菜肴。

10.4 其他少数民族

10.4.1 回族

回族是我国主要少数民族之一，人口约860万。7世纪以来，少数波斯人和阿拉伯人久居中国，在与汉、维吾尔、蒙古等族长期相处的过程中形成了回族。现在，宁夏回族自治区集中居住着约1/3的回族人口，其余散居于全国各地，有大分散、小集中的特点。回族语言逐渐习惯于以汉语作为本民族的共同语言，

1. 节庆

中国回族同维吾尔、哈萨克、东乡、撒拉、柯尔克孜、乌孜别克、塔塔尔、保安等民族均信仰伊斯兰教，其节日都与伊斯兰教有关。主要有开斋节、古尔邦节和圣纪节（详情参见第八章中伊斯兰教主要节庆日）。

2. 习俗

在习俗方面，受汉民族文化强烈影响，回族人的衣着已与汉族相近，但仍保留自己的特色。妇女头戴圆口帽，搭盖头，一般把头发、耳朵、脖子都掩盖起来。盖头有少女、媳妇、老妇之分：少女戴绿色的，媳妇戴黑色的，老妇戴白色的。服装为右大襟短上衣，着长裤。年轻人喜欢在前襟、胸前绣花，在衣服上镶色、滚边。男人头戴白色或黑色无沿小帽，又称“礼拜帽”，上着对襟短上衣，穿白长裤、白袜子，喜欢在白衬衣外套坎肩。回族男子很注意胡须的修饰。

回民对肉食的选择比较严格，只吃反刍类的牛、羊、驼肉和食谷类的鸡、鸭、鹅肉及带鳞的鱼类，不食用自死的禽畜和畜血。回民喜食各种富有民族风味的传统小吃，如味美汁浓的清汤羊肉、羊羔肉、牛羊肉夹馍、羊杂碎汤、酿皮、白水鸡、切糕等，爱吃各种油煎食品，最常见的有油香和馓子。馓子条细心空，焦脆香酥，入口即碎。回民家里盖碗茶很有特色，种类有红糖砖茶、白糖清茶、冰糖窝窝茶及“八宝茶”。“八宝茶”里面放有花生、柿饼、红枣、核桃仁、芝麻等脯佐料，揭开碗盖，香气四溢。

回族人举行婚礼前两三天，男方要给女方家送去蒸馍、羊肉，叫“催妆礼”。结婚那天，男方要去接新娘，新娘全家人送亲。新娘被送到男方家门时，新郎要围着喜车转一圈，然后将新娘及全家人迎进大门。从大门到新房门，新娘要由新娘的哥哥或舅舅抱着走进新房。两家客人互道过“色拉日”后，举行念“尼卡哈”仪式。仪式结束后，新娘、新郎进入洞房，新郎揭去新娘红盖头，互相交换礼物，并要用喜糖、核桃、喜枣撒向前来贺喜的客人，称“撒喜”。晚饭后，客人开始闹洞房，由一人当司仪，出点子，让新郎、新娘表演节目。3 天后，新郎陪着新娘“回门”。

丧葬习俗方面，回族实行土葬。出葬前，要洗净全身，叫“着水”，然后用写有经文的大小两块白布（叫“开凡”，女性多用一块）裹身，口、耳、鼻、眼、额头、手脚处要放冰块、麝香。然后移入“塔布匣子”（清真寺内专送亡人的公用木匣），由亲人抬到清真寺，再由阿訇率领送葬者举行“站礼”仪式。仪式毕即抬往墓地。亡人头北脚南，面向西放入洞后，用砖封住洞口（热合提门），然后填平深坑，地面堆成鱼脊形坟堆。入葬时，阿訇诵经，葬后 3 天、7 天（头七）、月斋（1 个月）、“四十”、“百日”、“周年”一般在家请阿訇诵经。主麻日、开斋节、古尔邦节，亲人要到坟上悼念亡人。

3. 礼节

1）尊敬长者。

2）讲究卫生，室内洁净，饭前便后要洗手。

3）阿訇是清真寺主持教务的人，极受穆斯林及回族人的尊敬。当他们在祈祷时，千万不要打扰他们。

4. 禁忌

1）严格禁止用食物开玩笑；不能用忌讳的东西作比喻，如不说某东西像血一样红。

2）禁止在背后诽谤别人或议论他人的短处。

3）反对赌博、游手好闲等。

4）外出必须戴帽，严禁露顶。

5）忌用左手递送物品。

6）忌吃猪、驴、狗肉及凶猛禽兽的肉和无鳞鱼类。

7）谈话时忌讳“猪”字或同音字。

10.4.2　壮族

壮族是我国人口最多的少数民族。人口约达1550万，90%以上聚集于广西壮族自治区的南宁、百色、河池、柳州4个地区其余分布在云南文山、湖南江华、广东连山和贵州从江等地。壮族有本民族的语言文字，壮语属汉藏语系壮侗语族壮傣语文，分南北两个方言。

壮族历史悠久，文化灿烂。宗教方面信仰多神教，以自然物为崇拜对象；祖先崇拜占有重要地位，每家正屋都供奉着“天地亲师”神位，有的还信仰佛教。左江沿岸的花山崖壁画是壮族古代文化艺术精华；壮族人民铸造使用的铜鼓已有2000年历史，素有“铜鼓之乡”的美誉；壮歌久负盛名，定期举办对歌赛歌的“歌圩”盛会；壮锦享有盛誉，以织工精巧、图案别致、色彩绚丽和结实耐用著称；壮族刺绣、竹芒编及“干栏”建筑艺术等名扬远近。

1. 节庆

（1）春节

最隆重的民间节日之一。腊月二十三日起，家家户户开始筹办过节物品。除夕这天全家欢聚，杀鸡杀鸭，煮出初一全天吃的米饭，叫“压年饭”。年三十晚上有守岁习俗。初一大清早，妇女们着新衣新鞋，去河边、山泉、水井挑水，这是汲取新水的习俗。用新水加红糖、竹叶、葱花、生姜煮沸后全家喝，认为可使人变得聪明伶俐。春节期间习惯唱采茶歌、闹锣、舞龙、舞狮、跳打扁担舞、打陀螺、赛球、演戏等丰富多彩、民族特色浓郁的文体活动，整个节日热烈愉快。

(2) 中元节

俗称“鬼节”，是广西各民族都过的一个较大的节日。农历七月十四这天，家家户户杀鸡宰鸭，蒸五彩糯米饭祭祀祖先故人和田公地母。是日不出门、不动土，以求全年平安。

(3) 三月三歌节

又叫歌圩，“圩”意为集市。歌节是广西壮族十分喜爱的传统节日。歌节一般持续3天，地点在离村不远的空地上，以未婚者为主体，其他人也来参加或旁观助兴。有的歌圩参加者可达数万，规模十分巨大。节日清晨，三五成群的青年身穿节日盛装，带上红蛋、绿蛋和五色糯米饭，女青年带着绣球，从四面八方汇集而来，成双结队进行对歌。如果男女双方情投意合，就对起情歌，互相表达爱慕之情。抛绣球、碰红蛋也具有娱乐和定情的双重意义。歌圩期间，不少地方还舞龙、舞狮、表演壮戏及拳术等。

此外，壮族地区还有以祭祀牛神为主要内容的牛魂节、以庆贺鱼汛到来为主要内容的鱼花节、别开生面的以娱乐为主的陀螺节等。

2. 习俗

在习俗方面，壮族住房除与汉族相同外，部分地区居住极具民族特色的“干栏”（又名“麻栏”）式住房，是用木料为柱做成离地面相当高的底架结构，再从底架上建成住宅的一种住房形式。它适用于潮湿多雨、地势不平的南方山区。“干栏”分上、下层和阁楼3部分，上层用于住人，分3开间、5开间和7开间的，底层用作养牲畜、厕所和堆放农具、杂物等。阁楼在最上层，多用于存放粮食。在居住层的四周往往还顺势延伸，另建成望楼、排楼等，以增加房屋使用功能。

图10.3 壮族

壮族服饰民族特色浓厚，男女多穿青布对襟上衣，有的以布帕缠头。妇女多穿无领、斜襟、绣花滚边的上衣，下身着绣花滚边宽脚的裤子或青布蜡染的格裙，腰间束绣花围腰，脚穿绣花鞋，有的头上缠着各式方巾，喜欢戴银首饰。龙州、凭祥一带的壮族妇女喜欢穿无须、斜襟的黑色上衣和黑色宽脚裤子，头上包方块形状的黑帕。壮族妇女特别擅长织布和刺绣，如图10.3所示。

壮族饮食以大米、玉米、薯类等为主食。多喜爱吃糯米饭，节日还做成五色花饭。喜欢饮酒。龙州等地的妇女还有嚼槟榔的习俗，有些地方槟榔仍是待客的必需品。

在婚俗方面，现今壮族人与汉族及其他民族通婚已比较普通。现在大多数地区实行恋爱自由，婚姻自主。有些地方仍保留着“不落夫家”或“坐家”的习俗：婚前恋爱比较自由，结婚后新娘返回娘家居住，逢遇重大节日和农忙时才到丈夫家短暂居住，直到怀孕后才开始长住婆家。壮族青年以抛绣球、打木梢、起歌圩、对歌等方式恋爱择偶。在一些地区，壮族青年结婚至今还有“背字”习俗：结婚那天，女方母亲用自织自染或买的深黑色布做一条长布带，由男方指派“背字”人把这条布带背回新郎家，以备外甥出生时作襁褓用。“背字”仪式在女方家中举行。由村上德高望重、当上爷爷的年长者主待。双方互敬两杯当地名酒后，由长者将布带在“背字”人双肩扎紧，复敬酒道吉利，再鸣放鞭炮欢送。“背字”人出门打开雨伞，寓意庇护“外孙”离开姥姥家。男方要烧香鸣炮迎接“背字”人。“卸字”仪式也由长辈主持，敬过酒后，长辈轻轻解下带子，交由男方母亲保存。一些地方还流行经“炮火”入洞房习俗：新娘到男家，要冲过门口、厅堂、洞房3处“炮火”阵。炮手由七八个男青年担任，手拿成串鞭炮等待新娘到来。当新娘到来时，鞭炮鸣响，构成道道“火墙”，“狙击”新娘通过。洞房前的“火炮”阵是新娘难通过的最后一关。当伴娘和迎娘经过细心“侦察”，乘“炮火”稀疏夹着新娘跳进洞房时，来客顿时欢声雷动，气氛十分热烈。宴会举灯时分，新娘还要在迎娘的指引下摸黑出门“挑水”，把水缸装满，考验新娘能否吃苦。

在丧葬习俗方面，壮族一般实行木棺土葬，与汉族相似。有些地方有“拣骨重埋”的习俗，即人死后埋葬若干年（一般为3年）后，将其遗骨拣出，放入瓦瓮（称金坛）内密封再葬。有的复葬于崖洞内。一些地方儿女为父守孝32天，为母守孝40天。

3. 礼节

1）客人来访，必由主人出面热情招待，让座递烟，双手捧上香茶。茶不能太满，否则视为不礼貌。

2）有客人在家，不得高声讲话，进出要从客人身后绕行。与客人共餐，要两脚落地，与肩同宽，切不可跷起二郎腿。

3）客人告辞时，主人要将另留的鸡肉和客人盘中的余肉用菜叶包好，让客人兜着带回去，给亲人品尝，客人决不能拒绝。

4）用餐时，菜要一次夹起。

5）尊重老人，德高望重的老人自然成为村寨的领袖。办事多听从老人意见。窄路相逢，主动给老人让路。赴宴做客，给老人让上座，要将鸡头等上菜留给老人。

10.4.3 满族

满族历史悠久，满族统治者曾统治全国达295年。现有人口982万，主要分

图 10.4　满族

布在东北三省，其中辽宁省达到 190 万，其余的散居于内蒙古、河北、新疆、宁夏、甘肃和山东等省、自治区及北京、西安、广州、杭州等大中城市。

满族原有自己的语言文字，属阿勒泰语系满一通古斯语族满语文。清代以来，满族在语言、服饰、习俗等方面与汉族差异逐渐缩小。

满族的传统服饰如图 10.4 所示。

1. 习俗

满族的婚姻过去都以父母之命、媒妁之言而定。经过 3 次说媒，如果成功，女方父母要向男方索取彩礼。彩礼全部作为姑娘的财产。结婚时，有送亲车与迎亲车中途相遇换车的仪式。婚礼很有风趣：结婚时，新人过门先不进房，而是在预先搭好的帐篷里坐一会儿，称为“坐帐”或“坐福”，坐的时间为 3 刻钟，意为不忘祖先游牧围猎的艰苦生活。

满族的葬仪也很特殊。人死后要顺着炕铺停放，头冲屋门，脚不过房梁。入棺时，死者不能过门而出，只能从窗户抬出去。以前还有一种习俗：人死后，要在院子西边立一根 5 米高的竿子，上面挂 3 米长的红布或黑布幡。在出殡时，参加葬仪的亲友要抢那块幡布，回去给孩子做衣服，认为这样吉利。

2. 礼节

满族人讲究礼貌，非常注重礼节。平时相见都要行请安礼。遇见长辈，要请安以后才能讲话，以示尊敬。过去，小辈对长辈要三天一小礼，五天一大礼。小礼是请安问候；大礼是“打千”，即单腿跪。男人“打千”：哈腰，左膝前屈，右腿略弯，右手沿膝下垂；女人“打千”：双手扶膝下蹲。最隆重的礼节是抱见礼，就是抱腰接面礼。一般亲友相见，不分男女均行此礼，以表示亲昵。

3. 禁忌

满族忌食狗肉，忌戴狗皮帽子，相传古代有位满族主人在危难之际为义犬所就，世人感恩于义犬，所以有此忌讳。

此外，满族人忌讳随便坐西炕，因为西炕是供奉祖先的地方。

10.4.4　朝鲜族

朝鲜族人口约 190 万，主要居住在吉林省，省内延边朝鲜族自治州及长白山一带，是朝鲜族的主要聚居地，人口约占 60%以上，还有一部分分布在辽宁省和黑龙江省。朝鲜族在中国少数民族中是物质生活较好、文化水平较高的民族

之一。

朝鲜族有自己的文字，语言属阿勒泰语系。朝鲜族的歌舞蜚声全国，歌曲流畅、婉转、明朗，舞蹈舞姿柔软轻盈，既明朗激昂又深沉含蓄，既细腻又大方。朝鲜族酷爱体育，讲究卫生，讲求礼貌。

1. 习俗

朝鲜族有“白衣民族”之称、喜爱穿白衣素服。服装特点是斜襟、无纽扣，以长布带打结。男服裤裆肥大，宜于盘腿而坐，裤角系上丝带，喜欢在上衣外加穿带纽扣的有色坎肩，出访时再加着长袍。现在男人多穿西装。年轻妇女和少女的上衣袖口和衣襟上镶色彩鲜艳的绸缎边，衣裙五彩缤纷、鲜艳夺目。老年妇女喜着索白衣裙，并习惯用白绒布包头。幼儿上衣袖筒多用“七色缎”作料，穿起来似披彩虹。每逢节日，朝鲜族男女老少身着五颜六色的服装。

米饭是朝鲜族人的主食，还有打糕、片糕、冷面等；荤菜喜欢吃狗肉、精猪肉、鸡和各种海味，泡菜和汤是不可缺少的食物，一日三餐几乎离不开这两样东西。饮料方面，一般爱喝花茶、豆浆，男子爱喝酒。

2. 礼节

朝鲜族素有尊老爱幼、礼貌待人的优良传统。老年人在家庭和社会上处处受到尊重。在家庭里，老年人员受敬重，儿孙晚辈以照顾体贴老人为荣。平时，老人的饮食是单独制作和用餐，晚辈不得随意同桌，以示敬重。在父子同桌的机会里，儿子不准当着父亲的面抽烟或饮酒，平常对老人说话要用尊称。老人因事外出或远行时，全家人都要鞠躬送行。路途中遇见老人，须让路且请安。

朝鲜族热情好客，对客人光临十分高兴，倾其所有让客人吃饱吃好。用餐时，饭匙放在汤碗里；如将汤匙放在桌上，则表示吃好了。主人不能先于客人放筷。遇有稀客来临，主人必以酒相待。朝鲜族男子大多喜欢喝酒，并把酒看作友谊的象征。在朝鲜族家里做客，吃完饭后要在碗里剩点食物，如果吃得很干净，会让主人误认为准备不足。

10.4.5 苗族

苗族人口740万左右，主要居住在贵州、云南、湖南、四川等省。苗族自称牡、果雄、模、毛、蒙等。苗语属汉藏语系苗瑶语族苗语支，没有统一文字。

1. 习俗

苗族传统服饰很有特色。男装简朴，一般为对襟大褂，下穿长裤，束大腰带，头缠青色长巾，冬天腿上多缠裹腿。女装为右衽大襟和胸前交叉衣两大类，每类又有众多的式样和盛装、便装之分，下着宽脚长裤。头饰式样繁多，挽髻于头顶，配上各式各样的包头帕，包成尖顶或圆顶。有的把头发绕在支架上高竖于头顶上，别具风格。有的苗族妇女盛装上的银饰重达200两白银。

苗族青年恋爱方式独特，一般在公开的场合，甚至是集体的、按固定的形式进行，这种形式叫“摇马郎”。每逢节日或农闲时，青年男女便会不约而同地聚集到村寨的“马郎场”寻找朋友、谈情说爱。十六七岁就可以参与“摇马郎”。“摇马郎”必须在规定的场所“马郎场”进行，否则会遭非议。苗族妇女也有婚后“不落夫家”的习俗，有的婚后在娘家居住长达数年。

2. 禁忌

在苗族人家里做客，吃饭时，家长会将鸡心、鸭心分捡给客人。此时，客人切忌一人独自食完，而要同在座的老人们一起分享。否则，会被视为不懂礼貌、没出息。

苗族人不吃羊肉和面条，姓龙的苗族人忌食鸡肉。

10.4.6 彝族

彝族人口约660万，主要分布于云南、四川、贵州、广西等省，四川凉山彝族自治州是全国最大的彝族聚居区。彝族有自己的语言和文字，彝语居于汉藏语系藏缅语族彝语支。信仰多神，崇拜祖先。彝族人性格耿朴、豪爽、热情好客，惯以酒待客。

1. 习俗

彝族服饰风格独持，美丽大方。凉山地区男女都穿右斜襟窄袖贴身上衣，袖口、领口和襟边均镶花边。男子下着长裤，有大裤脚、中裤脚和小裤脚之分。头顶留一小块头发，裹以10米多长的青蓝布头帕，前方扎成细小尖锥状“事贴”（称“英雄结”），向前伸出帕外，以示英武。男子以无须为美，左耳戴以红色小珠映衬的黄色大耳环。女子下着多褶长裙，裙缘镶以多层色布，颜色和谐，美观华丽。中、青年女子头覆绣花的瓦式方帕，压以发辫，方帕前端遮住前额，形如帽沿。饰物有发簪、半月形小木梳、耳珠、耳牌、领花、项珠、手镯、戒指及链锁坠等头、胸、背饰。男女都穿“擦尔瓦”，类似披风，下端缀长穗，长可及膝，用羊毛线织成，多为黑色。寒冷时，在“擦尔瓦”内加一件羊毛披毡，十分暖和。

婚俗方面以前有近亲结婚的习俗，现已有所改变。彝族婚俗独具风格。婚期前3天，男方要请几位身强力壮的迎亲人，在新郎兄弟的带领下挑着酒、赶着猪去女家迎亲。这时，女家的人在门后备好几桶水，迎亲人一到，要将他们浇成“落汤鸡”。当他们在室内的火塘边烘烤并与新娘的长辈说话时，又会有人用锅烟灰抹在他们脸上，让他们变成大花脸。中午过后，迎亲者将新娘背到屋外草棚内，由姑娘们为新娘梳妆打扮，换上新衣服。然后，女家设宴招待男方迎亲者。众人酒足饭饱后，摔跤仪式开始。女方的摔跤手先作主方，与男方的摔跤手进行比赛。彝族的摔跤与国际自由式摔跤相近。它不分体重级别，无时间限制，不能用脚绊，双肩着地为输，每对选手只摔1次，没有裁判。为表示友谊，谁也不肯全胜。

2. 节庆

火把节是彝族特有的盛大节日。每年农历六月二十四日前后举行，历时3天。

相传，玉皇大帝在天上看见天下青山绿水、牛羊肥壮，非常生气，命天将去烧毁人间，天将到了人间，看见一切都是劳动人民流汗创造的，不忍心烧毁，于是便托梦给人们，告诉大家只有点燃火把，连烧三天，才能避免灾难。因此，人们家家户户都在门前点燃火把，免除灾难，就有了一年一度的火把节。

人们在火把节里相互走亲访友，野餐聚会，举行摔跤、斗牛、射箭等活动，晚上大家汇集在村头或寨边广场，举行篝火晚会，唱歌跳舞，举着火把汇成一条火龙，在田间、山野奔跑，表示驱除虫害邪恶，以求幸福昌盛。

10.4.7 傣族

傣族人口约100万，主要居住在我国西南边疆的云南省，以西双版纳和德宏两州最为集中。傣族语言属汉藏语系壮侗语族壮傣语支。傣族主要信仰小乘佛教，它渗透到人们经济、文化、社会生活的各个方面，成为带有全民性的宗教信仰。

傣族地区山川秀丽、气候温和、雨量充沛、四季常青，一派热带、亚热带风光，是天然的“动植物王国”、美丽的“孔雀之乡”。傣族人民有丰富的历史传说、宗教经典和文学史诗。叙事长诗《召树屯与楠木诺娜》、《娥并与桑洛》，结构别致、造型优雅的佛寺和佛塔建筑，工艺精美、图案丰富多彩的傣锦，优美的孔雀舞，动听的象鼓和芒锣，欢乐的泼水节，都体现了傣族独特的民族风格和民族文化。

1. 习俗

傣族男子服饰差别不大，一般多穿无领对襟或大襟小袖衫，下着长管裤，白布或蓝布包头，有文身习俗。妇女服饰因地区不同而差别较大：西双版纳地区妇女多穿浅咖啡色紧身小背心，外穿大襟或对襟圆领窄袖短衫，下穿花色长统裙，结发于顶，插梳子，喜戴花，还有的把头发挽成髻拖于脑后。或稍偏于头一侧。德宏地区傣族少女发辫都盘绕在头上，插上花朵或金银等饰物。上着紧身大襟衣，下穿长裤，腰间围有绣花腰带的小围腰，有的还披色彩艳丽的披巾，胸前别

上金银质的龙、凤或花朵等饰物。

傣族婚俗方面，青年男女婚前社交自由。有的地方有晚上吹芦笙“猎少”（串姑娘）的习俗。有的地方实行“串寨子”的恋爱方式。傣历新年，还有“丢包”的习俗；在一片开阔地上，男女青年各站一排，相距约 20 米，互相用内装棉籽的布包对掷。当“丢包”进行到一定时候，大家就有目的地选择对象了，互相中意的一对对掷一气，相约退出活动场地，另避一方谈恋爱去了。缔结婚约要由父母托媒说亲，且彩礼多较重。有的地方因男方一时无力筹措彩礼，形成“抢婚”习俗。

傣族个别地区未婚男女求爱的方式更特别：待嫁的姑娘把鸡煮熟，拿到街上去卖。其实，她卖鸡是假，找对象是真。小伙子们围上来估价，不中意的人出钱再多，姑娘也不肯卖；姑娘如果看中，分文不取，将鸡递给小伙子。然后，双双离去谈情说爱。

2. 礼仪

在礼仪方面，尊老爱幼、团结互助是傣族的传统美德。老人很受尊敬，家庭关系十分和谐，邻里之间互相照顾。傣族热情好客，盛情款待来投宿的过往客人，有的还专门备有招待客人的好被褥。

3. 节庆

泼水节是傣族传统新年和最隆重的节日。时间在傣历六月，一般在公历 4 月中旬，通常持续三四天。第一天为除夕，举行放高升、划龙船或丢包活动。第二天为“腕脑”（魔鬼尸体腐烂的日子），人们可在家静养，也可以出猎。第三天为元旦，天刚亮，人们即在佛寺院内，用沙堆成几座佛塔，塔上插以若干用红绿布缠绕的竹枝，然后人们跪在塔前，聆听和尚诵经。中午时分，妇女们纷纷挑水来给佛像洗尘。接着青年男女就互相泼水，进而向行路人倾泼，用以祝福对方平安、幸福。人们互相追逐，水花飞溅，以湿为乐。

10.4.8 哈萨克族

哈萨克族有人口 110 万左右，70%以上居住在新疆伊犁哈萨克自治州，另有部分居住在哈密地区的巴里坤县和昌吉州木垒县。哈萨克是一个拥有悠久历史的游牧民族。哈萨克语属于阿勒泰语系突厥语族，哈萨克文以阿拉伯字母为基础。哈萨克的音乐舞蹈有鲜明的民族风格。居民信奉伊斯兰教。

1. 习俗

哈萨克牧民每年春、夏、秋三季都住在可拆卸和携带的圆形毡房内，冬天搬进称“科窝子”的平顶土房或木屋里。服饰明显地反映了牧区生活的特点。为骑马方便，服装一般都比较宽大结实，衣袖很长。男子冬天都穿不挂布面的羊皮大袄，或者穿用骆驼毛絮里的“库普”，腰部多束镶有金属花纹装饰的皮带，上系小刀。男性内衣衣领较高，多绣花边，套西服背心。妇女多穿连衣裙，喜欢红色，胸前多绣花纹。男性冬天多戴皮帽，夏天戴毡帽。少女戴马皮制作的圆形小帽，上插一撮猫头鹰羽毛，迎风飘曳，十分美观；妇女则蒙宽大白头巾，及至脚跟，上面以黄线绣出各种图案。牧民不论男女，都穿长统皮靴。冬天穿用毡子缝制的长袜。

在婚俗方面，同一部落的人一律不能通婚。婚姻的缔结一般要送彩礼。在家庭里，妻子须服从丈夫，子女须服从父亲。结婚仪式一般分4个程序：第一步，订婚礼，在女方家举行，商量有关事宜；第二步，在男方家中确定“吉尔特斯”的婚礼，请阿訇念经，送礼给女方家，并确定彩礼数量；第三步，男方在女方家送上彩礼数的一半，此后新郎就在女方家中与新娘同居，叫作“看门”；第四步，在男方家举行正式结婚典礼，要请阿訇或“依麻木”念经，婚礼中男女对唱“加尔”和“别塔沙儿”之歌，亲友祝贺新郎、新娘幸福。

2. 节庆

哈萨克族的节日除过古尔邦节和肉孜节之外，还有每年夏天牧民聚集在草原上举行的“阿肯弹唱会”及每年新年辞旧迎新的那吾鲁孜节。每逢节日和喜庆。牧民们都要在草原上举行各种骑术表演和比赛。“克孜库瓦尔”（姑娘追）是哈萨克族姑娘和小伙子最喜爱的一种民间传统娱乐活动，也是他们互相表白爱情的一种独特方式。开始由男女青年中一方邀请，双双骑马并向指定目标缓缓进发。途中，小伙子可尽情向姑娘表白爱情，姑娘不能有任何反对的表示，即使红了脸，也要默默地听。但是，在返回的路上，姑娘有权用鞭子追打小伙子，小伙子不能还手。因此，当两人绕过指定的目标后，小伙子神情紧张地扬鞭策马向返回的路上急驰，姑娘则策马紧追，扬鞭抽打加以“报复”，或轻或重，或悬或实，随心所欲，随情所移，形成“姑娘追”的风趣、动人场面。观众则叫好助威、呐喊加油。假若姑娘对小伙子有情意，即使追上，那举起的鞭子也只是在小伙子的头上晃来晃去不肯落下，或只是轻抽几下以遮人耳目。倘若姑娘不接受小伙子的爱情，那么他就要吃些皮鞭之苦了。

3. 礼节

哈萨克族是一个性情直爽、热情好客的民族。有一句哈萨克民谚：“如果在太阳下山时放走了客人，就是跳到水里也洗不清这个耻辱。”哈萨克人以待客为荣。据说先民有这样的遗训：“祖先的财产中，有一部分是留给客人的。”

哈萨克人对于来访者，不论是什么民族，也不管是否认识，都以礼相待。他们招待客人要拿出家里最好吃的东西或自已舍不得吃的东西。招待贵宾的最高礼遇是宰一只黄头白身的大活羊。

哈萨克族有许多特有的礼俗。例如：见面时，或右手抚胸躬身，或握手致意，说一声“夹斯克么”（哈语身体好）。去哈萨克人家做客，进门时应该让年纪大的主人在先，进门后不得随意乱坐，可以坐在椅子上或铺在地上的毡子上。假若室内有床，不能坐在床上或动床上的东西。坐毡子时要么盘腿，要么跪坐，不应将两腿伸出去，把脚底对着别人，否则便是失礼的表现。哈萨克人讲究席位的安排，一般左边是客座，主人在右侧就座。坐定后，主人招待吃喝，客人得听从安排，至少要尝一下，否则就是对主人的不尊重。另外，不能自己去倒茶，应该由主人倒。如果不喝了，只要用手在碗上捂一下，主人就不再给添加了。

在吃东西之前，主人一般都会提一把“阿不都壶”（一种长颈铜壶）请你洗手。洗手时只洗 3 次，洗完后不要甩水，要用毛巾擦干。拿着吃的东西，不要用手去擦，也不要用鼻子去闻。吃烤馕时，最好把大馕掰成小块吃，不能拿起来啃。吃过的东西或放在碗里的食物不应再给别人。

吃手抓羊肉，主人会将羊头献给客人（柯尔柯孜族献羊尾，蒙古族献羊背）。这时，客人应先用小刀割一块羊头的腮帮肉奉献给在座年长的主人，并切一块羊耳朵给主人的孩子，自己随意割一小块肉吃，然后将羊头奉还主人，以表示对主人热情款待的谢意。

此外，饭后如果餐具还没有收走，不必急于离开，更不能跨过或踩踏餐布。

典型案例

焦雪梅是一名白领丽人，她机敏漂亮，待人热情，工作出色。有一回，焦小姐所在的公司派她和几名同事一道，前往新疆洽谈业务。可是，平时向来处事稳重、举止大方的焦小姐，竟然由于行为不慎，而招惹了一场不大不小的麻烦。事情的经过是这样的：焦小姐和她的同事一抵达目的地，就受到了东道主的热烈欢迎，在随之为他们特意举行的欢迎宴会上，主人亲自为每一位嘉宾递上一杯当地特产的饮料，以示敬意。轮到主人向焦小姐递送饮料之时，一直是“左撇子”的焦小姐不假思索，自然而然地抬起自己的左手去接饮料，见此情景，主人却神色骤变，重重地将饮料放回桌上，扬长而去。

思考与练习

一、思考题

1. 分析上例，主人为何如此动怒。

2. 结合本章有关礼仪知识，对以下实例进行分析：

某中学一位女老师在节假日邀请她的学生们到家里做客，老师做了一桌菜肴款待他们，其中有一道是老师的拿手菜——红烧猪蹄。所有学生都吃了这道菜，唯独一位土家学生坚决不吃，这是为什么？

二、练习题

1. 各民族的主要节日有哪些？
2. 各民族的礼貌礼节是什么？
3. 各民族有何民族忌讳？

参考文献

常智山．2005．沟通：拓展人脉的智慧书．北京：中国纺织出版社

陈觉．2004．餐饮服务要点及案例评析．沈阳：辽宁科学技术出版社

刘平．2005．商务礼仪．北京：财政经济出版社

杜江．2002．旅游交际礼仪．大连：东北财经大学出版社

金正昆．1999．服务礼仪教程．北京：中国人民大学出版社

金正昆．2005．服务礼仪．北京：北京大学出版社

金正昆．2005．商务礼仪．北京：北京大学出版社

金正昆．2005．社交礼仪．北京：北京大学出版社

金正昆．2005．社交礼仪教程．北京：中国人民大学出版社

李祝舜．2003．旅游服务礼仪实训教程．福州：福建人民出版社

陆永庆，王春林，郑旭华，斯惠文．2005．旅游交际礼仪．大连：东北财经大学出版社

孙金玲．2002．礼仪文化源与流．济南：济南出版社

孙乐中．2005．导游实用礼仪．北京：中国旅游出版社

吴忠军，王丽华．2001．中外民俗．大连：东北财经大学出版社

向国敏．2003．现代会议策划与实务．上海：上海社会科学院出版社

徐学初．2002．沟通高手．成都：天地出版社

薛建红．2002．旅游服务礼仪．郑州：郑州大学出版社

杨眉．1999．商务礼仪．北京：中国商业出版社

张大成．2002．组织会议与活动．北京：中国人民大学出版社

张利民．2004．旅游礼仪．北京：机械工业出版社

周芙蓉．2003．礼仪教程．北京：中国长安出版社

邹今宏．2000．现代饭店餐饮服务与培训．广州：广东旅游出版社